［東華三院檔案資料彙編系列之一］

源與流——東華醫院的創立與演進

何佩然 編著

總序

從一八七零年成立至今，東華三院已經有一百三十八年贈醫、施藥、殯儀、教育、社會服務的歷史。在香港，很少有機構擁有這麼長的歷史，也很少有機構在慈善事業上有這麼多貢獻。

東華三院的深厚歷史傳統，一字一句都記錄在東華的檔案之內。因為戰時破壞，香港政府檔案也沒有這般豐富。東華檔案，包括會議紀錄、通訊錄、誌事錄、徵信錄、醫療紀錄、圖片等，詳細記錄了東華歷年的活動。由於東華與香港社會關係緊密，東華檔案不只保存了東華的歷史，也保存了香港人的歷史。

近年來，香港人開始注重保存文化遺產。其中，大家對碩果僅存的古建築尤為重視。但是，建築的保存，只能夠保存一個外貌；檔案的保存，卻可保存事件的來龍去脈和歷史的內涵。可以說，檔案的保存，絕對不亞於古蹟。此套書的目的就是為了保存香港的文化遺產。其中，關於《東華三院檔案資料彙編》的可貴之處，起碼包括以下三個要點：

第一、東華三院是個非常獨特的機構。一方面它是個依據法律成立的社團，另一方面又保存了華人參與社會活動的傳統。所以，它的管治有着高度的透明度，它的活動也滲透着整個華人社會。一百多年來，東華三院在全球華人慈善界佔有一個領先的地位。東華三院的檔案，對有興趣慈善機構運作的研究者，簡直是個寶藏。

第二、東華三院的檔案，滲透了香港華人社會的歷史。它的主幹，是香港華人精英；它的支持者，是香港社會的普羅大眾；它所提供的服務，滿足着香港華人社會的需要。社會對慈善的要求，是在不斷變化的，所以東華三院的活動，也一直在變化中。從早年的殯儀活動，發展到醫療、教育、廟宇管理、安老、青少年、復康等社會活動，是個長時間的演變過程。這反映社會多方面的變化，從東華三院的檔案，可以看到一個多面的香港社會史。

第三、對「東華三院」的研究，已超越對華人慈善機構的研究。不同的社會，對慈善的服務及管理有不同的概念。要了解中國人對慈善的概念，需要把中國人的慈善事業放到一個跨國、跨文化的領域上考慮。要做到這一點，慈善事業的資料，必須超越檔案館。我們不可能要求所有研究者都到檔案館參閱檔案，我們必須把部分的檔案編輯成冊，以方便研究者在不同的地方及環境下，參閱和利用。把檔案推廣，我們才可以讓更多的研究者參與，讓香港人從比較的視野來了解香港的慈善事業。

我很高興香港中文大學歷史系能夠為開放東華三院檔案作出貢獻，也很感謝東華三院支持這個重要的檔案彙編的工作。我希望對東華三院歷史、對香港歷史、對慈善事業有興趣的人士，可以從資料彙編中感受到翻閱檔案的無窮樂趣。我們編輯檔案的人，只是一個媒介，真正在跟讀者說話的人，是歷史事實的參與者。能夠把當事人介紹給讀者就是我們的願望，希望大家在歷史道路上，多幾個相識。

香港中文大學歷史系教授科大衛

二零零八年十月

自序

何佩然

在傳統的中國社會，慈善組織的出現，與社會上貧困人口的增加和地方精英的崛起關係密切。在一八七零年代，香港逐漸成為一個華洋雜處，中西文化匯聚的地方。社會上的貧苦大眾以及擁有經濟實力而希望憑藉個人力量去改變社會的精英，也日漸增多[1]，他們身處的社會及政治環境與傳統中國或西方社會迥異，民間慈善組織的出現，展示了香港社會的結構轉變的特徵及其與殖民政府的關係。本書所選錄有關東華醫院的崛起及其演變的原始資料，對觀察中西文化如何從衝突中糅合，有一定的參考價值。

現存的東華醫院檔案資料[2]，以徵信錄的年代較久遠，數量也最多，自一八七三年開始刊行的徵信錄，涵蓋時段延伸至一九三四年。徵信錄是東華醫院的年報，內容包括醫院章程、規條、總理協理值事名單、捐助者名單、善款及捐助物品、醫院全年財政收支、資產與物業記錄、醫院病者及死者統計、資遣難民名單、殮葬先友名單及墓碑號等，巨細無遺地記錄了東華日常運作的情況。徵信錄的作用，一如其序言中指出「將進支實錄徵信　同仁敬佈此邊以昭成例」。因此，徵信錄可說是掌握東華醫院營運最直接及重要的史料。一九一一和一九二九年當廣華醫院及東華東院相繼成立後，也各自設有徵信錄。一九三一年三院合併後，雖謂事權統一，但各院的徵信錄仍分別出版。東華醫院的資料，曾經歷多次的大規模銷毀：一八八九年，政府以東華文件久存生蠹，以衛生為由下令焚毀，故此早期徵信錄散佚情況嚴重[3]，整個十九世紀留下的徵信錄僅有十五個年份，而且年份並不連貫，二十世紀初的徵信錄則相對較完整。

除徵信錄外，數量最為龐大的文獻是往來函件和董事局會議紀錄。函件類資料主要分華民政務司來函、外界來函、致政府函件和致外函件四種，現存函件以一八九九年的致外函件最早，其他三類函件則從一九一零年代開始；東華文獻亦收藏了不少專題信件，如難民信簿和職員信簿等。函件說明了東華醫院與政府的關係，及其在港與對外的社會網絡。此外，始自一九零四年的董事局會議紀錄，對了解東華醫院及香港社會的發展也極具參考價值。董事局平均每週開會一次，資料連貫性強，記錄也相當詳盡，如果說徵信錄交代醫院日常運作及財務狀況，董事局會議紀錄則說明了醫院各種政策的起草過程，以及新政策的推行與實施。廣華醫院在三院統一前也有該院的會議紀錄，而不少的重要事件如改建老院、義學管理亦設有獨立的會議紀錄。可惜的是，二十世紀的董事局會議紀錄，在一九二二及一九三零年曾遭大規模銷毀[4]。

由於十九世紀資料缺失情況嚴重，再考慮到東華資料只能反映董事局本身立場，為清楚了解史實，本書亦同時參考各種同時期的原始材料，如報章、政府年報、立法局會議紀錄等，務求引證東華醫院檔案的論據，釐清問題。

[1] 一八四一年，全港人口為七千四百五十人。一八六一年，全港人口為八萬六千三百三十八人。一八七一年，全港人口增至十二萬四千一百九十八人，其中女性二萬二千六百九十五人，男性七萬二千一百八十五人。維多利亞城（今中上環一帶）約有八萬九千九百二十五人。參閱 "Chinese Repository" in *Hong Kong Gazette*, Hong Kong Government Printer, 1841, vol. X; "Return of the Population, and the Marriage, Births and Deaths", *Hong Kong Blue Book*, Hong Kong, Government Printer, 1861; Government Notification No. 68, No. 1, 2 April 1871, 'Census of Hong Kong, including the Military and Naval Establishment', *Hong Kong Blue Book 1871*, Appendix.

[2] 東華、廣華、東院雖在一九三一年正式統一，內部文獻仍未有「東華三院」之名，直至一九四三年六月，才正式取用「東華三院」之名，見一九四三至四四年度六月九日董事局會議紀錄。

[3] 東華三院百年史略編纂委員會，《東華三院百年史略》（下冊），香港：香港東華三院庚戌年董事局，一九七零年，頁五一。

[4] 一九二二年六月，由於出現白蟻和死老鼠問題，董事局決定「將五年內總數部存下，其餘收條單據一律焚燒，免致堆積」，見一九二一至二二年度壬戌五月十六日董事局會議紀錄；一九三零年一月，董事局交接時決定「取銷」十項文件：一、大口環義山大地紙稿一張。二、醫院後便種樹紙一張。三、地契目錄兩張。四、東華東院天后廟前公文。五、東華醫院嘗業總部一本。六、文武廟等嘗業總部一本。七、集善醫社燕梳紙一張。八、集善醫社圖章兩個仄部一本。九、戊辰總理送東院十字車合同。十、東院鐵床合同，見一九二八至二九年度己巳年十二月十八日董事局會議紀錄，該場討論只說明「取銷」，文件是否被焚毀無法查證。

凡例

一、系列一及系列二輯錄資料包括東華三院歷史檔案、政府檔案、同時期報章及照片。檔案資料名稱、出處先按照原件實錄，再補充資料性質及西曆紀元。

二、每則資料多附上資料說明，純為作者綜合各資料的個人見解。

三、各圖表乃依據原始資料綜合而成。

四、文獻中的標點符號多為後加，以方便閱讀；格式、字體大小及分段均盡量按原文實錄。

五、資料內容及文字悉如原件。簡體字、通用字用原字；異體字、俗寫字、錯別字以括號標示；無法辨認的字體以□號表示。

六、原件數字多為花碼，為方便讀者閱讀，均轉換成中國數字，且加上*表示。

七、資料的排序、辨字、句讀、解讀，承蒙　羅炳綿教授賜教，謹此深表謝忱。資料蒐集與整理得張秀珍、梁劍儀、羅家輝多位竭力幫忙，在此一併衷心致謝。

目錄

第一章

創立

前言

東華醫院的創立

東華醫院創立的背景與傳統中國的慈善組織不同，它是由一群在社會上有名望、但在香港殖民地政府內沒有政治職稱或宗教背景的地方領袖所領導，而香港政府對其成立更具直接的推動作用。早在一八六六年，即政府制定中國醫院條例（Chinese Hospital Ordinance）的前三年，四名華人范阿為（Fan Ah Wei）、譚益三（Tam Yik Sam）、林德紀（Lam Tak Kee）和黃奉雲[1]（Wong Fung Wan），曾向政府申請撥地約九千一百平方呎，興建一所華人醫院[2]，政府兩度以地段問題為由拒其所請。不過，一八六九年四月二十六至二十九日，當本地英文報章[3]高調地報導了總登記官巡視廣福義祠，揭發了這所用以擺放靈柩的義祠，收容病危華人，其後政府展開有關義祠的調查，嚴厲批評義祠衛生環境惡劣及對待病人不人道，讓人猜測政府因受輿論壓力而改變初衷，不少學者都認為這是促成東華醫院創立的主因[4]。

若細察當時的社會背景，不難發現以下現象：十九世紀下半期，中西方對病危者甚至死者的看法非常不同，對華人來說，流落異鄉的單身漢遇重病無法自救，又不為暫居地繼續收容，一般寧往義祠而不願往西式醫院接受治療，原因是華人對西醫的治療方法缺乏信心，病危者更擔心死後被剖屍，而導致死無全屍；另一方面，政府亦很難說服中國病人接受西醫院治療。因此，病危者由義祠負責收容及死後埋葬的處理方法，在一八六零年代末以前，似乎是官方及華人雙方默許的處理方法，政府並非對義祠收容病危者的情況毫不知情。這可從洋人高和爾（D. R. Caldwell）出資，支付死於義祠者的殮葬費用[5]，而客棧的東主（甚至病者的家屬）免為其難出資將病危者轉到義祠中[6]，可見一斑。對政府來說，義祠可為政府節省經濟開支；而義祠的管理者，在處理臨終事宜上不需付出太大心力，便可獲得一定的經濟利益（從二、三元到三百元不等）。因此，不難明白政府為何不願正視臨終者或華人身故者的棘手問題。

一八六九年，面對西方輿論抨擊，及擔憂人口增長[7]所造成的公共衛生問題會威脅城市安全，政府無法再逃避。如何處理義祠以及因而引起的社會爭拗，政府必須慎重考慮，即如何將一直由廣福義祠管理臨終問題的權力轉移到另一所華人機構、華人醫院日後如何營運，以及政府設立華人醫院的經濟負擔等三個問題。

為了平衡華人社群間的權力分配，政府必須找到一群既得到廣福義祠管理人及華人社群認同，又擁有經濟實力的地方精英，充當政府與民間的橋樑。十三位倡建東華的總理，有八位擁有中國清政府官銜[8]，大多為行業的領導者，在文武廟擔當領導的角色，不少為買辦，甚或辦報，他們既受社會尊崇，又通曉西方文化，具備晚清紳商特質，故香港政府委以重任，讓他們擔當政府與民眾之間的媒介，將華人社會倚賴義祠處理臨終問題的慣例制度化。華人精英冀能秉承中國傳統社會地方士紳的職責，領導地方慈善工作，亦樂於倡辦華人醫院，東華醫院遂因而成立。

制定華人醫院則例

為確保醫院日後能在政府的監管下運作，一八六九年香港政府制定「華人醫院則例」（Chinese

Hospital Incorporation Ordinance），一八七零年三月「則例」獲港督會同立法會通過。「則例」具十七條條款，旨在宣示殖民政府的主導權：如第十條說明值事（後稱總理）所立章程須隨時稟呈輔政司，章程任由督憲會同議政局裁制；第十二條說明值事所另立准行之規條倘執事間有懷疑以致互相執拗，須稟請督憲會同議政局定奪；第十六條說明如遇醫院管理不善，一經核明，任由督憲會同定例總局另創一例，將本例刪除，這些則例都清楚說明華人醫院的最終決策權由殖民政府操控。

為使醫院具備現代組織的規模與營運基礎，政府在距離廣福義祠不遠的普仁街（前稱墳墓街）撥地三點四九萬多平方呎，與建東華醫院。一八七零年政府撥款一萬五千港元資助醫院建造費[9]，一八七二年港督增撥二千英鎊（折合港幣九萬六千七百六十元），規定其中九萬元存於上海銀行收息，作為日後營運經費[10]，該筆款項每年大概可收利息五千多元，政府前後共撥款約十一萬五千元。據政府官方紀錄，一八七二年政府醫務部（Medical Department）全年日常總開支為二千七百七十二英鎊（約相等於港幣一萬三千五百五十元），政府所撥的九萬六千七百六十港元（不連利息）可應付東華醫院約七年的營運經費。政府更讓東華購入當舖徵租，以維持醫院的日常經費，惟醫院早期購入的物業，由港府高級官員持有，後因維修及租務問題與租客發生爭執，故於一九零四年修改醫院「則例」，允許醫院成為物業的持有人[11]。在政府的提倡及監管下，東華作為香港的第一所華人醫院，已具備基本營運經費。

「則例」並沒有詳細規定醫院日常運作細節，在一八九四年瘟疫發生以前，政府對醫院的監管只限於審閱每年的財政報告[12]，董事局具相當大的自主權。醫院保留了華人機構家長制特點，醫院的三十五條「總理規條」更賦予總理全權督導醫院日常運作，成立初期董事局沒有明確分工，一般的人事任免、查核帳目、醫院營運，都由董事局監管。及至一九二零年代後期，董事局才逐漸分工。董事局會議是醫院最高權力機構，平均每週開會一次討論院務，遇有特殊事件時開會次數增加，總理需遵照董事局之議決，並以自願形式推舉執事人選，故總理是一種全職自願的工作。總理管理醫院滲入了很強烈的傳統道德觀念：着重員工個人操守：如不准聚賭、吸煙、打架；強調下屬必須服從和尊敬上師；對收留病者也顯示了強烈的道德標準，如不接納妓女、花柳患病者，認為這類患病者屬咎由自取，不值得同情，可說相當保守。

醫院的另一傳統特色，是保留義祠敬拜神祇的習俗。神農氏因相傳嘗百草而通曉藥理，故被敬奉為醫院的主神，此外，每年清明、重陽，醫院會舉行祭祀儀式，初一、十五及傳統節日醫院均按習慣敬拜神祇。董事局每年年結必向上蒼稟報醫院運作情況，並在神靈面前焚燒是年工作報告，請求神明作證，以示董事局各成員大公無私。政府給予總理管理醫院的自由，使東華得以延續傳統中國地方團體的慈善精神，營運醫院。

總理人選

政府規定東華總理一年一任，故總理多於翌年退任協理，再次當選或連任者極少，從一八七二年至一九三四年約五十年期間的六百五十三位總理中[13]，曾多次出任總理的，只有四十位(佔百分之六)，名單如下：

表 I-1-1　曾兩度出任東華醫院或廣華醫院總理者（1869-1934）

姓名	職業 / 行號	首總理任期	總理任期
陳柏朋	殷商		1911-12, 1913-14
陳成輝	怡源公白行，怡源號花紗行		1876-77, 1891-92
陳汝南	裕德盛南北行	1923-24	1907-08
周文輝	萬安公司華商燕梳行	1903-04, 1914-15	
周勇昌	利成號當押行		1904-05, 1911-12
朱文田	永安南北行		1878-79, 1891-92
崔秩山	殷商		1911-12, 1913-14
崔桐榮	新興號公白行		1907-08, 1915-16
方建初	殷商		1911-12, 1913-14
香文	殷商		1911-12, 1913-14
孔廣漢	萬泰米行，和茂米行		1872-73, 1878-79
招錫康	祥和棧金山行 / 廣茂泰南北行	1919-20	1903-04
劉平齋	必得勝藥房	1934-35	1930-31, 1931-32
梁植初	殷商		1911-12, 1913-14
梁鶴巢	劫洋行（仁記洋行）買辦		1872-73, 1877-78
梁榮光	悅來號當押行	1922-23, 1930-31	1918-19
李耀祥	殷商	1928-29	1926-27
李增南	廣永昌金山庄		1907-15
李賢耀	裕豐號 / 德榮號米行	1920-21	1909-10
凌殿材	全貞公白行 / 萬源公白行		1872-73, 1877-78
盧焯雲	殷商		1903-04, 1917-18, 1920-21
盧德賢	黃埔船澳公司辦房	1922-23	1909-10
盧維棟	公和南北行 / 廣永生入口洋貨行		1903-04, 1920-21
雷蔭蓀	新廣合金山庄行	1917-18	1926-27
莫仕揚	央喝洋行 / 和泰南北行 / 太古洋行買辦		1872-73, 1878-79
伍乾初	泗益號綢緞疋頭行 / 天德號銀業行		1916-17, 1926-27
吳梓材	吳源興九八行	1902-03	1905-06
潘曉初	殷商	1933-34	1931-32
顏成坤	中華巴士公司	1931-32	1926-27
鄧肇堅	天福號銀業行		1924-25, 1928-29
唐衍	新發公司入口洋貨行	1918-19	1914-15
唐慶雲	同安公司華商燕梳行		1906-07, 1922-23
徐寅初	福生號 / 順利號當押行		1905-06, 1909-10, 1912-13
曾耀庭	悅盛號米行		1919-20, 1927-28
黃文鼎	慎昌洋行辦房 / 捷成洋行辦房行		1920-21, 1932-33
黃壽賡	鐵行公司洋行	1923-24	1911-12
黃達榮	殷商	1934-35	1929-30
尤瑞芝	殷商		1916-17, 1920-21
阮廷光	普安公司華商燕梳行 / 朱永安行南北行		1915-16, 1924-25
葉榮光	茂源米行		1901-02, 1913-14

註：廣華醫院最高領導層於 1911 至 1920 年間，稱為值理，1921 年以後才改稱總理。表中陳柏朋（1911-12, 1913-14）、崔秩山（1911-12, 1913-14）、方建初（1911-12, 1913-14）、劉平齋（1930-31）、梁植初（1911-12, 1913-14）、梁榮光（1918-19）、李耀祥（1926-27）、盧焯雲（1917-18）、黃達榮（1929-30）、尤瑞芝（1916-17），曾出任廣華醫院值理或總理。

這種強調透過推舉而不鼓勵連任的機制，參考了西方民間組織的選舉機制，務求達到公正和公開，使總理難以藉職位擴張個人勢力。

但醫院的領導層以血緣關係凝聚勢力的例子，卻屢見不鮮。綜觀醫院歷年的總理人選，可引證此點如鄧志昂（一九零五年首總理）和鄧肇堅（一九二四年及一九二八年總理）乃父子關係。何東家族的何曉生（即何東，一八九八年總理）、何棣生（一九零六年首總理）、何澤生（一九零六年首總理）三人為兄弟，何澤生的兒子何世光一九一九年出任首總理；何東姻親羅長肇（一九一五年首總理）和羅長肇的兒子、何東的女婿羅文錦一九二九年出任總理。太古洋行的買辦莫仕揚（一八七二及一八七八年首總理）、莫藻泉（一九零一年總理）、莫幹生（一九一七年總理）為祖孫三代擔任總理。永安公司的郭樂（一九一六年總理）與郭泉（一九二六年總理）為兄弟，郭泉兒子郭琳爽（一九二九年總理）及郭琳弼（一九三三年總理）是兄弟。大新公司及先施公司創辦人蔡興（一九一八年首總理）與蔡昌（一九一八年總理）為兄弟，蔡氏與永安公司郭氏為姻親。李寶龍與李寶鴻兩兄弟同為一九零六至零七總理。容國熹（一九零四至零五首總理）、容國勳（一九一二至一三總理）為兩兄弟。世家大族以家族成員、理念、產業、社會網絡等主導醫院的運作，情況頗為明顯。

以業緣為凝聚力量主導醫院發展的例子並不罕見。十九世紀下半期，總理中具經濟實力的行商代表包括南北行、米業、金山莊、鴉片、當押、綢緞、地產、出入口貿易、銀行、洋行的買辦及辦報的商人，到了二十世紀上半期，經營地產、證券的殷商以及專業人員逐漸冒起。從事不同行業的行商，價值觀與思維模式迥異。一九二零年代，洋行行商出任東華管理層，對醫院發展有較新思維，和十九世紀下半期的行會行頭穩健、保守的治院風格大相逕庭。例如二十多歲已出任過兩屆東華總理的鄧肇堅，在一九二零年代籌建東華東院的十四場討論會議中，從未缺席，就與建東華東院做了許多嶄新的決策。

業緣網絡關係與地緣網絡關係其實是互相扣連的，行業一般由相同地緣的商家所壟斷，總理可借助個人的商業及地緣網絡，收集善款。因此，總理除個人捐贈外，更需向所屬行頭勸捐，總理可藉籌集善款顯示個人及所屬團體的經濟實力。例如倡建總理潮籍人士高滿華是南北行代表，當時的南北行又以潮籍總理較多，他們與中國潮汕地區及泰國華僑關係較密切，一九二二年的「八二潮汕風災」，潮籍總理聯繫內地及海外潮州人竭力賑災，籌得巨額善款。較著名的潮籍總理有劉鑄伯、馬錦燦、陳殿臣以及三院統一首屆首總理顏成坤等，他們在院務事情上支持同鄉，對東華醫院的發展、臨事決策及治院方針等，皆有很多的共通點。

東華醫院創院初期的組織結構，因受政府則例規定，具有西方民間慈善組織的特徵，但其運作機制卻保留着中國地方慈善組織特點，說明了東華醫院早期中西體制並存的特色，而兩者的相互牽引，或多或少說明當時華人社會既重視傳統價值觀念，對西方文化亦持包容的態度，其後東華醫院組織隨着時代轉變，華人文化價值觀念亦逐漸改變。

東華醫院從一所收容臨終病人的庇護所，發展為以預防、治療疾病作為最高理想的過程，反映着香港社會隨着時代而轉變。不同年代、不同社會背景的地方精英所持的理念與價值觀念不同，無論是傳統價值觀念的保留抑或是西方觀念的引進，社會均十分重視實際成效，殖民政府也深明此道。因此，在推行政策前，已對實際發展狀況作深入了解，利用地方精英逐漸實施改革，十九世紀如是，二十世紀初也是這樣。

[1] 以上中文名字按照英文拼音推測，可能是真實姓名有出入。The Honorable T.W. Whitehead "Commissioners' Reports on the Working of the Tung Wa Hospital", 17 October 1896, *Hong Kong Sessional Papers*, Appendix III, pp. xiv-xx.

[2] The Honourable T.H. Whitehead, Commissioner's Report on the Tung Wa Hospital, Hong Kong, 17th October, 1896, *Hong Kong Sessional Papers*, Appendix III, Memorandum by Governor Sir Richard Graves MacDonnell, C.B., Concerning the "I-Ts'z" or Chinese Hospital for Moribund Patients, Enclosure 4, Registrar General to Colonial Secretary, Victoria, Hong Kong, 19 February, 1867, p. XIV.

[3] *Hong Kong Daily Press*, 26 and 29 April 1869; *China Mail*, 28 and 29 April, 1869.

[4] Elizabeth Sinn, *Power and Charity: A Chinese Merchant Elite in Colonial Hong Kong*, Hong Kong, Hong Kong University Press, 2003, pp. 267-271; 王惠玲，〈香港公共衛生與東華中西醫服務的演變〉，《益善行道——東華三院 135 周年紀念專題文集》，香港，三聯書店（香港）有限公司，二零零六年，頁三六至四四。

[5] D. R. Raldwald 曾為死於義祠的亡者支付二至三元的殮葬費，載 *Hong Kong Daily Press*, 26 and 29 April 1869; *China Mail*, 28 and 29 April, 1869.

[6] *Hong Kong Daily Press* 一八六九年四月廿六至廿九日，報導客棧東主及病者親人為病危者支付二百至三百元寄居於義祠的費用，一八六九年苦力月入約三元，而賣身當華工的身價銀約三百五十元至四百元。

[7] 一八六六年，全港人口為十一萬五千零九十八人。一八六九年，全港人口為十二萬一千九百七十九人，維多利亞城（今中上環一帶）約有八萬七千八百九十三人。參閱 "Return of the Population, and the Marriage, Births and Deaths", *Hong Kong Blue Book*, Hong Kong, Government Printer, 1867-1870.

[8] 據統計，清末年間擔任東華醫院總理者，有不少擁有清朝官銜。參閱 Smith Carl T., "The Emergence of a Chinese Elite in Hong Kong", in *Journal of the Hong Kong Branch of the Royal Asiatic Society*, vol. 11, 1971, pp. 74-115; 高貞白，〈香港東華醫院與高滿和〉，《大華》，一九七零年十月，卷一期四，頁二至三。

[9] *Hong Kong Blue Book 1873*, Expenditure.

[10] 東華徵信錄一八七三年。

[11] "An Ordinance for enabling the Tung Wa Hospital to acquire, mortgage and sell lands and hereditaments", No. 9 of 1904, 28 September 1904, Ordinance Part, *Hong Kong Government Gazette, No. 673, 30 September 1904.*

[12] 財務報告基本上與徵信錄的年度財政總收支報告相同，參閱徵信錄及 *Hong Kong Blue Book*。

[13] 由於一八七二至一九三四年間資料不全，以上總理名單未能包括所有總理，一八八零至一八九零年代情況尤為嚴重。參閱東華醫院徵信錄、廣華醫院徵信錄，香港，東華醫院，一八七三至一九三四年。

同治癸酉十二年徵信錄（一八七三年東華醫院徵信錄序——創院宗旨）

【資料說明】序文引用中醫典故，說明東華醫院治病濟世的創辦宗旨，更說明香港興辦慈善事業，目的是利用各方醫術，救助粵省來港工作而抱病之勞工。至於醫院運作，設有規條和監察機制，每年財政進支實況，將在徵信錄公佈，以示公正。

粵自蒼龍耀彩，東方以生炁[14]居先，赤縣奠安，華夏以愛身為重。顧名思義，橘井流春[15]，利物濟人，杏林噓暖[16]，況復布金有術，西人廣拓祇園[17]，集腋為裘，中國宏開福地，如我東華醫院，香海慈雲，收狄梁公之藥籠[18]，能療羸疾，贈范純仁之麥舸[19]，暫捄奇窮[20]。拯困則施食施衣，醫術貴有方有法，肱其折矣[21]，心可盟乎，奧抉紫書[22]，方得效越人切脈，精研素問，乃可學仲景除疴[23]，輕病重病辨其詳，功須小試。內科外科分其任，業取專長，和緩登堂，自見膏肓立判，岐黃□□□□癥結難瘳，天花則巡視里閭，許叔徵[24]一錢不受□□□和營衛，孫思邈[25]百疾能捐，此心皆本於好生，□□□□□不死，或有質易彫於蒲柳[26]，命難續以參苓，附身附棺，雖不美而仍具，為殯為葬，亦遇事而必周，是又推仁術於靡涯，惠窮民之無告。若夫規條燦列，年來或有遞增，排解多方，港內不無集議，事無大小，皆秉至公，是本痛癢相關，得醫之意，事權所屬，度勢而行，去病而計出十全，活人而順承眾志，斯為徙柳針茅之秘術[27]，玉函金匱之良方。愚等夙好善緣，輪司院事，度支各款，原有成法可循，增減數端，亦是僉謀所定，茲當期滿，敢將進支實錄徵信 同人，敬佈此編，以昭成例。

癸酉年董事謹識

[14] 「炁」同「氣」。《辭海》，香港：中華書局，一九八六年，頁八四三。

[15] 「橘井」指良藥，出自《神仙傳》，謂漢代蘇仙公以橘葉井水治疫。《辭海》，頁七二一。

[16] 「杏林」指良醫，出自《神仙傳》，相傳三國時董奉隱居廬山，治病不收費，只要求重病者植杏五株，輕者一株，數年得杏十萬株，號董仙杏林。《辭海》，頁六七二。

[17] 「祇園」意謂盛土樂園之意。《辭海》，頁九七七。

[18] 「狄梁公之藥籠」意謂門下之人才，出自《唐書元行沖傳》，狄梁公（狄仁傑）對元行沖謂：「公正吾藥籠中物，不可一日無也。」《辭海》，頁一一七五。

[19] 出自范仲淹之子以一舟麥子贈人以助喪葬費用之典故，見《冷齋夜話》。湖北大學語言研究室編，《漢語成語大字典》，河南人民出版社，一九九一年，頁七一八。

[20] 捄，通「救」。《辭海》，頁五七六。

[21] 意指經驗豐富而成良醫，出自《左傳，定公十三年》之「三折肱，知為良醫」一句。湖北大學語言研究室編，《漢語成語大字典》，河南人民出版社，一九九一年，頁九九零。

[22] 道書之意，出自《漢武內傳》：「地真素訣，長生紫書。」《辭海》，頁一零三六。

[23] 指張仲景，漢代醫學家，其時傷寒流行，故著《傷寒雜病論》等書，中國醫學史上有重大貢獻。《辭海》，頁二零六一。

[24] 南宋名醫，著有《傷寒九十論》等書。《辭海》，頁六七九。

[25] 唐代名醫，著有《千金藥方》等名書。《辭海》，頁二一三三。

[26] 蒲柳又名水楊，因零落早凋，喻早衰之體質。《辭海》，頁一一五九。

[27] 針茅，多年生草本植物，產於新疆等乾燥地區，可用以製造上等紙人造絲皮革代用品等。《辭海》，頁三二六四。

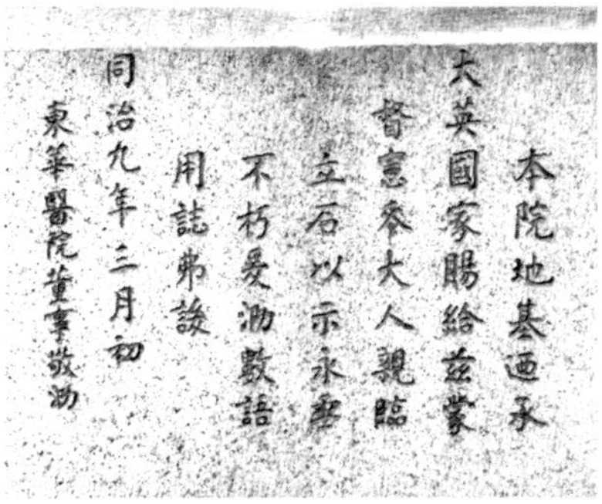

一八七零年東華醫院奠基石說明政府的領導受到東華董事重視

同治甲戌十三年徵信錄

（一八七四年東華醫院徵信錄序——首辦社會服務）

【資料說明】 序文說明一八七零年代香港的移民社會背景，除指出居港華人對醫療服務之需求殷切外，並交代東華醫院創院理念和籌辦過程。文中也提及本地甲戌（一八七四）風災時東華的工作，可見東華成立的第二年已從創院時的醫療角色，發展至提供賑災及災後贈殮的服務，奠定了東華日後為華人社會濟急扶危的基礎。

竊以拯災救厄，固仁者之用心，濟困扶危，是吾人之分事。本港獨僻山陬，孤懸海外，四方雜處，萬姓熙來，恒見舉目無親，盡是他鄉之客，攢眉抱恙，誰悲失路之人，爾乃炊烟既斷，何堪疾病糾纏，藥餌無資，難冀沉疴立起，夏厲欲甦；誰饋季康之藥[28]，冬寒窘逼；誰貽范叔之袍[29]，更有肩挑背負，平時已半榻淒然，一日着病垂危，寢疾則居停未許，或而膏肓殂謝，殮葬求施，或而故里思歸，川資罔措，或而求醫念切，續命無湯，或而種痘情殷，天花繫慮，抑又山邱白骨，潮汐遺骸。即如甲戌八月風災之慘，沿海撈屍，就地安葬，凡茲種種顛連，宜邀憫恤，冀獲人人得所，遍與週全。雖謂博施濟眾，古聖猶且病諸，不過就其力之所至，知無不為而已，本院之設，首在求醫，俾來醫者無論重輕，總求痊可，次則度支撙節，措捐項置諸實惠，嚴杜虛縻，每念創始　諸君，當年如許經營，始獲規模井井，且幸得人繼美，昔日補苴罅漏，至今矩範皇皇，深荷　好善諸君，捐成鉅款，更藉各行踴躍，遞擬年捐，所望　善士仁人，更捨麥舟佽助[30]，官紳富賈，隨時棺藥兼施，將見財用足而惠益周，恩欲推而流益遠，在身受者固已頂祝深仁，董等亦且同欽仗義矣。是歲董等忝居值理之班，愧乏理財之策，衹得勉承成例，恕無自出新裁，謹將月結絜條，彙成徵信實錄，循章敷衍，聊繼前人，補缺增華，望諸來者。

甲戌年董事謹識

[28] 出自《論語・鄉黨第十》：「康子饋藥，拜而受之，曰：丘未達，不敢嘗。」意為不熟悉的藥不隨便嘗試。程樹德著，《民國叢書第五編》，上海書店，一九四三年，頁六一七。

[29] 范叔，指戰國時魏人范睢，「范叔之袍」故事來自須賈贈袍一事，出自《史記范睢列傳》，後指不忘故人。杭州大學中文系古書典故辭典編寫組編，《古書典故辭典》，江西南昌，江西人民出版社，一九八四年，頁四零二。

[30] 麥舟為感謝他人幫助之詞；佽助，幫助。《辭海》，頁一五五一。

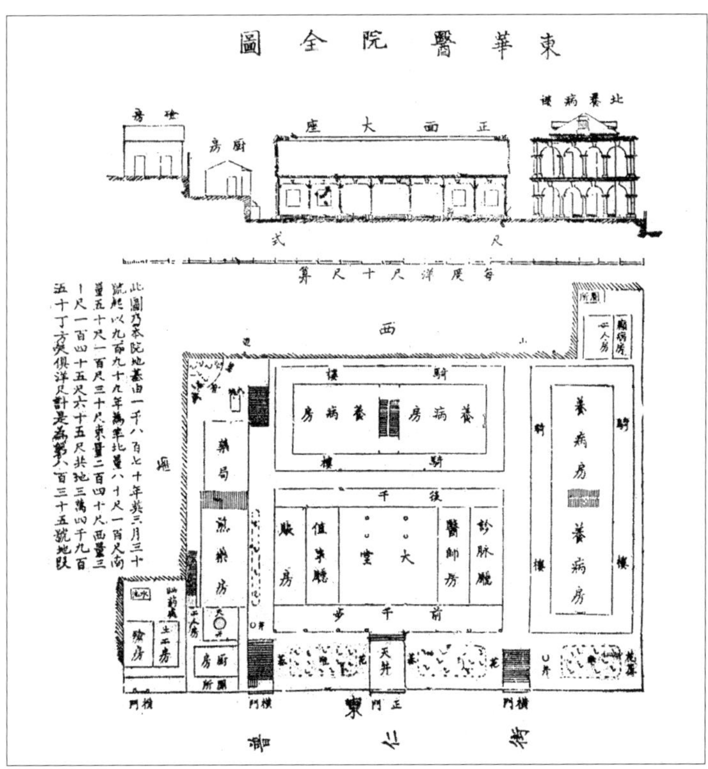

一八七零年東華創院地圖，見一八七三年東華徵信錄。

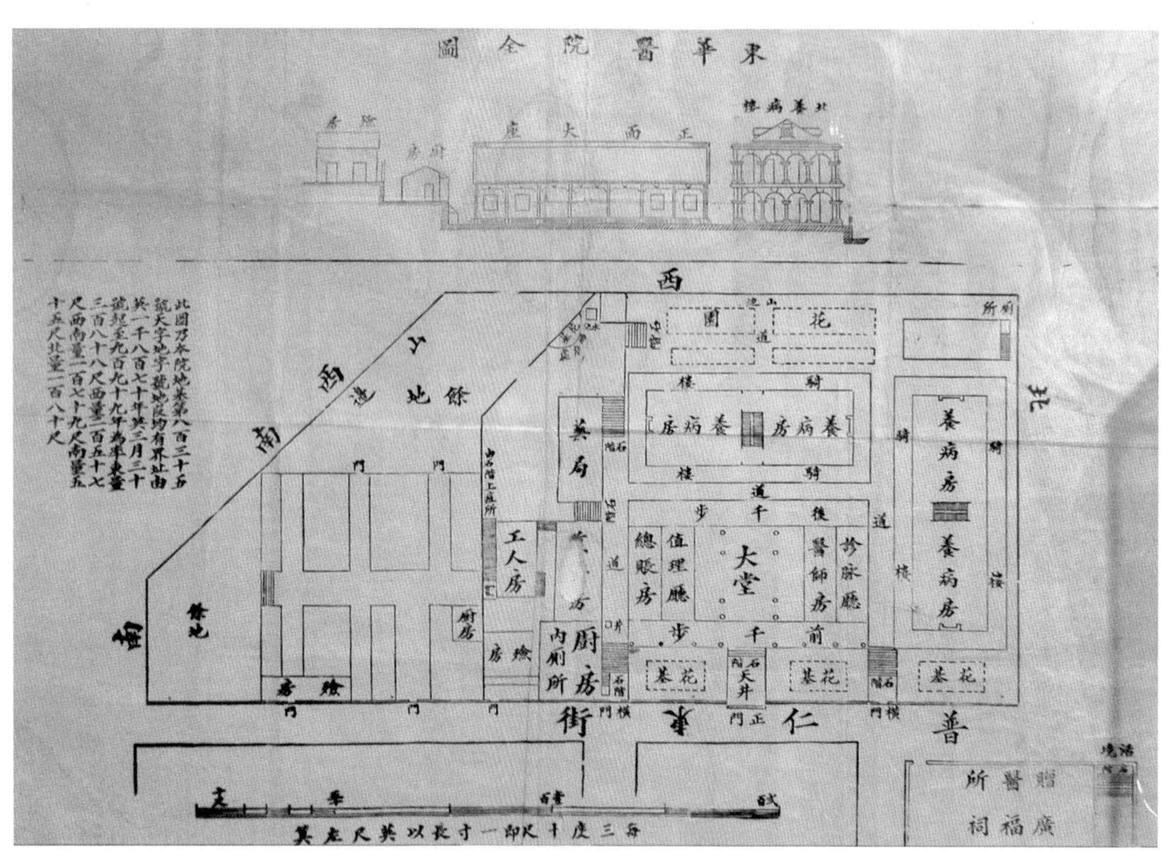

一九零三年東華醫院擴建後平面圖

一八七一年港島華人人口結構

【資料說明】一八七一年華人佔全港人口百分之九十三，並集中在維多利亞城，中上環區人口特別稠密，在東華醫院正式提供服務以前，華人聚居的地方，尚未有華人醫院專門負責醫療服務。

"Census of Hong Kong, including the Military and Naval Establishment",

Government Notification No. 68, No. 1, *Hong Kong Blue Book 1871*, 2 April 1871.

表I-1-2　1871年港島華人人口結構

	Men	Women	Boys	Girls	Total
Chinese in employ of Europeans, (Resident,)	5,436	808	170	195	**6,609**
Do., do., (in Harbour,)	548	2			**550**
Chinese, (Police,)	223				**223**
Chinese employed by Naval and Military Establishments,	458				**458**
Chinese residing in Victoria	47,647	14,269	5,299	5,769	**72,984**
Chinese residing in Villages and Kowloon,	6,325	2,051	1,296	835	**10,507**
Boat Population in Victoria,	6,021	2,542	2,142	1,604	**12,309**
Boat Population, other than in Victoria	5,136	3,010	1,840	1,414	**11,400**
Prisoners,	391	13			**404**
Total of Chinese,	**72,185**	**22,695**	**10,747**	**9,817**	**115,444**
(Total in Hong Kong)	**79,164**	**23,573**	**11,271**	**10,190**	**124,198**

政府檔案——東華醫院成立的背景

【資料說明】 這批政府文件說明了廣福義祠[31]事件與東華醫院出現的關係，顯示政府在東華醫院籌建的過程中，扮演一個主導的角色，當時港督麥當勞的取態至為關鍵。另外，文件亦說明政府成立東華醫院的考慮，主要是為保障殖民地市容和衛生。文中多番用「華人醫院」(Chinese Hospital)稱呼義祠，反映了時人視義祠為臨終安置所之觀念。引證政府早在一八六九年以前知悉廣福義祠的角色。

[31] 廣福祠或稱廣福義祠（I Tsz），位於上環太平山街四十號，建於一八五六年，由坊眾殷商集資興建，初為華人供奉祖先的祠堂，並為無法原籍安葬的先友設置靈位，一八七二年由東華醫院接管。

time being and the Superintendent of the Central School."

Paragraph 9 reads:

> "The Ordinance under which the Committee is incorporated seems to me to contain every useful and requisite power for facilitating the action of the Committee of Management, whilst equally useful powers for controlling and preventing abuses are reserved to the Executive."

And paragraph 11 reads:

> "On the whole I can conscientiously say that I look forward with cheerfulness and hope to the future of the Hospital, and feel thankful that I have been permitted to take so leading a part in extracting finally so much good from the original abuses, which disgraced the 'I-Ts'z' Hospital and led to the present important undertaking which your Lordship and Her Majesty's Government have done so much to countenance and promote."

12. At the formal opening of the Tung Wa Hospital, Sir RICHARD MACDONNELL, is reported to have said:

> "He had been most particular in not interfering with the Chinese arrangement of details, but great power of supervision was reserved to the Government. The Hospital was to be inspected by the Registrar General, the Colonial Surgeon, and any one whom the Government might appoint. Also lest the affairs of the institution should be mismanaged or the funds misappropriated, auditors could be appointed, and auditors had been appointed by the Government. Moreover, if it should happen that the Committee declined and neglected the duties which it had solemnly taken upon it, the Government could pass an Act vesting in the Crown the whole of the lands granted. He only mentioned these things because it was well to keep all possibilities in view, and not because it was at all likely that those who had shewn so much energy in promoting the work would fail to carry it on."

memoranda in this office relative to the gross abuses and disgusting scenes in the 'I-Ts'z', or Chinese Hospital, I think the opportunity favorable for establishing a really good hospital for sick and moribund Chinese, conditionally that its regulations and general superintendence be subject to Government control."

and paragraph 3 concludes:

"It ought also to comprise a residence for a native doctor and *a dispensary* for native and *European* medicines, *and should be visited by a European medical man almost daily*."

7. The Petition of certain Chinese dated the 23rd May, 1866, refers to "the erection of a home and hospital for the destitute poor and sick Chinese in the Colony. Their intention is to provide quarters and *medical attendance* for the sick, &c., ", and Sir Richard MacDonnell's minute for 29th June, 1866, in connection therewith reads:

8."On the understanding that the intended hospital will be used for *relief and cure* of sick and destitute Chinese I am unwilling to withhold my sanction from a project which is creditable in its object."

9. Sir Richard MacDonnell' despatch to Lord GRANVILLE, No.726, dated 21st June, 1869, alludes to the humanity and expediency of assisting to establish a well conducted Hospital for Chinese; paragraph 18 reads:

"...On the other hand, whilst allowing a Chinese Committee to exercise a general control over the management of the proposed hospital, it is agreed that the Governor shall have power to close it, and that all the lands and buildings shall forfeited to the Crown in the event of the Colonial Surgeon, Registrar General, and one other officer deputed by the Governor, reporting the place to be ill conducted, and that it would be expedient to resume the land. These arrangements are to be made by Ordinance."

Paragraph 19 concludes:

"I have only sought to convey to your Lordship a clear understanding of the policy and necessity which call for the construction of some such building to meet certain Chinese special wants and prejudices, which are not provided for by the existing Civil Hopsital."

And paragraph 20 also concludes:

"I believe there is no effective remedy for such an evil except inducing the Chinese, as I am doing, to build a suitable hospital and refuge, open to European surveillance but under Chinese management and direction, so that there may be no such reluctance to go there in the minds of the natives as that which generally prevents their voluntarily going to the Civil Hospital."

II The objects of which the Tung Wa(h) Hospital was founded

10. The Secretary of State's Despatch, 158, of 7th October, 1869, sanctions the establishment of "a new hospital for sick and moribund Chinese conditionally that its regulation and general superintendence be subject to the Government control, &c."

11. Sir Richard MacDonnell's Despatch 947, of 19th February, 1872, to the Earl of KIMBERLEY, reports the opening of the Chinese Hopsital; paragraph 2 concludes:

"I availed myself of the opportunity to place before the Chinese the obligations, which they might be regarded as having undertaken, and reminded them of the position, which they would occupy in future, enjoying great freedom in all matters of local details and management, but subject to the general superintendence and visits of certain Government Officers."

Paragraph 8 reads:

"I need only add that a vigilant supervision is intended to be maintained over the accounts and expenditure by Auditors appointed by Government, and who at present are the Registrar General for the was substituted for a calf, which was dispensed with, owing, we presume, to the want of space on the table. Above the image and hung up in the centre of the wall was a scroll bearing the word "Longevity".

After the prayer was read, the performer of ceremonies resumed his kneeling posture and proceeded to offer the sacrifice to the deity, taking a dish of each description of food, beginning with the dish on the left hand side; it was conveyed to where he was kneeling by two attendants who handed it to two assistants, who, in turn, handed it to him with great reverence. He then held it up above his head and gave it forwards to two attendants on his right, who replaced it in its original place. All the dishes having offered in this manner, a bowl of rice was offered and then fruit and then tea. The deity was now supposed to have finished his repast, a bowl of congee or wine was next offered. All was finished, the band was ordered to play "great music", and amidst the din of gongs and drums, some joss paper was burnt, accompanied by the salvoes of crackers and the booming of three guns, which announced the close of the ceremony. When all was over, the services of several actors were imported into the ceremony; they represented the eight genii offering congratulations to the Queen of Heaven on the anniversary of her birth.

While the performance was going on, the concourse of spectators was very great, notwithstanding that all the district watchmen had been turned out to preserve order. Every one was eager to press forward to witness the ceremony, and some were even so inconsiderate as to stand with their shoes on the new cushions of the chairs, which were said to have belonged once to the wealthy Poon Tinqua, whose property was attached by the Chinese Government for debts he owed in connection with the salt monopoly. The ceremony produced a profound impression, and every one agreed that it was the grandest ever witnessed in Hongkong. A Parsee merchant shewed great interest, and was present throughout the performance.

FORMAL OPENING

Shortly after 2:30p.m. H. E. the Governor, accompanied by the Hon. J. G. Austin, Hon. C. C. Smith, the Governor's Private Secretary, went to open the Hospital. There were present Drs.Dod, Young, Messrs Tonnoohy, Moorsom, Lister, Wodehouse and others. A party of Police under Captain Deane and Inspector Grimes arrived at 2 p.m. and cleared the road. As the Governor and suite arrived, a salute of three guns was fired, and the band of Chinese musicians struck up an air. H. E. was received at the door by about thirty of the Committee, who were all dressed in mandarin style, and formed into two rows; as H. E. passed, they bowed to him and he returned their compliment. Ng Chook, Messrs Jardine, Matheson & Co.'s compradore, the oldest man of the Committee, came forward and was presented to H. E., as was also Wong Shing, of the London Mission, who was introduced by the Hon. C. C. Smith. H. E. then went round the building accompanied by Chun Kum. Kwok Acheong, and Wong Shing. Great satisfaction was expressed in regard to the ventilation of the building. Having returned to the Hall, H. E. addressed the Committee briefly. He said that it gave him extreme pleasure to have been able to be present to open this Hospital, and it was a great satisfaction to him to have been permitted to come back to finish the project which he had started. It might not perhaps have been known to the committee that long before the building of this Hospital he had entertained the idea of an establishment of the kind. H. E. then adverted to how the building was first thought of by the discovery of the E Tze abuses. These aroused the feelings of not only the European community but the Chinese also, and that led to this Hospital's erection. H. E. hoped that such abuses would not occur again, inasmuch as an institution had been established which was open to all the destitute sick, who had a right to the relief afforded by the establishment under an ordinance. He then praised the Committee for the energetic manner in which they had acted in raising subscriptions; he was told that there were permanent contributions of about $7000 a year. As to the management of the Hospital, he had thought it better to leave the Chinese to themselves and consequently he had not interfered with them, but great power had been reserved to the Government, who could at any time take the conduct of the establishment out of the hands of the Chinese, if any abuses should happen. He would not say that such things would happen, but it was within the limit of possibility, and he might as well inform the Chinese of it. In regard to the building, H. E. said this was the second visit he had paid to the Hospital since his return, and with the exception of the drains, the work was most satisfactory. He could not find anything to complain of in the building; it was built in the most substantial manner, and the ventilation was very good. H. E. then continued that he would not keep them very long, but he would make his last observation, which he had written down for fear he might forget it. It might be remembered that before he returned to England the last time, he had promised that he would exert himself to get the Supreme Government at home to allow a large portion of the Special Fund to go to the Hospital. The Special Fund was to be devoted to two objects, one of which was for the relief of the sick, and the other was for the advancement of education and the putting down of crime. He was glad that the Chinese have now come forward more readily than two years ago to co-operate with the Government, and it was always his policy to encourage an understanding with the Chinese community and the Government. The Special Fund was raised from the unfortunate propensity of the Chinese to gambling, it was done with the hope of placing gambling within control, and as the Chinese were the sole creators of the Fund, it was to be devoted for their benefit. A large portion would be spent in putting down crime, and still there was a very large portion remaining. Of this a total sum of $115,000 would be granted to the Hospital. $5,000 had been paid to the Committee already, and exclusive of the expenses incurred in clearing the site, &c. there yet remained a sum of $96,760. As His Excellency would leave the Colony very soon, he had left very nearly $100,000 with the Registrar General on account of the Hospital. His Excellency then concluded his address by reminding the Committee that they must always consider this Hospital as public property. He then said "I now declare this Hospital to be roofed."

The Committee and the Governor and suite sat down to partake of some refreshment, consisting of a cup of tea, a bowl of bird's nest soup, and some sweetmeats in a tray. Those who had the honor of sitting around the same table with H. E. were the Hon. J. G. Austin, Hon. C. C. Smith, a gentleman who was staying at the Government House, Leong On, Chun Ting Chi, Ho Asik, Chun Kum, and Wong Shing.

After this H. E. and suite then left the premises, and a salute of three guns was fired as he retired.

A dinner was given this afternoon to all the Chinese who took part in the Ceremony or those who took an interest in the Hospital, and as there was a large number of guests, there were about thirty tables spread in the patients' ward rooms. A dinner was also given to each of the heads of Departments of the Government, and the one given to the Governor we hear cost $20. These dinners, we understand, are given by the Committee themselves and do not come out of the Hospital Fund.

The Honourable T. H. WHITEHEAD "Report on the Tung Wa Hospital",

Hong Kong Sessional Papers, 17 October 1896, pp. xvii-xx.

I The reasons that led up to the founding of the Tung Wa Hospital

3. Sir Richard Graves MacDonnell wrote several minutes concerning the "I Ts'z" or Chinese hospital, and his minute dated 23rd April, 1869, reads:

> "There is unquestionably something very revolting in finding suddenly that such heartless cruelty and filth could be found in any building in this City".
>
> "Nevertheless, the laws seem not so bad, and the Registrar General himself is to blame for the existence of such disreputable places as the Chinese hospital which he describes. Under Ordinance 8 of 1858 it seems to me that he is specially expected and authorised (section 4) to look after the interests of the Chinese, and that with him rests the responsibility of visiting houses and tenements of every description where Chinese coolies and others—emigrants are particularly mentioned—are harboured (not in the actual employment of the householder); and that (section 19) he is bound to see after the licensing of such houses, to inspect them, and enforce therein the observance of good order, decency and morality, and the prevention and punishment of nuisances and other abuses amongst the inmates of such houses."

His Excellency
Sir WILLIAM ROBINSON, K.C.M.G.,

> "Now I should like to have a copy of the Registrar General's Rules on such subjects, and if in forty-eight hours, such a place as the Chinese hospital and in such a condition exists in this town, I shall consider that the Registrar General does not carry out his duty."
>
> "He had better take this paper and wait on the Attorney General to consult him as to the best means of ***promptly*** terminating the evils reported, and punishing such parties as can be legally punished for the heartless and inhuman conduct detailed in Mr. LISTER's report."
>
> "If further legislation be required—which does not seem to be the case—I am prepared to undertake it."

4. Minute dated 26th April, 1869, reads:

> "...Let me have the Regulations under which the Emigration Depots have been placed—for the whole subject must be reported to the Secretary of State—as I am quite resolved not to allow the Executive, so far as I can help it, to be compromised by any irregularities in connection with emigration from this Colony."
>
> "I do not believe that anything worse than the scenes, reported as having occurred in the so-called Chinese Hospital in the midst of this town, ever happened at Macao. It is here that there may be a distinction so far that with this Government to know the existence of such horrors is to ensure their immediate abolition."

5. Minute dated 28th April, 1869, reads:

> "...Is it certain that similar undiscovered dens are not at this moment a disgrace to the Colony? Having found the Registrar General and the Harbour Master professing ignorance of their responsibility, I now request explanation of the Colonial Surgeon, who, no doubt, will claim similar immunity; whereas I incline to think that the Secretary of State will consider that all three are responsible for the existence of such a place, and that each of the three had a perfect right to interfere."

6. And Sir RICHARD MacDONNELL's Memorandum, No.470, dated 5th May, 1869, reads, paragraph 1:

> "...Referring to the various documents and

圖為建於一八五六年的廣福義祠，義祠於一八七二年由東華醫院接管。

報章報導——時人看東華的創立

【資料說明】 這是有關東華醫院一八七二年正式開幕時最詳盡的報導，開幕典禮分作上午和下午兩個階段。上午是祭祀神農儀式，政府沒有派代表參與；下午督憲到醫院發表演說，沒有民眾旁觀。開幕當天上、下午的兩種截然不同的儀式，形象地說明東華的出現，對各階層華人及香港政府來說，是兩種不同的社會需要。不過作者把總督的演說視為醫院的「正式開幕典禮」（Formal Opening），而華人祭祀儀式只視為「典禮前奏」（Preliminary Ceremony），顯示西人認為政府在創建東華一事上扮演領導角色。

[32] 中文名稱為《德臣西報》或《中國郵報》。

[33] 這是指文武廟公所。

[34] 即梁安，或稱梁雲漢、梁鶴巢，一八六九年為東華倡建總理之一，劫洋行（仁記洋行）買辦。

"The Formal Opening of the Chinese Hospital",

China Mail [32],
14 February 1872.

PRELIMINARY CEREMONY

This interesting ceremony took place with great pomp to-day. It consisted of a ceremonial sacrifice being offered to the God of Shan Nung, one of the three mythical Emperors who are said to have attained the great age of ten thousand years. He is recognised as the discoverer of medicines, but he was not the favorite god with the medical fraternity. This deity was selected on this occasion owing to some objection having been offered by a minority of the committee to have any gods on the premises at all.

At an early hour, the committee, some seventy or eighty in number, assembled at the Kung Sho [33] (Public Meeting Hall) adjoining the Hollywood Road Joss-house, all dressed in the mandarin costume, some even with peacock's feather attached to their buttons. A little before 8 o'clock, a procession, accompanied by a band of Chinese music and a staff of paraphernalia bearers, such as is usual on these occasions of festivities, and headed by a pair of large lanterns bearing an inscription "The formal opening of the Tung Wa Hospital," paraded the streets of the Chinese section of the Town and stopped in front of the Kung Sho, where it was joined by the committee. The return trip of the procession started at the booming of three guns, and the whole body proceeded towards the Central Schools and turned into Gough Street; passing by the premise of Messrs Gibb, Livingston & Co., the procession took the course to Bonham Strand and then up the road leading to the Hospital. Amongst those who took part in the ceremony were Leong On [34], compradore Messrs Gibb, Livingston & Co., Chun Kum, compradore Messrs Arnhold, Karberg & Co., Ng Chook, compradore Jardine, Matheson & Co., Choy Achip, compradore Messrs Gilman and Schellhass & Co., Wong Sun, compradore Messrs Pustau & Co., Cheong Kai, compradore Hongkong Club, Fung Ming Shan, compradore Messrs A. G. Hogg & Co., Chun Ting Chi, late compradore Messrs Smith, Kennedy & Co., Kwok Acheong, Ho Asick, Lee Sing, Lee Tuk Cheong, Chun Kun and others. Leong On, being the Chairman of the Committee, took the most prominent part in the ceremony, being the bearer of three incense sticks, which he carried with him during the whole tour of the procession. Three guns announced the arrival of the procession at the Hospital, and now the grand ceremony commenced. The musicians were placed on one side at the Court Yard, and the Yeoman bearers of paraphernalia were arranged on two rows one on each side of the hall; further up were the committee divided also into two rows. These arrangements having been made and a sufficient space having been cleared, Leong On, as the performer of ceremonies, stepped forward immediately and placed the three Joss Sticks he had in his hand in an incense pot. Having done this, he stood on one side, and in obedience to the commands of the director of ceremonies, Chun Kum, he knelt down before a sandalwood frame, having the inscription of Shan Noong, and *kotowed* three times. He rose up and with great reverence approached the image and removed the piece of paper which screened the inscription; the frame was then handed to two assistant performers of ceremonies, who conveyed it forward and placed it into a glass case at the furthest end of the hall. The director of ceremonies called out "retire," and Leong On retired further out to the Court Yard, and the officer ordered him to kneel down and kowtow. This form was repeated for the third time, and the Performer of Ceremonies stood up and knelt down again until he had made nine kow-tows. The prayer-reader Yim To Nam, of the Kin Nam Hong, then came forward. He made the same number of kow-tows and proceeded to read the player, which was very brief. In front of the image was arranged on a long table quite a number of dishes of eatables, consisting of meats, roasted and stewed, fruits, confectionery, pastry nicely worked up to represent eight genii, an elephant, a unicorn, a peacock, &c., and at the further end of the table was a roast-pig, an uncooked sheep, as well as an uncooked pig; the latter

醫院總例引言

【資料說明】 總例的引言說明政府負責提供東華建院經費和醫院基金，東華日後的常年開支需由華人營運，顯示政府不願干涉東華的內部運作。醫院創立後的頭三十年，一直依賴政府創立時所撥的創院基金及總理募捐善款營運，直至二十世紀初，政府才開始發放常年撥款。

"Tung Wa Hospital Incorporation Ordinance",

No. 3 of 1870, 30 March 1870, *The Hong Kong Government Gazette*, 2 April 1870.

No. 3 of 1870.

An Ordnance for establishing a Chinese Hosptial to be supported by Voluntary Contributions, and for erecting the same into an Eleemosynary Corporation.

[30th March, 1870.]

Whereas it has been proposed by the said Governor His Excellency Sir Richard Graves MacDonnell to found a Chinese Hospital for the care and treatment of the indigent sick, to be supported by voluntary contributions; and whereas Her Majesty Queen Victoria has been graciously pleased by way of endowment of the said hospital, to grant a piece of Crown land as a site for the erection thereof, and also to authorize the payment out of the public funds of the Colony of a donation of fifteen thousand dollars towards the cost and expenses of erecting and maintaining the same; and whereas the several persons whose names are mentioned in the schedule to this Ordinance are donors to the funds of the said intended hospital, and have formed themselves into a committee for the purpose of carrying out the objects aforesaid.

一八七零年興建的東華醫院正門

7. Although there are as yet no data from which to form an estimate of the annual cost of the building it seems likely that the above interest, say, $5,000 backed by a subscription of $7,000 as promised by the Chinese, should suffice for the cost of vaccination, medicines, medical comforts, attendance, fuel, &c., &c. This, however, is a point which experience alone can solve satisfactorily, and I fear there is a risk of an undue proportion of destitute persons and incurables making their way to the Hospital from Canton and elsewhere, if the treatment and general management of the institution obtain, as I hope it will, a favourable and widely spread reputation.

...

I have, &c.,
RICHARD GRAVES MACDONNELL,
Governor.

The Right Honourable
The Earl of Kimberley,
Her Majesty's Principal Secretary of State.

政府檔案——創院初期的政府資助

【資料說明】 總督麥當勞在這封書函清楚地交代了香港政府在一八六九至一八七二年，即東華醫院籌辦期間，撥給東華醫院董事局一萬五千員作建院經費及兩萬英鎊作醫院基金。一八七二年政府的醫務部 (Medical Department) 固定支出為二千七百七十二英鎊 (*Hong Kong Blue Book 1872*, expenditure)，可見政府撥給東華創院經費足夠醫院營運七年。函件並說明該筆款項的用途。第六段規定其中九萬元撥款於創院後首三年以年息五厘半存放香港上海匯豐銀行，定期收息，可見政府也有考慮醫院營運資金。

麥督憲大人玉照

The Honourable T. H. WHITEHEAD, "Despatch from the Governor Richard Graves MACDONNELL to The Right Honorable The Earl of KIMBERLEY, Her Majesty's Principal Secretary of State",

CO 129/156, 19 Feburary 1872, pp. 326-327.

No.947.

Government House,
Hongkong, 19th February, 1872

My Lord,

I have much pleasure in reporting that on Wednesday, the 14th instant, I was enabled to assist at the ceremony of declaring the Chinese Hospital open. Most of the furniture, however, is not yet completed, but, nevertheless, as the building itself is finished, it was thought wise by the Native Committee of Management to open the Hospital before the termination of the usual Chinese New Year's holidays, which in 1872 commenced on the 9th February.

2. I have directed an account of the preliminary religious ceremony and the subsequent proceedings to be complied from the local papers, and your Lordship will perceive that I availed myself of the opportunity to place before the Chinese the obligations, which they might be regarded as having undertaken, and reminded them of the position, which they would occupy in future, enjoying great freedom in all matters of local details and management but subject to the general superintendence and visits of certain Government Officers.

3. At the same time I felt it right to pay a just tribute to the exertions of the Committee, who have been indefatigable in urging on the work, and who have not merely raised amongst their countrymen donations exceeding $40,000 for the actual construction of the building, but have also obtained a list of annual subscribers pledged to contribute $7,000 yearly to the expenses.

4. Your Lordship is aware that I returned here with your authority to advance $10,000 to the cost of the building and to invest £20,000 for its maintenance. A lesser sum, however, seemed to me on closer investigation adequate for all the purposes which it was politic to aid directly by Government money. I felt assured that nothing would more easily generate apathy and indifference as to the economy and management of details than a supposition that the Hospital was sufficiently endowed from other sources, to enable its Committee to dispense with further exertions on the part of its early promoters and supporters.

5. Therefore, I considered it expedient to set apart for annual support of the Hospital only so much money as, if liberally supplemented by native donations and subscriptions, might enable the objects of that institution to be carried out. In this way a perpetual canvas and unflagging interest, it is hoped, may be kept up.

6. The Committee had already obtained an advance of $15,000 and between $3,000 and $4,000 more had been expended by the Government in sundry matters connected with the building and preparing the ground, independent of the value of the site, which was a gift from the Queen to the Chinese community. Assuming, therefore, $115,000 as the limit of the total advance in aid by Government, I found there was a balance still remaining due to the undertaking of $96,760. I therefore publicly handed a cheque for that amount to the Registrar General, in his character of Protector of the Chinese. Of that money $6,760 has been paid to the Committee to defray expense of furniture, and as cash for other contingencies; the balance ($90,000) is invested at present in the Hongkong & Shanghai Bank as a fixed deposit for 3 years in the name of the Colonial Secretary for the time being, and bears interest at the rate of 5.5 per cent per annum. Three of the Committee are entitled to draw cheques for the amount of interest as it accrues, but the principal cannot be touched.

光緒十一年歲次乙酉徵信錄（一八八五年東華醫院徵信錄——一八七零年倡建東華醫院總例）

【資料說明】 總例於一八七零年三月頒佈。總例的前言部份說明政府於訂定此例時已送撥出一萬五千員[35]予東華醫院作建院費，政府於一八七二年再增撥二萬英鎊，作為醫院基金。常年撥款則晚至二十世紀才出現，一九零四年起政府每年撥款六千元，一九零八年起增至八千元。

總督香港等處地方兼理水陸軍務男爵麥[36]

為擬創建華人醫院，以便調理貧病之人，該各經費由公眾樂捐。其建院之基址已蒙　大英君主恩賜白地一段，並准由本港公庫送出洋銀壹萬五千元以資醫院建造工費及料理之需。所有例後格式臚列捐簽院費各姓名均為辦理該院值事，業經稟請　督憲俯准設立總局一例以成美舉。茲　督憲會同定例總局議立庚午第三條例款如左，俾得遵依。

[35]「員」為十九世紀末的貨幣單位，故本書中，「員」及「元」均作為貨幣單位，不作統一。

[36] 即當時港督麥當勞（MACDONNELL, Richard Graves），任期一八六六年三月至一八七二年四月。

同治癸酉十二年徵信錄（一八七三年東華醫院徵信錄——經常性收入）

【資料說明】 政府於一八七二年所撥經費二萬英鎊，扣除工程費三千二百四十員，實得九萬六千七百六十員，存放於香港上海匯豐銀行收息，一八七三年定期存款全年可得利息收入約五千多員，佔醫院是年收入百分之三十一。

收息項列

二月十二日

一收上海銀行九萬員（元，下同）息六個月週息五厘半[37]算式千四百七十五員

一收上海銀行五千員息週息四厘算式百員

七月初二日

一收上海銀行九萬員息六個月週息五厘半算式千四百七十五員

共收息銀五千一百五十員

[37] 香港上海銀行即今日的香港上海匯豐銀行，一八七零年代初，該存款獲週息五厘半，相等於今天的單利年息五厘半。

同治甲戌十三年徵信錄（一八七四年東華醫院徵信錄——經常性收入）

收息項列

正月初五日

一收上海銀行九萬員息六個月周息五厘半算銀二千四百七十五員

正月廿九日

一收上海銀行五千員息一年周息四厘算銀二百員

七月初六日

一收上海銀行九萬員息六個月周息五厘半算銀二千四百七十五員

一收上海銀行歷年來往日息銀六十九員四毫弍先

是年共收息銀五千二百壹拾九員四毫弍先

同治甲戌十三年徵信錄（一八七四年東華醫院徵信錄——歷年進支總數）

【資料說明】 下面記錄的兩筆進數說明政府曾於一八六九及一八七二年兩次撥款，其中十萬員需扣除工程費三千二百四十員，故醫院實收九萬六千七百六十員，政府共撥款十一萬五千員。

同治庚午九年（一八六九）進數

大英麥督憲給　銀壹萬伍千員

進各善信捐　銀四萬弍千捌百五十一員零八仙

進回就醫療藥費銀弍百一十三員六毫七仙

進上海銀行息　銀玖百一十七員四毫七仙

是年共進銀五萬捌千玖百捌十二員二毫二仙

同治壬申十一年（一八七二）進數

大英麥督憲再給銀壹拾萬員內除掘地脚工銀三千弍百肆十員

實領銀玖萬陸千柒百陸十員

進各善信捐　銀壹萬三千三百柒拾員零弍毫三仙

進回就醫藥費　銀弍百五拾陸員八毫六仙

進上海銀行息　銀弍千四百七拾五員

是年共進銀壹拾壹萬弍千捌百陸拾弍員零九仙

【資料說明】函件說明政府批准撥地建院，並負責平整地基工費約三千元。

The Honourable T. H. WHITEHEAD, "Despatch From the Secretary of State,GRANVILLE to the Governor R. G. MACDONNELL",

No. 158, 7 October 1869, *Hong Kong Sessional Papers,* 17 October 1896, Appendix III, p.XL.

HONG KONG
No.158.

DOWNING STREET,
7th October, 1869.

SIR,

I have the honour to acknowledge the receipt of your dispatch No.726 of the 21st June, enclosing documents and memoranda relative to the abuses existing in the "I –Ts'z" Hospital and suggesting the establishment of a new hospital for sick and moribund Chinese conditionally that its regulations and general superintendence be subject to Government control.

I approve of your suggestion and have to authorize you to contribute $10,000 from Gambling Fund towards the erection of a Chinese hospital on the Chinese completing and playing into one of the Banks $15,000 towards the same object.

I also approve of an expenditure from the Fund of about $3,000 towards levelling and preparing a suitable site for the hospital for which provision is made in the Supplementary Report and Estimate No.27 of 1869, enclosed in your dispatch No.742 of the 7th July; but I cannot sanction any annual contribution from that source towards its maintenance.

I have, &c.,
GRANVILLE.

GOVERNOR SIR R. G. MacDONNELL, C. B.,

【資料說明】無論是政府文獻，還是東華的出版物，都鮮有提及東華醫院樓宇的建築費。以下報導說明了醫院樓群工程共四萬五千元，並具體交代醫院分三部份及八個部門，可容納八十至一百名病人留醫。

"Opening of the New Chinese Hospital",

Daily Advertiser, 14 Feburary 1872.

OPENING OF THE NEW CHINESE HOSPITAL

The opening of the New Chinese Hospital at West Point, not far from the old "I-Ts'z," took place yesterday with great pomp and ceremony, His Excellency the Governor honouring the proceedings by his presence. A long and gorgeous procession wended its way in the forenoon to the building which, besides being handsomely adorned architecturally in the Chinese fashion, was further made attractive by numerous lanterns, pictures and hangings, bestowed in the manner the Chinese so well know how to employ, and producing a most striking effect. According to information furnished us, we understand that the building cost about $45,000. It is divided into 3 sections and 8 departmcnts, and is at present capable of accommodating from 80 to 100 patients. Three doctors, with one exclusively for vaccination, are attached to the establishment, but it is hoped shortly to increase the number to five. The lower wards are divided off by half-wall wooden compartments, and are intended for the poorer class of gratis patients. The upper story, which is better lighted and ventilated, is appropriated for those who can afford to pay towards their maintenance in hospital, and its wards are all that can be desired, having a good verandah, front and back, and being well ceiled and floored.

光緒十一年歲次乙酉徵信錄（一八八五年東華醫院徵信錄——一八七零年倡建東華醫院總例）

【資料說明】總例賦予政府監督東華醫院的權力，第十六款說明如董事局經營不善，政府隨時可撤換，總例甚少談論醫院日常之營運，第十二款反而說及醫院值事有另立規條的權力，說明政府給予董事局高度的自治空間。

四、本例頒行初兩年，所有格式內開列各值事姓名[38]，遇有未滿期而身故，或欲卸事，或別離本港者，該缺例由　督憲會同議政局另立妥當之人補授以滿其期。……

九、該值事倘日後有欲將局名字印戳，與及上款所議捐貲若干始得入局之例更改變換者，並或有故不堪入局，或已經入局之同人，因事擯斥刪去冊內該人姓名者，須一律稟呈　督憲會同議政局允准，方得舉行。……

十二、值事於本例條款並日後另立准行之規條[39]，其中意義倘有懷疑以致互相執拗者，須稟請　督憲會同議政局定奪。……

十四、該局所建醫院房舍地方遇有　政務司　總醫官[40]暨　督憲會同議政局派委人員到查，必須任由稽察。

十五、該局值事須設冊一部，凡欲為局內之人，悉依第九款所議方能將該姓名註冊，醫院數目亦須設部登記，常貯局中，以便局內同人並　督憲所委人員查閱。又遞年於唐正月內將上年局中所存欠各項以及進支數目清列年結，呈遞　輔政使司察核，或要值事二名當撫民紳士前清心發誓，亦須遵依以示公正。

十六、該局若於本例原議或辦理不善，與及不遵條款，或捐項短絀以致醫院支用不敷，或因拖欠債項難以抵償，一經　督憲核明，任由　督憲會同定例總局另創一例，即將本例刪除，並所准之總局出示撤銷。惟未換立新例之前，必經　督憲預先六個月曉諭週知，然後舉行。

十七、該局既照上款議處撤銷，則局內所存房舍與及各物業，悉歸　國家管理，凡有拖欠應支帳目，定將所存數項物業盡行折出攤還，該如何辦理之處，另換立新例或奉　憲出示聲明，俾眾週知。

[38] 倡建值事共十三人，分別為梁鶴巢（仁記洋行買辦）、何斐然（建南米行）、李玉衡（和興金山行）、吳振楊（福隆公白行）、羅伯常（上海銀行買辦）、蔡龍之（太平洋行買辦）、陳瑞南（瑞記洋行買辦）、陳定之（同福棧）、黃勝（英華書院）、楊瓊石（謙吉疋頭行）、鄧鑑之（廣利源南北行）、陳錦波（天和祥）及高楚香（元發南北行），詳見本書第八十八頁己巳年（一八六九年）總理、協理、值事名單。

[39] 這說明有關東華醫院日常運作的規條，可由董事局自行制定，不過大前提是不能與總例有所抵觸。

[40] 則例原文「總醫官」英文版本有二，一為 Principal Civil Medical Officer（No. 1 of 1870），二為 Colonial Surgeon（No. 3 of 1870）。

倡建總理十三人玉照。橫排第一行左起：何錫（斐然）總理、吳振揚（翼雲）總理、李瓚（玉衡）首總理、高滿華（楚香）總理、梁雲漢（鶴巢）主席；第二行左起：陳美揚（錦波）總理、陳桂士（瑞南）首總理、陳朝忠（定之）總理、黃勝（平甫）總理、楊寶昭（瓊石）總理；第三行左起：蔡永接（龍之）總理、鄧伯庸（鑑之）總理、羅振綱（伯常）總理。

圖為一八七零至一九三零年代初
東華醫院大堂擺設

is unable for any reason to pay its debts, it shall be lawful for the Governor, with the advice of the Legislative Council of the Colony by an Ordinance to be passed for that purpose, to repeal this Ordinance and to declare that the incorporation hereby granted shall cease and determine and become absolutely void; Provided always that six months' notice of the Governor's intention to pass such an Ordinance shall be previously given to the corporation.

17. In case the incorporation hereby granted shall cease under the provisions of the last preceding section, all the property and assets of the corporation shall become vested in the Crown subject to the rateable payment thereout of the just debts and liabilities of the corporation, to the extent of such property and assets and in such manner as shall be provided by the repealing Ordinance or by any order to be made in that behalf by the Governor in Council...

政府檔案——醫院總例英文版本

【資料說明】 醫院總例英文版本有二，一為 No. 1 of 1870，另一為 No. 3 of 1870，兩個版本的用詞有異，這裡引用後者。兩個版本的則例簽署日期同為一八七零年三月三十日，No.3 版本後面附有倡建總理名單十三人，而 No. 1 版本則只有十二人，相信是補充 No.1 的不足。東華醫院徵信錄引入的譯本是根據 No.3 的版本，但中譯本的簽署日期為一八七零年三月二十六日。較英文版本更早，可能是政府需在確認總理名單後才能於憲報公佈總例。

"For establishing a Chinese Hospital to be supported by Voluntary Contributions, and for erecting the same into an Eleemosynary Corporation",

No. 3 of 1870, 30 March 1870,
The Hong Kong Government Gazette,
2 April 1870.

...

4. For the first two years after the passing of this Ordinance, the board of direction shall consist of the several persons, whose names are set out and contained in the schedule thereto; and in case any such person shall die or desire to be relieved of his duties, or shall cease to reside within the Colony before the expiration of the said term, it shall be lawful for the Governor in Council to appoint in his stead some other fit person to be a member of the said board, during the residue of the said term...

9.The board of direction shall have power, with the consent of the Governor in Council, to change or vary the corporate name and the common seal of the corporation and the amount of the donation to the funds of the hospital hereinbefore prescribed as a qualification for becoming a member thereof, and the term of office of members of the board of direction, and also may, for reasonable cause and with such consent as aforesaid, refuse to admit any person as a member of the corporation or may expel any existing member, and cause his name to be erased from register.

10.The board of direction shall have power to frame regulations for their procedure in the transaction of business and the maintenance of good order at their meetings, the mode of voting for the elections of members of the board of direction and the appointment of the president thereof, and for the guidance of the board of management and generally for all matters relating to the administration and discipline of the hospital; Provided always that a copy of such regulations shall, from time to time, be furnished to the Colonial Secretary and every such regulation shall be subject to disallowance at any time by the Governor in Council...

12. In case any doubt or ambiguity shall arise and any controversy shall take place among the members of the board of direction as to the interpretation of this Ordinance the same shall be referred to the Governor in Council whose decision thereon shall be final...

14. The hospital and all buildings and premises of the corporation shall be open at all reasonable times to the inspection of the Registrar General, the Colonial Surgeon and of any other person whom the Governor may appoint in that behalf.

15. The board of direction shall cause a register to be kept in which every person desiring to become a member of the corporation and being duly qualified shall, subject to the provisions of section 9, be entitled to have his name inscribed, and also shall cause proper books of account to be kept which shall be open at all reasonable times to the inspection of members of the corporation and of any person whom the Governor in Council may appoint in that behalf, and also shall within one month after the expiration of every year of the Chinese calendar transmit to the Colonial Secretary a true statement of the assets and liabilities of the corporation and an account of their receipts and disbursements during the previous year and such statement shall if required be verified on oath or by declaration before a Justice of the Peace by two members of the board.

16. In case it shall at any time be shown to the satisfaction of the Governor in Council that the corporation have ceased or neglected or failed to carry out in a proper manner the object and purposes of this Ordinance or to fulfil the conditions thereof, or that sufficient funds cannot be obtained by voluntary contributions to defray the necessary expenses of maintaining the said hospital, or that the corporation

政府憲報第三百三十三號（一八八二年八月十九日）

【**資料說明**】　這是東華總理向華民政務司呈交的院務報告，政府撥款報告原文刊登於憲報內，該類資料最早見於一八八零年，本書採用的是一八八二年報告，內容較一八八零年報告全面，除新選總理名單外，還包括詳盡的進支數字和存款情況。附有中英文版本。

署輔政使司史 為曉諭事照得現奉

督憲札諭將東華醫院公呈開示於下

一千八百八十二年八月 十九日示

敬稟者：董等謹遵成例，於本月初十日，邀集闔港街坊同人，公舉新總理接辦東華醫院大小事務，茲將所舉新總理十二位姓名錄呈，請為轉詳

督憲大人鈞鑒

計開公舉總理十二位

何崑山　安泰保險公司　　謝啟東　義昌南北行

馮弼卿　今布銀行　　吳賡堂　法國輪船公司

高舜琴　元發南北行　　黃齊山　新泰利金山行

游雲樵　福泰疋頭行　　容達舫　渣打銀行

陳玉堂　聯衛公司米行今年復舉　　陳炯堂　萬益花紗行

梁侶楷　祥泰當押行　　陳峻雲　福源公白行

復將十二位之內推舉管理銀両首總理三位

何崑山　謝啟東　馮弼卿

茲擇壬午年六月初九日正午十二點鐘，將東華醫院銀兩、數契、大小事務，盡行交與新總理接管，董等是年仍退作協理之職，理合稟明，希為

電察　並將本院辛巳年進支總數，並贈醫、種痘、出院、西歸，並難民回籍、擇配各數列呈，請為　賜覽

輔政使司史大人　鈞鑒

壬午年　五月十一日　東華醫院董事　葉竹溪　羅子驄　胡乃儉　等謹稟

東華醫院辛巳年進數總列

一進各行捐項銀六千七百五十元兩(両，下同)正

一進安南捐項銀三百六十兩正

一進善士年捐銀四十七兩五錢二分

一進善士零捐銀七百五十九兩三錢八分八厘

一進舊金山新嘉坡火船緣部銀八百三十三兩三錢四分二厘

一進各戲班捐項銀一百三十一兩零一分四厘

一進上海銀行六萬五千元息銀二千三百四十兩正
一進上海銀行三千八百元息銀一百三十六兩八錢正
一進棉昌銀鋪三千元息銀一百八十五兩九錢七分六厘
一進順昌銀鋪三千元息銀一百八十五兩九錢七分六厘
一進乾元銀鋪三千元息銀一百八十五兩九錢七分六厘
一進維新銀鋪三千元息銀一百八十五兩九錢七分六厘
一進德安銀鋪三千元息銀一百八十五兩九錢七分六厘
一進愼安銀鋪二千元息銀五十兩零四錢正
一進永樂坊四十號鋪租銀四百六十八兩正
一進文咸街五十八號鋪租銀六百零八兩四錢正
一進乍畏街九十一號鋪租銀二百八十兩零八錢正
一進押巴顛街四號鋪租銀五百一十四兩八錢正
一進文咸街一百一十六號鋪租銀五百六十一兩六錢正
一進文咸街一百一十八號鋪租銀四百六十八兩正
一進文咸街一百二十號鋪租銀三百二十七兩六錢正
一進收善士贈街外藥劑銀八百九十五兩八錢一分正
一進收回就醫藥費銀二百一十四兩一錢四分八厘
一進收回飯圈銀七錢六分正
一進收義莊租銀一百一十二兩三錢四分四厘
一進收糟水飯乾什項銀二十三兩七錢二分五厘

廿六柱共進銀一萬六千八百一十四兩三錢三分一厘

接庚辰年徵信錄存銀九萬二千三百九十七兩八錢一分八厘

連上年合共進銀一十萬零九千二百一十二兩一錢四分九厘

辛巳年支數總列

一支福食項銀一千三百九十二兩六錢七分九厘

一支酬金項銀三千六百七十九兩一錢二分正

一支藥料項銀二千六百八十六兩一錢九分九厘

一支病房項銀二千一百二十三兩二錢六分三厘

一支紙料項銀三百七十八兩三錢七分六厘

一支義山項銀一千九百八十兩零八錢二分八厘

一支雜用項銀一千二百二十四兩八錢九分五厘

一支修飾項銀九百零四兩三錢五分三厘

一支建造項銀三千六百兩正

一支置物項銀六十七兩三錢五分正

一支燕梳項銀一百五十八兩九錢七分六厘

一支地稅項一百五十二兩六錢五分六厘

一支習醫項銀七百一十四兩二錢八分九厘

一支贈種洋痘項銀二百六十八兩九錢零九厘

共支銀一萬九千三百三十一兩八錢九分三厘

接上除支外應存銀八萬九千八百八十兩零二錢五分六厘

存數計開

一存貯上海銀行六萬五千元銀四萬六千八百兩正

一存貯上海銀行三千八百元銀二千七百三十六兩正

一存貯永和生銀舖四千元銀二千八百八十兩正

一存貯時泰號銀舖三千元銀二千一百六十兩正

一存貯順發號銀舖三千元銀二千一百六十兩正

一存貯祐泰號銀舖三千元銀二千一百六十兩正

一存貯益隆銀舖三千元銀二千一百六十兩正

一存永樂坊四十號舖一間價銀三千二百四十兩正

一存文咸街五十八號乍畏街九十一號舖二間價銀七千四百八十八兩正

一存押巴顛街四號舖一間價銀四千四百六十四兩正

一存文咸街一百十六、一百十八、一百二十號舖三間價銀一萬零八百兩正

一存總理處銀二千八百三十二兩二錢五分六厘

十二柱共存銀八萬九千八百八十兩零二錢五分六厘

Government Notification.—No. 333.

The Hong Kong Government Gazette,
19 August 1882.

The TUNG-WÁ HOSPITAL.

The following Documents are published for general information.

By Command,

FREDERICK STEWART,
Acting Colonial Secretary

Colonial Secretary's Office,
Hongkong, 19th August, 1882

(Translation)

Sir,—The undersigned Committee have the honour to report that, in accordance with the established regulations, a public meeting of the members of the Kai-fong of the whole of Hong Kong was summoned for the 10th day of this moon(25th June, 1882), for the public election of new Directors who should take over the management of all the affairs, great and small, connected with Tung-wa Hospital.

The surnames and names of the twelve newly elected Directors are now herewith submitted, with a request that they may be forwarded to His Excellency the Governor for his information.

Subjoined are the names of the twelve newly elected Directors:

HO KWAN-SHAN, of the On Tai Insurance Company.
TSE KAI-TUNG, of the I' Ch'eung Nam-Pak Hong.
FUNG PAT-HING, of the Oriental Bank Corporation.
NG KANG-TONG, of the Messageries Maritimes.
KO SHUN-KAM, of the Un Fat Nam-pak Hong.
WONG TSAI-SHAN, of the San Tai-li Australian Exporters' firm.
YAU WAN-TSIU, of the Fuk Tai Piece Goods dealers.
YUNG TAT-FONG, of the Chartered Bank of India, Australia, and China.
CHAN YUK-TONG, of the Lun Wai Rice Association (re-elected).
CHAN KWING-TONG, of the Man Yik Yarn dealers.
LEUNG LU-KAI, of the Tseung Tai Pawn Brokers' firm.
CHAN TSUN-WAN, of the Fuk Un Opium firm.

Further are subjoined the names of the three of the above Directors who have been appointed to manage the financial affairs of the Hospital:

HO KWAN-SHAN
TSE KAI-TUNG
FUNG PAT-HING

The noon of 9th day of the 6th moon of the Yam-ng year (23rd July, 1882) has been selected for handing over the accounts, deeds, and all affairs, great and small, of the Hospital to the management of the new Directors. The undersigned, who have to retire this year, but will act as Assistant Directors, now state the matter as in duty bound, and submit it for inspection.

The statement of the receipts and disbursements of this Hospital for the San-tsz year (1881-1882), and the return shewing the number of out-patients, vaccinations, persons discharged from Hospital, and deaths, together with the number of destitutes sent to their native places, and of those provided with husbands are also herewith submitted for your information.

In the Yam-ng year, the 5th moon, the 11th day, (26th June, 1882)

(Signed) The Directors of the Tung-wa Hospital.
IP CHUK-KAI.
LO TSZ-TSUNG.
U NAI-KIM, and others.

To the Honourable F. STEWART,
Colonial Secretary.

EXPENDITURE	*Tls*	*m*	*c*	*l*
1. Food (of employes and patients),	1,392	6	7	9
2. Salaries,	3,679	1	2	0
3. Medicines,	2,686	1	9	9
4. Sick-room expenses,	2,123	2	6	3
5. Stationery,	378	3	7	6
6. Cemetery,	1,980	8	2	8
7. Sundries,	1,224	8	9	5
8. Repairs,	904	3	5	3
9. Building expenses,	3,600	0	0	0
10. Furniture,	67	3	5	0
11. Insurance,	158	9	7	6
12. Crown rent,	152	6	5	6
13. Medical students,	714	2	8	9
14. Free vaccination,	268	9	0	9
Total,	**19,331**	**8**	**9**	**3**
Total of receipts,	**109,212**	**1**	**4**	**9**
Deduct Total of Expenditure,	**19,331**	**8**	**9**	**3**
Balance in hand,	**89,880**	**2**	**5**	**6**

STATEMENT OF ASSETS	*Tls*	*m*	*c*	*l*
1. Deposit in Shanghai Bank, $65,000	46,800	0	0	0
2. Deposit in Shanghai Bank, $3,800	2,736	0	0	0
3. Deposit in Wing Wo Shang Bank, $4,000	2,880	0	0	0
4. Deposit in Sz Tai Bank, $3,000	2,160	0	0	0
5. Deposit in Shun Fat Bank, $3,000	2,160	0	0	0
6. Deposit in Yau Tai Bank, $3,000	2,160	0	0	0
7. Deposit in Yik Lung Bank, $3,000	2,160	0	0	0
8. Value of No.40, Wing Lok Buildings	3,240	0	0	0
9. Value of No.58, Bonham Strand and No.91, Jervois Street,	7,488	0	0	0
10. Value of No.4, Aberdeen Street,	4,464	0	0	0
11. Value of Nos.116, 118,and 120, Bonham Strand,	10,800	0	0	0
12. Balance in the hands of the Directors,	2,832	2	5	6
Total of assets,	**89,880**	**2**	**5**	**6**

Examined,
J. RUSSELL

Registrar General.

August, 1882.

Statement of Receipts and Disbursements of the TUNG-WA HOSPITAL, 1881-1882.

RECEIPTS	*Tls*	*m*	*c*	*l*
1. Annual subscriptions of various Hongs,	6,750	0	0	0
2. Subscriptions raised in Annam,	360	0	0	0
3. Annual donations from charitable persons,	47	5	2	0
4. Special subscriptions of charitable persons,	759	3	8	8
5. Subscriptions made up on board (of steamers) California and Singapore steamers,	833	3	4	2
6. Subscriptions from the actors of the various theatres,	131	0	1	4
7. Interest from Hongkong and Shanghai Bank on the sum of $65,000,	2,340	0	0	0
8. Interest from Hongkong and Shanghai Bank on the sum of $3,000,	136	8	0	0
9. Interest from the Min Cheung Bank on the sum of $3,000,	185	9	7	6
10.Interst from the Shun Cheung Bank on the sum of $3,000,	185	9	7	6
11. Interest from the Kin Un Bank on the sum of $3,000,	185	9	7	6
12. Interest from the Wai San Bank on the sum of $3,000,	185	9	7	6
13. Interest from the Tak On Bank on the sum of $3,000,	185	9	7	6
14. Interest from the Shan On Bank on the sum of $2,000,	50	4	0	0
15.Rent of No.40, Wing Lok Buildings,	468	0	0	0
16. Rent of No.58, Bonham Strand,	608	4	0	0
17. Rent of No.91, Jervois Street ,	280	8	0	0
18. Rent of No.4, Aberdeen Street,	514	8	0	0
19. Rent of No.116, Bonham Strand,	561	6	0	0
20. Rent of No.118, Bonham Strand,	468	0	0	0
21. Rent of No.120, Bonham Strand,	327	6	0	0
22. Charitable donations for medicines (for outside pateints),	895	8	1	0
23. Repayment of medicines by inpatients,	214	1	4	8
24. Repayments for extra meals,	0	7	6	0
25. Rent of mortuary,	112	3	4	4
26. Sale of dried refuese rice and kitchen offal,	23	7	2	5
Total,	**16,814**	**3**	**3**	**1**
Total,	**109,212**	**1**	**4**	**9**

一八九六年東華醫院報告書

【**資料說明**】一八九六年政府成立專案小組，調查東華醫院在瘟疫期間的運作情況。報告書以不少篇幅檢討華民政務司監督東華醫院的角色，說明政府監管東華醫院面對一個兩難局面。一方面，政府因華人不相信西醫，允許東華提供中醫服務，並給予董事局自治，按華人觀念營運醫院。另外，政府又要確保東華能夠防治疫病，故委派西醫巡院，在華人醫院原則不能動搖的大前提下，巡院醫官和華民政務司實難有作為。所以報告書認為一八九零年代疫病爆發的根本原因乃體制問題，致令華民政務司無法監管醫院。引文概括地探討了十九世紀華民政務司與東華醫院間的微妙關係。

Hospital Directorate, and in respect of the Tung Wa the Colonial Surgeon has, unfortunately since 1873, been under the instructions of the Registrar General's Department. I am of opinion it is mainly owing to the lack of intelligent firmness in dealing with the Chinese on the part of successive Registrars General, and to their failure to exercise any effective control over the working of the establishment, that instead of being a benefit to the Chinese of whom the Registrar General was until 1888 the Official Protector, the Tung Wa Hospital has been in certain respects a great misfortune, yea, actual injury to Hongkong, as well as loss to the Chinese residents, because the general opinion and the public belief that it was doing the work it was intended to do, viz., that of a really good and well conducted hospital, has steadily blocked the way to the gradual and judicious introduction of modern methods of medical and surgical treatment, as has been successfully done many years ago in India, in Ceylon, in Singapore, and in fact wherever Her Majesty's Government has been established for any length of time.

The Honourable T. H. WHITEHEAD "Report of the Tung Wa Hospital",

Hong Kong Sessional Papers,
17 October 1896, pp. xxviii-xxix.

Question 1—Whether the Hospital is fulfilling the objects of its Incorporation?

31. Now there may have been some grounds for not interfering with the medical arrangements, but absolutely none for not supervising the *sanitary* arrangements. It was specially on sanitary grounds that the "I Ts'z" was done away with to make room for the Tung Wa. For the extremely unsatisfactory and the exceedingly backward condition of affairs at the Tung Wa the Registrar General's Department, by its subservience to Chinese ideas, and by its timidity in dealing with the Chinese, is largely, if not entirely, to blame. I submit it is a disgrace to the British Government and to our civilization at the end of the nineteenth century in this British Crown Colony, that positively no attempt has up to the present time been made by the Colonial Government to dissipate the cloud of ignorance that rests over the Chinese in regard to the undoubted advantages of modern medical science, and that the so-called "Doctors" of the Tung Wa Hospital, who have no medical qualifications whatever, are still permitted by the Colonial Government to continue to "treat" the many destitute poor and sick among the 240,000 Chinese in the Colony in accordance with the dictates of an antiquated and wholly discredited system.

32. In spite of the enormous increase in the population during the years from 1872 to 1894, and the large accumulations of funds in the hands of the Institution, there had been no adequate enlargement of the establishment, or of the accommodation therein to meet the continuously growing needs of the Colony, and there had been no improvement and positively no effort to effect any improvement either in the medical treatment of the sick and destitute Chinese, or in the sanitary arrangements of the Hospital. If there had been "the continuous inspection, the frequent supervision, and that systematic control over it", that Sir RICHARD MAC DONNELL contemplated, the Hospital would never have been allowed to drift into the state in which it was found in 1894. At a deputation of Chinese gentlemen connected with the Hospital, which waited on His Excellency the Governor on 28th December last, Sir WILLIAM ROBINSON is reported to have said—... "I fully appreciate the Tung Wa Hospital's good work, which has been done for many years; and I must insist on having it put into proper sanitary condition...Under the Ordinance, 3 of 1870, the Governor has power to appoint anybody he thinks fit, besides the Registrar General and Colonial Surgeon, and I shall act on that decidedly." See Dr. LOWSON's report dated 1st March, 1895, and more particularly his remarks on the Tung Wa which were omitted from the official copies of that report, as Government considered that no useful purpose would be served by their publication; and also the medical and other evidence. Lord GRANVILLE's despatch of 7th October, 1869, sanctioned "the establishment of a new Hospital for sick and moribund Chinese *conditionally* that its regulations and *general superintendence* be subject to Government control."

33. Had successive Registrars General and Colonial Surgeons exercised the continuous control intended, led the Chinese by gradual steps to understand and recognise the benefits of Western medicine and surgery, and employed a little quiet steady pressure—a pressure that could have been gradually and judiciously exercised without exciting any alarm or stirring up any prejudices in the minds of the Chinese— I believe the Tung Wa Hospital might now have been spacious enough to provide for all the needs of the rapidly growing Chinese population, and would have become what the Government of 1872 intended, viz., a "really good and well-conducted Hospital," availing itself of many of the advantages and of many of the curative appliances and methods of modern medical science.

34. The Registrar General has always acted as the intermediary between the Government and the

一九零九至一零年度董事局會議紀錄

（東華醫院董事局一九一零年十一月五日、十一月八日會議紀錄——韋玉向華民政務司投訴總理辦事不力）

【資料說明】 這兩場會議顯示東華新舊總理立場不同，遇有矛盾時，並沒有私下談判解決，反而訴諸華民政務司，由其仲裁一切，說明董事局內意見並不一致，而局內仝人均承認華民政務司對院政的督導權力。

庚戌十月初四禮拜六日會議事宜列左（一九一零年十一月五日）

主席曰：有同人到報，謂初一撫華道[41]署請本院總理陳說巖翁、李瑞琴翁到署會議廣華醫院事。有人謂本院前時總理十二位辦理院事妥當，今增至十六位反為不妥。此雖不明言本任，而其意已可想見。弟等忝為街坊推舉，並受政府重託，自接任辦事費盡多少心血，原非藉此謀利，且非藉總理之名以為榮耀，豈有不欲盡心辦理以副（負）街坊政府所重託。但院事紛繁，辦之不了，所整頓者甚多。接任時，弟已在盧制軍[42]前稟明也。現時本院內外事務各有職守，總理在外亦各有事業，至於數目文件則交託帳房先生辦理，工人妥當與否，則有醫生、管事專責。一院之大，難保不無疏忽之處。有則經總理辦理，如總理辦不公道，儘可由撫華道公斷。若未經報白明總理，遽將總理責成，豈有是理耶？茲責成陳說巖翁、李瑞琴翁兩位，便是責成全班總理，請說巖翁、瑞琴翁將責成之言述與列翁，知照公道便可，否則須要辦明，免至受不公之冤。有□人為善之心。照說巖翁謂，寶珊翁之語似不是專指當年而言，至所謂前時總理十二位辦理院事妥當，今十六位反為不妥之語，便是似有責成之意。倘弟等辦理不到，本應通知，不應當眾亂為指責，且是日議廣華不是東華事也。

說巖翁曰：弟與瑞琴翁在撫華道署初一日會議廣華醫院事，寶珊翁[43]遂說及醫院前者十二位總理辦理院事妥當，今十六位反為不妥。且謂日前醫院有一病人入院，身上搜出大金□，工人遽將此金交回該親屬，如此疏忽，隨後聞淂（得，下同）經已補給部。又有一病婦入院，有金器匯單存在客棧處，幾多工夫，然後向客棧處取出，存帳房候領。未幾，該病婦身故，未審淂知與否？弟答曰：不知。弟謂前者考義學時，在西藥房處見一妓女在西藥房內，弟經當面斥去，其餘未有所見。棣生翁遂將從前傭婦借殮被工人窃（竊）去頭上金器等物，並述自己作總理時勤力，每日必有兩次到院。

寶珊翁曰：聞總理有四次到院簽字後由巷出去者，又說及工人用地喥與病人洗身，又謂林醫生似宜不可用，又謂總理不可薦人。殆後，蒲大人謂抬轎咕哩有病願死，不願在院就醫等語。

李瑞琴翁曰：當日弟亦同聞淂此言。

主席曰：據說巖翁所說，弟已查淂劉朝于廿八晚十點鐘入院就醫，同來親屬共有五人，一係劉朝之弟，其餘四位係肇和祥金山庄（莊，下同）者。當入院時搜撿身上有大金十九個、中金一個、小金四個，該親屬當眾取回。至廿九日，已補行給部。又九月廿九晚，何氏二入院就醫，同來之客棧伴謂有金器及滙單等件在客棧處，因何氏二不願交院，經着客棧伴寫回憑字與何氏二存據。及三十日，何氏二病篤，杜醫生通知帳房，即着雜務頭人向客棧將何氏二金器等物取來存院候領。三十晚，何氏二身故。客棧伴欲將遺款代買棺木，經總理陳說巖翁決定照向章用本院金山棺殮殯，取回十二元之例，福寿（壽）號經手。遂將何氏二尸（屍）骸停至初二日，未殮，被巡院醫生責成，然後用金山棺舁往義庄停厝。茲杜醫生提議此事，弟查淂係客棧伴之意，欲候多一日，待其親屬來港之故。想此事雖係經手人為利在買棺木起見，然可能相就街坊，亦應通融辦理，似此並無不合之處。事杜醫生若知醫院有事不妥，應通知總理為是，不應在外閒談。至於地方上治安應要幫忙者，弟等無不盡力幫忙。倘若無故受人指責，弟實不甘受褥（辱）。未審列翁謂要動公事否？在場列位均謂要動公事。遂公議函請撫華道示覆，免至將來辦事艱難有碍（礙），阻浚人為善之路。眾贊成。

庚戌十月初七日禮拜二會議事宜列左（一九一零年十一月八日）

前禮拜六日會議謂，初一日有人在撫華道署訾議本院辦事不妥，同人意見俱謂要將此事剖白告，所議信稿請列翁察看，如以為合，則照此稟知撫華道表明。

盧頌舉翁倡議：照此信稿稟知撫華道表明，李瑞琴翁和議。眾贊成。

[41] 當時撫華道（後改稱華民政務司，簡稱華司）為蒲魯賢（BREWIN, Arthur Winbolt），任期為一九零一至一九一二年。

[42] 即當時港督盧押（LUGARD, Frederick John Dealtry），任期為一九零七至一九一二年。

[43] 即韋寶珊，又名韋玉，曾於一八八一年出任東華醫院首總理，一八九六年始任定例局非官守議員，連任十八年。

韋玉畫像

香港政府憲報——督憲巡院紀錄

【資料說明】 政府對東華的監管可分為三個層次：督憲、華民政務司、政府醫官。督憲巡院只是象徵式，並不成常規，這是督憲巡視東華醫院的最早紀錄，督憲到院代表東華發言的不是當年總理，而是首位華人議員伍廷芳，督憲和伍廷芳的發言強調英國對香港社會的貢獻，這次巡院具政治意義，督憲巡院實際上就是向總理訓話，顯示東華醫院附屬於政府，政府對醫院的監管權力。

predecessors called the attention of the Secretary of State to the fact that the communications from the Tung Wah Hospital were those which gave him the first intimation of the evils perpetrated in that Trade, While the Government of that day had to thank the committee of the tung wah Hospital, it is my duty now publicly to do the same. It is not many weeks since you drew the attention of the Government to that which undoubtedly was a grave abuse. You brought to my notice the fact that it was the practice to issue tickets to Chinese Emigrants in this Colony for a certain sum of money; the tickets purported that that sum was paid in full, whereas, as you pointed out, in reality but a very small sum was paid, and the emigrant was expected to bind himself for so long a period as two years, to work off his passage, in the sugar plantations of the Sandwich Islands. That was an infraction of our law. It was you who drew our attention to it, and it is my public duty to thank you, as I now do, for the valuable information you thus conveyed to the Government.

I am sure I only express the sentiments of the European gentlemen that I see around me, and of my gallant friend, Admiral HILLYAR, and of his Officers, in cordially wishing you a happy New Year, and long continued prosperity; and I need hardly add that if I can in any way promote that prosperity, it will afford me indeed great satisfaction when the time comes, and I make up my own accounts, on leaving this Colony.

Mr. NG. CHOY then interpreted the substance of His Excellency's speech to the Chinese present, a great majority of whom did not understand English...

Tea was again brought in, and after sipping it, His Excellency rose to depart. The Chinese Band again struck up, and a salute of three salvoes was fired.

香港首位華人議員伍廷芳

"MAY IT PLEASE YOUR EXCELLENCY,—We on behalf of the Chinese Community of Hongkong are grateful to Your Excellency for the honour you have done us by paying a visit here on this occasion. The Colony has been established now for about 36 years, and this Hospital for 9 years, but we believe it is the first instance in the history of Hongkong of a Governor making a formal call on the Chinese on the occasion of their New Year.

"Your Excellency's liberal policy of treating and respecting all classes of people alike over whom you govern, without distinction of race, is well known and appreciated by us all, and if an illustration is needed, this visit is another instance of it. Your Excellency has not been long with us, but we feel certain in this, that in Your Excellency we have a just, impartial, and humane Governor. The active steps taken by Your Excellency to relieve the sufferings of the wounded persons occasioned by the sad catastrophe of the *Yesso* are beyond all praise and fully confirm our opinion. Your Excellency took a deep interest in their unfortunate case and personally visited them both in Gaol and in this Hospital, and when some of the prisoners in the Gaol had attended on them, Your Excellency, as an approval of their conduct, considerably pardoned them according to the degrees of offences of which they have been convicted.

We may, therefore, safely conclude that from Your Excellency we need fear no harsh measures or class enactments which may press hardly on us, but that whatever measures enacted during the tenure of your high office will, we may be sure, tend to increase the prosperity of the Colony and to promote the welfare of all the inhabitants, natives as well as foreigners. In conclusion, we beg again to thank Your Excellency for your kind visit to-day: we heartly wish Your Excellency and Mrs. HENNESSY happiness and prosperity, and trust that Your Excellency may long remain as Governor of this Colony."

His Excellency then said: —Mr. LEONG-ON, and Members of the Committee of this Hospital,—I receive with the greatest satisfaction the address that has now been presented to me. In that address you say that it is my policy to make no distinction between any class, or creed, or nationally; but, in truth, that is not my policy alone, it is the policy of the Sovereign I have the honour to represent. When we remember that England is the greatest colonial empire on the face of the globe, the reason is that that policy of perfect fair play and justice to all is the Colonial policy of the British Government...

This institution has done an immense amount of good. Then there should be benevolent institutions wherever there is a Chinese community, we all know. We know that in all the great cities of China, there are institutions, where the aged and destitute are cared for; and why should there not be such institutions in Hongkong? The whole expenses of this institution are defrayed by the voluntary contributions of the Chinese community, and I am happy to remind you that the EARL OF KIMBRLEY, while he was Principal Secretary of State for the Colonies, conveyed to my predecessor, Sir ARTHUR KENNEDY, the sense of Her Majesty's Government of the admirable example that the Chinese community had set in establishing this institution; and I shall now be able, from the visit I have paid to-day, and from the minute inspection that the Admiral and myself have made of this Hospital, to do that which my predecessors have done,—bear testimony to the admirable way in which it has been conducted. It has been my duty to visit many hospitals; men in my position must do so; but I am bound to say that I have never gone through the wards of any hospital in any country in which I found better ventilation, and less of that hospital character, that we so often see, and unfortunately so often experience, than in this building. I see that in this institution you understand the great value of cleanliness and fresh air. One of my predecessors, Sir RICHARD MACDONNELL, speaking at this table perhaps, and referring to his visit, made a similar observation, adding that it would be a fortunate thing for the Colony, if our own Civil Hospital had been so well built, and if the windowes, doors and other means of ventilation were as adequately constructed as you have them here. Now, gentlemen, I do not on this occasion desire to sit down without bearing my testimony also, as Governor of this Colony, to what has been, from time to time, done by the Committee of this Hospital on other subjects of public importance. Many years ago, the attention of the Government was directed to a scandal, which also attracted the notice of my gallant friend, Admiral HILLYAR, the evils of the coolie trade, and one of my

"The Governor's Visit to the Tung Wah Hospital",

The Hong Kong Government Gazette, No. 7, 16 February 1878.

His Excellency Governor Pope HENNESSY, C. M. G., paid a ceremonial visit to the Tung Wah Hospital on the 8th of February at 3 o'clock. Early in the afternoon, the crowded streets leading to the Hospital were kept clear by a detachment of Police, composed of Europeans, Sikhs and Chinese, and the full force of the District Watchmen for this District. It was no easy matter to clear the way, as at the time of the Chinese New Year festivities the streets are unusually crowded, and the three Chinese Theatres, all in this locality, were in full swing. About 2:30 P. M. a guard of honour from the 74th Regiment, with Regimental Band, arrived, and lined the road leading up to the Hospital. Shortly after 3 P. M., His Excellency arrived, accompanied by Mr. CREAGH, acting A.D.C., and Private Secretary NORTHCOTE; and Admiral HILLYAR, accompanied by Secretary PARISH and Flag-Lieutenant WILLOUGHBY, preceded a few minutes before by Dr. MOWLL, formerly of H.M.S. *Vigilant*. Among the foreign visitors present to witness the ceremony, were Mr. HAYLLAR, Q.C., Rev. Dr. E.J. EITEL, Mr. J. J. FRANCIS, and Mr. D'ALMADA. The Chinese community was very fully represented, there being present nearly 300 influential native residents from all classes of the community; and of those present some 50 or 60 were in their Mandarin costumes, some with blue buttons, some with crystal, and some with gold buttons; while a few had the additional honour of wearing the peacock's feather. Among those in uniform, we observed: Messrs, LEONG ON, CHUN TING CHEE, KWOK ACHEONG, CHEANG SING YEONG, LING HO WOON, WONG YIK PAN, WAI AKWONG, NG CHOY, CHUN AYIN, FUNG MING SHAN, WONG KWAN TONG, NG SANG, WONG SHING, NG CHEUK CHEE, and others. On the arrival of His Excellency and party, the Band of H. M. 74th Regiment struck up a familiar strain; while as the Governor and party entered, a salute of three guns was fired and some Chinese music was performed. Those of the Chinese who were in uniform then placed themselves in two lines from the door up to the Hall, and saluted the Governor and Admiral in proper Chinese style. His Excellency was then conducted to the top of an oblong table, with Admiral HILLYAR on his right and Dr. MOWLL on his left. After all were seated, tea, and refreshments in the shape of confectionery were brought in. This over, the Governor and party were conducted through patients' wards, and then back to the Hall.

Mr. NG CHOY（伍廷芳）, then rose and said:—YOUR EXCELLENCY and GENTLEMEN,—I have been asked to be spokesmen on this occasion, and I have accepted that honour with very great pleasure, though I think there may be more competent persons present to undertake the task. In the first place I have been requested to thank Your Excellency, for your kind visit here to-day, on behalf of the Chinese community of Hong Kong. We are here to receive and welcome Your Excellency in this hall. I may be permitted to say that we have represented every class of the Chinese community. The gentlemen here represent the Committee of this Hospital, Merchants, Compradoers, Shopkeepers, and in fact, every trade and profession in this Colony. We have thought it advisable to commit what we have to say on this occasion to writing, and to consider it well before doing so. That being the case, Your Excellency may take this address, which we shall have the honour to present to you, as expressing not only our own views, who are here, but the unanimous sentiment of the Chinese community. This address is in two parts; one part is in Chinese and the other part is in English. The latter is a free translation of the first, and, with Your Excellency's permission, we shall read the Chinese part first, and then I shall follow by reading the English part. I will now call upon my Chinese friend, to read the Chinese part.

Mr. WONG KWAN TONG then read the address in Chinese.

Mr. NG CHOY then read the English translation, which is as follows:

"To His Excellency JOHN POPE HENNESSY, C. M. G., Governor, and Commander-in-Chief of the Colony of Hongkong and its Dependencies, &c., &c., &c."

西醫勷助醫務，本院可將麥堅利醫生來函並訂立章程，轉呈華民政務司，求政府照此章程聘請一位副巡院醫生，至于所訂章程，其大約（一）不能向病人宣講宗教等事、（二）凡欲在院內改良院務先通知正巡院醫生，由正巡院醫生轉達總理定奪、（三）先訂聘用一年或六個月為期，逾期然後再議續用。其章程大約如此，其餘仍可隨時加入。

羅旭和翁曰：昨因此事馬持隆先生、易紀儔先生、區朗軒先生來見，敝同事周君少岐與弟商量者不下數次之多。弟以事體重大，不能苟定後，由本院法律顧問羅文錦先生到敘。謂查出一例，即頃間所宣讀之例是也。據羅文錦先生謂，督憲權限與本院權限，各有所規定，至于易紀儔先生所謂義務司理及劉培生先生所謂管理醫院之說，該名目想係譯錯，不必計及。照東華醫院則例，政府有權派人巡院，該巡院者有權隨時獻議改良，亦須要用款項方能改良也，何不值此機會又淂一人勷助醫務之為愈乎？弟甚賛（贊，下同）成何君世光、羅君文錦之論，頃間羅文錦先生所擬大略章程，弟甚同意。惟第三款聘請一年或六個月，滿期再續之說，可以不必也。再行討論一番，遂由羅文錦翁倡議，如麥堅利醫生有信來院，需請一位副巡院醫生勷助醫務，即由本院訂立下列章程數款，呈上華民政務司，轉求政府照所定章程辦理：（一）該副巡院醫官之職務乃在東華醫院勷助醫務、（二）該副巡院醫官對于無論何種宗教事情不得干預、（三）如該副巡院醫官欲改良本院醫務有所陳議，須先達本醫院正巡院醫官，然後由該正醫官轉達于董事局，而董事局於其陳議有去取之權、（四）無論何時，如董事局有充足之理由，欲將該副巡院醫官更換，伏希政府允准委用別人。羅君旭和和議，眾舉手贊成通過。

一九零三至零四年度董事局會議紀錄（東華醫院董事局一九零四年二月七日會議紀錄——政府增撥經費）

【資料說明】　一九零三至零四年度，政府增撥六千元東華醫院經費，會議紀錄簡單地交代此事，一九零八年增至八千元。

十二月廿二會議（一九零四年二月七日）

議　華民政務司來十二號信，主席照為宣讀，至前奉憲諭委派三十一位籌辦本院經費事宜，弟亦列在此班之內。經已商定籌辦條款，稟復　華民政務司，但內一款擬戲園禮拜六准演通宵，未邀俯允。蒙皇家議定每年撥助本院經費銀六千元[44]以為彌補項，其餘增捐增租等，上任總理經已次第舉行。

[44] 每年六千元的撥款只維持了一九零三至零四年及一九零四至零五年兩個年度，自一九零八至零九年度起，每年撥款固定為八千元，直至一九二七年。

一九零二年東華新院開幕典禮

香港政府憲報——一八七二年及一八七六年巡院醫官報告

【資料說明】 巡院醫官對東華醫院的評價不高，尤其針對衛生方面，這些評語顯示西醫對中醫並無好感，不過由於醫官受制於華民政務司，無力改變東華的管理機制，直至一八九四年瘟疫爆發，巡院醫官的意見才得到重視，這說明除非出現嚴重差錯，政府基本上讓東華醫院自治。

巡院西醫與東華總理合照

“Tung Wah Hospital” ,

The Hong Kong Government Gazette,
17 May 1873, p. 228; 14 April 1877, p. 208.

This Institution was opened about the middle of February, and from that time till the 31st December, 922 patients were admitted, of whom 287, or over 31 per cent, died. A number of these were no doubt in an almost moribund state when received. The building affords comfortable quarters for the destitute sick. The food and clothing supplied to the patients is good. They seem to have a large number of attendants, but I never found them at hand when they were wanted. It is a very objectionable practice, that of allowing the patients to dress their own wounds. They are perpetually meddling with the dressings, and applying ointments or lotions. Such things as lint, cotton rags, or cotton wool, seem to be quite unknown. Paper seems to answer the purpose of lint, and they have the greatest objection to simple water dressing, which is admitted to be the best of all, for wounds and sores. The treatment of surgical cases shows an amount of ignorance which is much to be deplored. Seeing that the Institution was endowed with such a large sum of money by the Colonial Government, I think that the Directors might be asked to set apart one ward of their Hospital for the treatment of patients by foreign Doctors, or they might open a Dispensary on another part of City where foreign advice and medicine might be obtained graits.

The increase in the number of the Vaccinations is noteworthy. In 1871, 500 were vaccinated by native operators, and in 1872 the number had increased to 900.

‘Tung Wah Hospital’ (*from The Hong Kong Government Gazette*, 14 April, 1877)

...

The Tung Wah Hospital is to be looked upon as a work-house is at home; it is the last resort of the poor and destitute, at any rate there they get good food, fairly clean and good accommodation and even luxuries in a Chinese point of view, such as they can not get anywhere else. As to the treatment, it amounts to non-interference; the prescriptions for the most part are composed of simples, which might be eaten in any quantity. The mortality is very great, as I have shown before because the Chinese refuse to go into Hospital till they are at the last extremity, and under such circumstances the best European treatment could do but little good. The morality in this Hospital this year is less than last, being only 45 percent as compared with over 50 per cent, as is shown in Table Xa. The total number admitted in 1876 was 1422, the deaths 640. Many thousand outpatients attend yearly, and are advised and prescribed for gratis, and given medicines when too poor to procure them. There were 1746 vaccinations performed this year, and this is the one great good done by this Institution. It is curious that the Chinese are far sighted enough to see the benefit of this operation, which is not at all compulsory, just when many educated people in Europe are inclined to dispute it.

This year, 189 cases of Small-pox were received into this Hospital; of these 104 died and 13 remained in Hospital at the beginning of 1877. A great number of the deaths occurred in children under four years of age. The Small-pox epidemic has been unusually severe this season.

光緒十一年歲次乙酉徵信錄
（一八八五年東華醫院徵信錄——一八七零年倡建東華醫院總例）

【資料說明】 總例說明醫院經費由善長捐助，醫院為中國貧病者而設。政府並未就總理權力制定具體規限，第八款說明總理主管院內大小事務，無明顯分工。總例用字與後面徵信錄規條稍有差異，如總例中的「值事」，即是規條的「總理」。

二、所有本例格式開列捐建醫院經費、各值事姓名及華人所有樂捐銀數至十元者，其名姓准陸續註入冊部，均作局內同人。凡出名辦事俱用東華醫院名字、印戳，棉棉相繼，以示一體均同。至該局買受屋地為醫院用者，均准舉行；所有訟事無論是原告、被告，准用該局名字在各衙門審辦。

三、該局之設，專為建院施醫調養貧病唐人。其經費係由眾人樂捐，所有事務統歸值事辦理。凡收留入院就醫者，除貧病外，准該值事收回院費。至如何收法，須按第十款另立規條註明。……

八、所設值事既遵本例各款，凡局中大小事務一切歸其管理決斷。並准其議立協理，或多或少，隨事所宜以得攝理。醫院事務該如何攝理之處須照值事，隨時設立值事而行。……

十、凡公議推選值事、設立總理及妥為會商事務，並辦理醫院與策畫協理各等章程，均由值事議立舉行。但所立章程，須隨時繕寫壹紙，稟呈 輔政使司，惟該章程任由 督憲會同議政局裁制。

同治癸酉十二年徵信錄

（一八七三年東華醫院徵信錄——總理規條）

【資料說明】 總理選舉的制度與今天的一人一票選舉方式不同，一般先由行會推選代表，而各代表投票互選首總理三名。總理規條對總理權責有較具體規定，除說明了三名首總理享有專管存款之權外，並說明總理、協理、值理間的分工。

一、總理均由唐人投鬮公舉，以洽華人仰望者方稱其職。……

七、總理、醫師、司事必須隨時加意酌裁；院內經費，務要節儉，毋得濫用，庶免支絀，致招物議。……

十、本院一切錢銀各等事務，俱歸華人總理統管；其協理及值事、司事亦須隨時稽察，倘有錯漏，務必直言。

十一、本院貯銀行之銀，公議三位總理專管。如有兩位在港簽名則隨時均可支取應用。……

十六、院中諸務紛紜，總理難以兼顧，必須分任方能照管，故舉協理二十人，同商辦理帮（幫）值一切事務。凡有院內病人、工人等件，須親到查察，錢銀出入亦須過目。倘總理有不週之處，該協理立即會同眾值事聲明，毋得稍徇情面。

十七、值事為總理、協理之佐，倘不能時常到院，亦須按月輪班值日，凡遇值日到院，須宜留心稽察數目各款，見有乖例，即行指出，毋得循行故事，徒負虛名，即總理稍有失檢之處，務必明言，慎勿循情緘口，袖手旁觀。

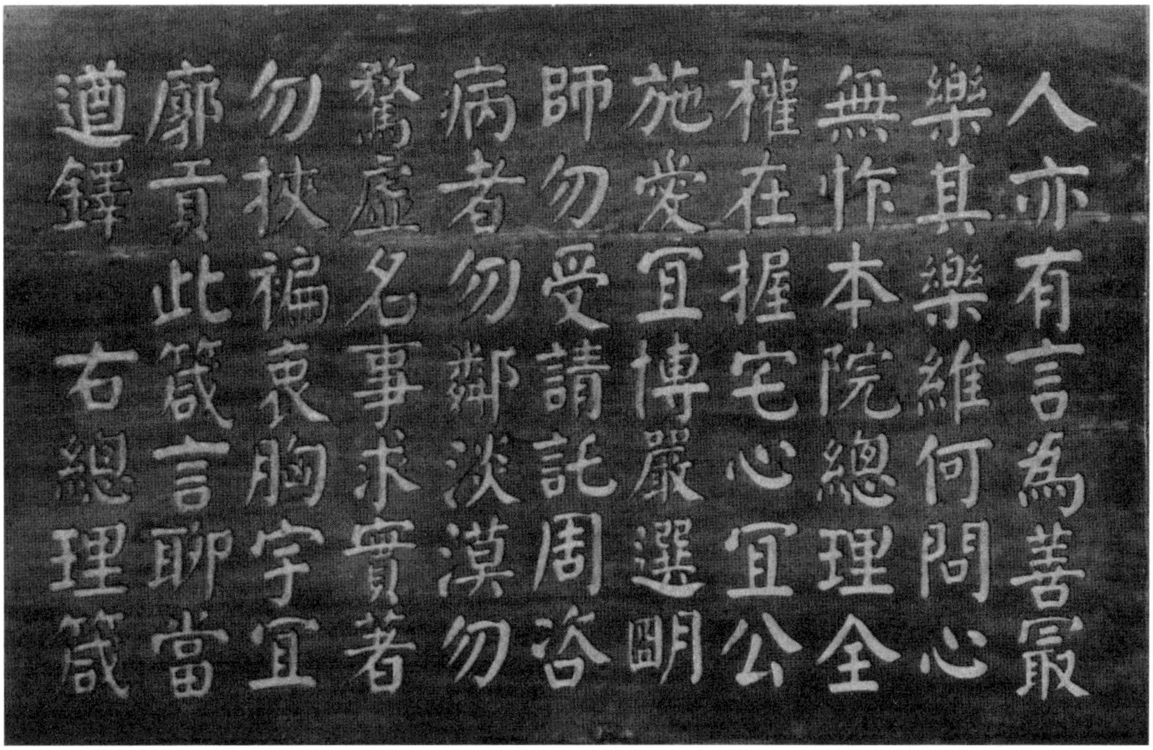

人亦有言為善最樂其樂維何問心無怍本院總理全權在握宅心宜公施愛宜博嚴選朙師勿受請託周咨病者勿鄰淡漠勿鶩虛名事求實著勿挾褊衷胸宇宜廓貢此箴言聊當遒鐸 右總理箴

有關總理守則的牌匾（東華三院文物館藏）

光緒十一年歲次乙酉徵信錄（一八八五年東華醫院徵信錄——一八七零年倡建東華醫院總例）

【資料說明】總例規定總理人數為六至十二名、任期為兩年，並清楚說明遴選方法，反映政府對防止東華演變成特權機構，早有定策。總例中的「值理」即「總理」，而「總理」，其實即是「首總理」。

五、本例諸條款所論局內之人嗣後推舉輪年值事者，該值事辦理之權，悉與初立值事均同一體。

六、既滿兩年之期，例得另舉值事，少不下六名，多不過十二名，俱照下款章程遴選，並隨時於值事中舉立總理一位，各值事均以司理一年為期，期滿可以復舉。

七、局中隨時若要推舉值事，則以保帖多者得選，於推舉之時，凡局內之人現在港者，均准寫保帖一紙，惟日後按第十款另立規條，不在此例。……

十三、此例頒行後，該初立值事即宜推立總理一位，並在　國家給賜之地創建醫院房舍，該各費用由所簽之公項支銷，及屆兩年期滿後，俟選定新值事時，方許卸事。……

十六、該局若於本例原議或辦理不善，與及不遵條款或捐項短絀，以致醫院支用不敷或因拖欠債項難以抵償，一經　督憲核明，任由　督憲會同定例總局另創一例，即將本例刪除，並所准之總局出示撤銷，惟未換立新例之前，必經　督憲預先六個月曉諭週知然後舉行。

同治癸酉十二年徵信錄
（一八七三年東華醫院徵信錄——總理規條）

【資料說明】 總理規條第三條對選舉權和選舉方法有更清晰界定，舉凡具五間或以上店舖者，可稱得上「行」，而較具代表的行業，為經營中國與東南亞地區貿易的南北行，專營中外貿易的洋行等，可推舉多名行頭作代表，代表必須為店舖東主，除經濟實力外，品德也是作為代表的重要條件。

二、舉總理、協理如係行店者，必須該店主權東家，并（並）註明姓氏，以便酌議。事款有所專責，如無股份概不得選舉。

三、本院所舉值事，原由各行舉出，例以正項生意有五間以上、係局內同人者為一行，每行請舉值事一、二位，如南北行、洋行、疋頭綢緞行、洋藥行、米行、金銀行、洋貨行須多舉三、五位，由本行內自行舉出，庶知人品優劣，不至悞公。誠如此舉法，日後捐簽諸事，互相勉力，不患有廢弛之虞。……

六、總理、協理、值事如有傷碍本院等事，均可隨時集眾投筒，將其所居之職名除去。……

八、遞年總理十二位，至臘月[45]初旬先具辭帖，以昭成例。但屆期司事須代出辭帖，恐總理偶爾遺忘，凡舉總理之法，以局內同人保帖，投鬮名多者議取，庶無濫舉之弊，必須限簽銀十元以上者，方准落一保帖。凡娼寮、賭徒不得作局內同人論。

九、衆值事應將局內同人所舉總理十二位，復於十二位中舉三位為首總理，俟三位總理自行推舉一位為首，兩位副之，俾責有專歸，無由推諉。

十二、東華醫院四字石戳一顆，存貯首總理處，以備本院置業或有事涉公庭之用。若用時，必須首總理一位、副總理二位簽名，以昭慎重。倘首總理辭職時，即行繳出交新總理貯存。

十三、本院圖記乃是閒用，如有銀兩交易及緊要事欵，俱有總理的筆簽名為據。倘無總理簽名，則為經手是問，與本院無涉。

十四、總理查病人服藥是否見效；工人有無刻薄藥粥妥否，此乃總理分內之事，幸毋以穢氣為嫌，致疎察問。

十六、院中諸務紛紜總理難以兼顧必須分任方能照管故舉協理二十人同商辦理帮值一切事務凡有院內病人工人等件須親到查察錢銀出入亦須過目倘總理有不週之處該協理立即會同衆值事聲明毋得稍徇情面。

十七、值事為總理協理之佐倘不能時常到院亦須按月輪班值日凡遇值日到院須宜留心稽察數目各款有乘例即行指出毋得循行故事徒負虛名即總理稍有失檢之處務必明言慎勿徇情緘口袖手旁觀

總理規條（同治十一年續增）

二、總理規條第八款，係臘月初旬先具辭帖，以便遞年正月交代。茲特改作每年四月初旬具辭，俟同人舉定值事後，即於六月初旬內，擇一日交代。因恐歲暮紛紜，諸多未便，況首次交代又屬六月之期，今敬昭成例。

[45] 即農曆十二月。

同治甲戌十三年徵信錄

（一八七四年東華醫院徵信錄——一八六九、一八七二年總理、協理、值事名單）

【資料說明】 現存各年度的徵信錄都附有歷年總理名單，並提供總理所屬行號；此外，亦有協理和值事名單，這些清單有助了解東華董事局的權力結構，總理背景的變化，更可反映各行業在香港社會的地位更替。

同治己巳八年（一八六九年）倡建總理

梁雲漢　鶴巢　劫洋行　首總理
李璿　玉衡　和興金山行　首總理
陳桂士　瑞南　瑞記洋行　首總理
陳朝忠　定之　同福棧
羅振綱　伯常　上海銀行
楊寶昭　瓊石　謙吉疋頭行
蔡永接　龍之　太平洋行

高滿華　楚香　元發南北行
黃勝　平甫　英華書院
鄧伯庸　鑑之　廣利源南北行
何錫　斐然　建南米行
陳美揚　錦波　天和祥
吳振揚　翼雲　福隆公白行

倡建協理

凌可垣　區儉卿　黃漢生　林子和　黃德標　鄭連基　羅錦村　陳道生　陳日樓　江子修　彭芳圃　莫仕揚
唐茂枝　彭華筵　伍秩庸　馮明珊　胡如村　李澤庭　盧贊卿　何飛鑾

倡建值事

黃仕貞　張秀　楊超　鄧祿　乾豐行　宋展翔　郭文瀾　春源號　葉春田　新振成　范雙南　容達舫
廣福和　吳超勝　吳香圃　達盛號　黃屏西　鄧月湖　蔡默齋　郭興聚　譚廣源　楊蘭皋　何福堂　郭興賢
鍾藹堂　曹永格　嚴侶蘭　卓雨芬　陳其銘　黃紀廷　梁鑄　鄭耀　黃樹棠　吳應昌　曹岐西　周雲鵬
林景雲　陳輝亭　蔡星南　林蘊石　郭衍堂　朱永安　盧文瑞　蔡信珩　廣茂泰　志興隆　廣行號　榮發號
彰隆盛　祥發源　萬生行　建昌行　利安押　榮記號　鉅源號　興泰棧　兆隆號　鉅隆號　恒豐行　美隆號
新盛號　人和公司　廣聰泰　凌雲號　永祥順　廣昌隆　和利裕　廣萬祥　儀安號　廣利源　萬成隆
恒泰安　昌隆號　時豐號　麗源號　賡源行　炳記號　維盛號　元發行　時和號　合興行　全盛號

建興祥　瑞祥號　衛記　怡順行　生源號　和興號　連昌號　祥順利　茂和祥　慶隆號　粵興號　全貞號
同勝棧　建南號　福隆號　福茂隆

同治壬申十一年（一八七二年）總理

莫仕揚　彥臣　央喝洋行　首總理　　許秉鋆　質生　怡豐南北行
黃家猷　樹棠　鐵行　首總理　　孔廣漢　卓雲　萬泰米行
陳兆祥　瑞生　麗源公白行　首總理　　馮耀祖　衍庭　高隆泰疋頭行
馮普熙　明珊　壳洋行　　佘饒敏　富庭　廣昌隆南北行
李萬清　逸樓　禮典金山行　　區遂　儉卿　福茂隆南北行
凌殿材　可垣　全貞公白行　　梁景初　平曉　正和號

壬申年協理

梁鶴巢　陳瑞南　李玉衡　陳定之　蔡龍之　高楚香　陳藹廷　鄧鑑之　羅伯常　何斐然　楊瓊石
黃平甫　陳錦波　陳國豪　黃筠堂　江子修　王紫詮　鮑秉鈞　鍾介臣　區捷三

壬申年值事

陳煥榮　黃達之　胡惠　歐端甫　容徵甫　黃翼賓　陳樹宸　張之謙　李竹卿　何十州　衛文岡　潘幹卿
簡慶雲　王文　湛濯之　容恩普　葉藹生　陳勤　彭仁山　劉恒　黃敬璇　郭安卿　盧卓雲　宋秀川
黃禮亭　周柱石　岑寬　李積　鄭順　王秋湘　謝家　梁崑山　陳澤田　霍鑑泉　李暢之　佘保　何彥卿
葉嶺梅　劉興賢　潘作舟　葉竹溪

一九零三至零四年度董事局會議紀錄
（東華醫院董事局一九零四年十一月廿四日會議紀錄）

【**資料說明**】一般而言，政府並不干涉總理的選舉情況，東華只需把來年的當選總理名單呈交華民政務司查核。十月十八晚的董事局會議討論是由於監選首總理的過程與以往不同，由總理執行，部份總理認為需舉行整頓。另外，是次選舉以股商名義出選的代表過多，影響選舉運作，過往此股商總理的選舉一向採用抽籤方法，並在董事局會議中進行，與行頭總理的內部推選不同。

十月十八晚會議事宜列左（一九零四年十一月廿四日）

在場周少岐翁 陳培階翁 梁炳南翁 胡海籌翁
陸禮初翁 郭耀垣翁 凌幼植翁
梁培之翁 陳曉雲翁 余壽田翁 黃花農翁
周熾卿翁 李葆葵翁 楊泮南翁 陳澄波翁
劉崇根翁 傅禮垣翁 李紀堂翁 熊麗堂翁
許超林翁 胡著雲翁

主席周少岐翁云：本院昨于十四日投筒公舉首總理，係照向年章程辦理，惟是年督理投筒者俱總理人專司各職，并不假手別人，眾所共見。昨奉　華民政務司來信，詳說此舉與定例不符，須按照徵信錄第九款[46]辦乃合，敝同人昨集眾會商，經即會齊前往華民政務司署酌議一切。據□□□稱說本院投筒□□皆不合例，計不□□□，不得不舉行整頓，否則轉詳　上憲核辦云云。故特請　諸君會議，并將來信宣讀，該如何辦理，請　高明卓奪。

陳曉雲翁云：愚見亦以為照徵信錄第九款例則舉行為合宜，緣弟素短理財查院□各有職守，倘弟力所能及者，莫不盡心效勞。弟擬舉梁培之翁、容建邦翁、余壽田翁為首總理。

梁培之翁云：弟才庸識淺，實不敢當。

曉雲翁曰：培之翁素孚眾望，且曾任總理有年，駕輕就熟，于院務自多裨益。

李紀堂翁云：請主席代向

華民政務司酌定一章程，倘由十六位中舉定三位，未知再有無更改否。俾有定見，然後舉行。

周少岐翁云：此事弟不敢干與，不過照來信告知諸君酌辦耳；再者，現　容建邦翁復函致本院恭辭，總理眾議再行信與敘理堂及建邦翁云。大局已定，不能再辭。眾皆謂合。

[46] 查徵信條內列的「總理規條」和「投筒規條」並未記述相關內容，所謂「第九款」未知所指。

一九零四至零五年度董事局會議紀錄

（東華醫院董事局一九零五年九月十七日、十月廿二日會議紀錄）

乙巳八月十九禮拜日會議（一九零五年九月十七日）

議是日投筒掣得新任殷商總理：陳紫垣翁、范弼臣翁、何萼樓翁、梁雁濱翁、寶隆號、陳進祥翁、大成紙局、何澤生翁、盧冠廷翁、何炳恒翁。公議次第送信恭請。

乙巳九月廿四禮拜日會議（一九零五年十月廿二日）

議殷商總理之信，已送至第八號信。何澤生翁：是日當眾再抽簽十位：鄧立亭翁、陳愛亭翁、李子照翁、陳蘭軒翁、楊泰來號、李煒堂翁、人和公司、儀安寶號、謝詩屏翁、瑞隆寶號。

東華醫院徵信錄和董事局會議紀錄——總理交接日期

【資料說明】創院時的「總理規條」及「投筒規條」都規定總理於農曆十二月初旬交接和選舉，不過這個規定一直沒有被落實。同治十一年（一八七二年）新增「總理規條」中，當年總理曾考慮把交接日期改在四月初旬，不過最後還是定於六月初旬，此後二十多年的交接日期均在六月舉行。不過，所謂六月初旬的規定並無嚴格遵守，從一八七三至一八九三年二十年間，不少年度是在六月中旬及下旬才交接的。到了一八九四年，交接日期變化較大，如一八九四年在八月，一八九五年在九月，一八九六年在十月，但至一八九七年後，交接日期再次穩定下來。此後，直至一九三四年，交接日期均定在農曆十一至十二月。不過，從一八九九年開始，徵信錄便再沒有提及總理交接日期，二十世紀的總理具體交接日期便不得而知，只能從每屆董事局首次和末次會議時間去推斷交接時間。

表 I-1-4 歷屆董事局首次與最後會議日期（1903-1945）

年度	總理人數	是屆首次會議日期	是屆最後會議日期
1903-04	16	1904 年 1 月 24 日	1904 年 11 月 27 日
1904-05	16	1904 年 12 月 28 日前	1905 年 11 月 19 日
1905-06	16	1905 年 12 月 3 日	1906 年 12 月 9 日
1906-07	16	1906 年 12 月 23 日	1907 年 11 月 24 日
1907-08	16	1907 年 12 月 1 日	1908 年 11 月 16 日
1908-09	16	1908 年 11 月 23 日	1909 年 12 月 11 日
1909-10	16	1909 年 12 月 20 日	1910 年 12 月 31 日
1910-11	15	1911 年 1 月 2 日	1911 年 12 月 30 日
1911-12	16	1912 年 1 月 3 日	1913 年 1 月 4 日
1912-13	15	1913 年 1 月 6 日	1914 年 1 月 1 日
1913-14	15	1914 年 1 月 9 日	1915 年 1 月 6 日
1914-15	14	1915 年 1 月 17 日	1915 年 12 月 12 日
1915-16	14	1915 年 12 月 20 日	1916 年 11 月 26 日
1916-17	14	1917 年 1 月 21 日	1917 年 12 月 23 日
1917-18	14	1917 年 12 月 31 日	1919 年 1 月 7 日
1918-19	14	1919 年 1 月 13 日	1920 年 1 月 9 日
1919-20	14	1920 年 1 月 19 日	1921 年 1 月 21 日
1920-21	14	1921 年 1 月 25 日	1922 年 1 月 11 日
1921-22	14	1922 年 1 月 16 日	1923 年 1 月 3 日
1922-23	14	1923 年 1 月 15 日	1924 年 1 月 6 日
1923-24	14	1924 年 1 月 14 日	1925 年 1 月 3 日
1924-25	14	1925 年 1 月 12 日	1926 年 1 月 17 日
1925-26	14	1926 年 1 月 25 日	1927 年 1 月 23 日
1926-27	14	1927 年 1 月 27 日	1928 年 1 月 1□日
1927-28	14	1928 年 1 月 17 日	1929 年 1 月 9 日
1928-29	16	1929 年 1 月 14 日	1930 年 1 月 17 日
1929-30	17	1930 年 1 月 20 日	1931 年 1 月 24 日
1930-31	26	1931 年 1 月 29 日	1932 年 1 月 25 日
1931-32	25	1932 年 1 月 28 日	1933 年 1 月 20 日
1932-33	25	1933 年 1 月 21 日	1934 年 2 月 8 日
1933-35	25	1934 年 2 月 10 日	1935 年 3 月 1 日
1935-36	11	1935 年 3 月 8 日	1936 年 2 月 13 日
1936-37	12	1936 年 2 月 21 日	1937 年 2 月 18 日
1938-40	12	1938 年 4 月 29 日	1940 年 2 月 13 日
1940-41	16	1940 年 2 月 23 日	1941 年 2 月 12 日
1941-43	12	1941 年 2 月 14 日	1943 年 3 月 27 日
1943-44	11	1943 年 3 月 28 日	1944 年 2 月 25 日
1944-45	13	1944 年 3 月 1 日	1945 年 4 月 21 日

表 I-1-3 東華醫院總理人數及交接日期（1869-1902）

年度	總理人數	日期（農）	日期（西）
1869	13		
1872	12	6 月	7 月
1873	12	6 月 5 日	6 月 29 日
1874	12	6 月 13 日	7 月 26 日
1875	12	6 月 9 日	7 月 11 日
1876	12	6 月 10 日	7 月 30 日
1877	12	6 月 12 日	7 月 22 日
1878	12	6 月 15 日	7 月 14 日
1879	12	6 月 17 日	8 月 4 日
1880	12	6 月 12 日	7 月 18 日
1881	12	6 月 22 日	7 月 17 日
1882	12	6 月 9 日	7 月 23 日
1883	12	6 月 12 日	7 月 15 日
1884	12	6 月 20 日	8 月 10 日
1885	12	6 月 15 日	7 月 26 日
1886	12	6 月 17 日	7 月 18 日
1887	12	6 月 18 日	8 月 7 日
1888	12	6 月 7 日	7 月 15 日
1889	12	6 月 17 日	7 月 14 日
1890	12	6 月 11 日	7 月 27 日
1891	12	6 月 7 日	7 月 12 日
1892	12	6 月 10 日	7 月 3 日
1893	12	6 月 11 日	7 月 23 日
1894	12	8 月 24 日	9 月 23 日
1895	12	9 月 4 日	10 月 21 日
1896	12	10 月 18 日	11 月 22 日
1897	12	11 月 12 日	12 月 5 日
1898	12	11 月 13 日	12 月 25 日
1899	12	不詳	
1900	12	不詳	
1901	12	不詳	
1902	12	不詳	

政府公函［華民政務司來函］一九一四至一五年（政府致東華醫院函件一九一四年十二月廿九日）

【**資料說明**】廣華醫院值理由廣華醫院內自行推舉，再把結果報告呈交東華醫院及華民政務司，顯示廣華開辦早期已有一定自由度，為日後廣華爭權自主埋下伏線，詳見本書第三章。下列各函件，說明華司收到廣華選舉結果後，告知東華，並請東華按程序通過。

一百七十四號

列位總理台鑒：既接廣華醫院來函，陳柏朋、余植卿、方建初三位辭任，熊奕墀、黃炳純、顧祿三位留任。新舉余乾初、黃卓卿、梁耀之三位継（繼）任，應即照准辦理，請通知廣華醫院為荷。

此候

日祉

十二月廿九日（一九一四）

（上）一九一一年廣華醫院開幕禮總督盧吉（前排戴帽者）與總理官紳等合影

（下）一九一一年總督盧吉（左）主持廣華醫院開幕禮

政府公函［華民政務司來函］一九一五至一七年

（政府致東華醫院函件一九一五年十二月廿日、廿四日，一九一六年十二月十二日、十八日）

一百五十七號

列位總理台鑒：現接廣華醫院來函，明年值理留任者三位，又另舉新任值理陳亮南、楊惠吉、尤瑞芝三君，查均甚（妥協），惟未知其選舉之法，是否由街坊行頭公舉，抑係由舊任值理推舉，向來有無與

貴院磋商，請

查照示覆為荷。此候

日祉

十二月廿日（一九一五）

一百六十號

列位總理台鑒：廣華醫院新舊任值理均照委任，茲送上致廣華二函祈代交往為荷。此候

日祉

十二月廿四（一九一五）

一百四十號

列位總理台鑒：茲接廣華醫院來函，明年新值理舉定盧焯雲、黎兆綿、廖奕祥三位，請查照是否合格。並希　示覆。此候

日祉

十二月十二日（一九一六）

一百四十三號

列位總理台鑒：現照准廣華醫院，舉定明年值理三位，茲將致盧君等信三封寄上，請（轉）交，並請通知廣華醫院為荷。此候

日祉

十二月十八日（一九一六）

政府公函［華民政務司來函］一九一七至一九一九年

（政府致東華醫院函件一九一八年一月二日、日期不詳）

一號

列位總理台鑒：廣華醫院現舉定梁弼予、徐炳南、吳瑞祺三位值理，茲送上函三封請轉交為荷。此候

日祉

一月二日（一九一八）

一百卅十一號

茲接廣華醫院來函，舉定黃庸堦、王紹南、石仕奇三位為明年新值理，並留梁弼予、徐炳南、吳瑞祺三位為聯任值理，均照准已加函委任。請轉告廣華醫院知照為荷[47]

[47] 函件前半部討論其他事項，日期為十二月卅日（一九一八）。

一九一六年至一七年度廣華醫院會議紀錄

（廣華醫院董事局一九一六年九月十六日、十一月四日會議紀錄）

丙辰八月十九禮拜六日在廣華醫院敘會（一九一六年九月十六日）

三、黃卓卿翁提議：本院推舉新任值理，須與東華醫院同時選舉。如本院舉定值理，將芳名送交東華醫院，同時登報俾眾週知，以昭劃一。楊惠吉翁和議。

丙辰十月初九日禮拜六日在廣華醫院敘會（一九一六年十一月四日）

三、陸仲朝先生、葉南選先生、龐偉廷先生、陳熾先生堅辭丁巳年總理，請公定。公議推舉張植生先生、廣發機器廠、梁獻臣先生、廣生隆機器廠、黃衮臣先生，惟須先函請梁獻臣先生，如梁獻臣不允，然後函請黃衮臣先生至陳熾先生，再函敦請交託陳柏朋翁轉致。眾贊成。

一九一六至一七年度廣華醫院會議紀錄（廣華醫院一九一六年十一月十八日會議紀錄）

丙辰十月廿三號禮拜六日在廣華醫院敘會（一九一六年十一月十八日）

二、張植生先生、陳熾先生堅辭丁巳年總理，請公定。公議推舉黎兆綿先生、盧焯雲先生照為送函敦請。眾贊成。

二十世紀初位於九龍窩打老道的廣華醫院全景

同治癸酉十二年徵信錄（一八七三年東華醫院徵信錄——條議、大堂規條）

【資料說明】　截至一九零八年止，東華醫院徵信錄都會將規條放在開端，這些規條是醫院日常運作的依據。最能夠反映華人醫院運作機制的規條是「條議」和「大堂規條」：「條議」四款說明醫院創建目的，其中第三款強調入院不用剖腹，說明當時華人對被剖腹的恐懼。富有中國官府衙門建築風格的大堂是東華醫院的象徵，大堂也是上、下人等匯集辦事之地，故大堂規條可說是所有規條的一個總綱，也是醫院日常運作的縮影，其內容涵蓋祭祀儀式、徵信錄宗旨和編寫方法（詳見第二章）、挪用公款的懲罰以至規範工人的道德教條，充份表現東華保留着華人慈善團體營運的機制與理念。

條議（一八七三年徵信錄）

一、本院之設專為賙恤我華人貧病無依，次則方便傭工有靠。故無依者施以藥食，而有靠者收回藥費，所以分別輕重，不忍魚目混珠。假使病人係殷實行店帶來，無論夥伴客商，非戚則友，儘有情誼所關，斷非貧而無靠者可比，則藥費亦可自籌，諒必不屑本院施濟。倘本院並無區別，概行給施，是以有主之人等諸無依之輩，不惟薄待於病人，抑且輕視於其友，在病者固有所不甘，而在引來者亦覺失色，尤恐博濟維艱，盛極難繼，將有施不勝施者，原無吝嗇偏私之見存也。但求地方皎潔，醫師盡技，服役有人，使病者安居調治，已大得其方便，即收回藥費何嘗不公。在好善達理之人，必不以此指謫。惟間有無依孤苦者，未悉院例，不敢擅進，或借重殷戶行店指引有之，但指引之人必須據直報明，如果屬實，本院自當照例施給，斷不肯使無依者失所，有靠者濫施而已，立例之旨，原不外是。

二、收留病人最難兼善，若醫師守例過嚴則必任怨，過寬則必任勞，益嚴則非重病不收，而見拒者必藉端指謫，寬則雖輕病亦留，而見納者必自欣然稱羨，不知濫收之弊，徒利於無賴之流，實不利於重病之輩。使苟且從寬，將見微恙貧民，自必源源而至，誠恐本院縱有杜陵廣廈，究難盡庇寒流也。故收留之法，醫師必須從嚴，不可藉此市恩，如三位醫師，每位輪值五日，專主收留之權，倘一位輪值，二位毋得干涉，致生疑忌。倘該值日公出，則第二位任權。

三、本院病人由院調治，乃因病而死，固屬無剖腹之虞；即服毒後入院求救，不能救活，而唐醫驗確服毒，如無同居及從旁有實據告發，其屍親不愿（願）剖腹者，并有唐醫師說明係因病故或果係服某毒而致命，西醫無得將屍剖腹，因我華人最忌死後加刑，此例務求將就俯允，如屍親告發必要開腹，始得皂白分明，則由官照例辦理。本院只請華人醫師，如病人欲就西醫館者，本院儘可代為轉求
大英醫師，如其允准，然後送往調治。

四、中土僧尼道士，各省均有叢林靜室，以便叅方行脚托足。縱或不守清規之流，叢林亦有雲水堂投止。香港地居海隅，乃湫隘囂塵之區，迴殊內地清規，行脚居非所宜。果真募化來港，必藉殷實行店，暫為逗遛，邇來竟有不安淡薄之輩，視港地為利藪，假冒托缽為充囊。迨至復染俗塵，罄其所有，抑鬱成疾，失所流離，遂欲投入本院，藉病求醫。不知本院乃專為過往商賈、住港貧病而設，誠以貧民為家計謀生，流落港地，加以貧病交迫，其賙恤之勢，有

萬難自己者。至若出家人子然一身，且有可靠，固不可與貧民無依者同論也。故議僧尼道士概不收留，惟棺藥只可察情施給耳。

大堂規條（一八七三年徵信條，節錄）

一、本院所設規條，各宜恪守。如有違例，不拘諸色人等均可直言斥白，毋徇情面。

二、本院總理議事房，非議事之際作為會客廳，凡親朋到訪，醫師、司事可先在會客廳坐候。俟公餘，然後叙話，識者諒之。緣贈醫所及賬房乃辦公內地，例無迎送亦不設茶烟，非故為傲慢，恐致悮公，故宜從簡。

三、院內原非奉神之所，惟華人習俗多有敬信神明，如病人入院就醫，或異神靈默佑以為安心；工人在院服役或懼神明鑒察，知所敬畏，故不得不從權好尚，但只供奉神農藥王，并不設偶像祇書神銜，以示敬如在之意。餘外，概不安奉別神，免生蠱惑。即外人亦不得濫進叅（參）拜，致干謟瀆。

四、逢朔望日卯刻，院內上下人等必須到大堂神前叅拜，以示清白公正。

五、院內總理、醫師、司事及雜務司事概工人等初到接任時，必須先行簽名誓章二紙，一即日向神前焚化，一俟解職時焚化，以表清白。

六、院內不准修齋建醮、禳星禮斗，喧擾病人，有干例禁。惟殮房用巫人把喪，只許從俗，仍要遵殮房規制。

七、院內上下人等，遇有事款須通知總理酌奪，并書於誌事錄內以便同人到覽。

八、本院銀両專為貧病醫藥、施棺、埋葬之費，各有定例。總理及值事司事縱有金銀物業按當，亦概不得挪移絲毫。倘有徇情犯例，一經查出，按挪數多寡罰銀五倍充公；其擅借者出罰三倍；求借者出罰二倍，如不遵罰，鳴官懲治。

九、本院春秋二祭，及拜掃義塚俗所不免，惟費用只宜從廉，以昭節省。……

十二、本院例捐十元以上作為局內同人，凡有公事均可隨時會議。所有大小事款俱由各總理互商舉行，以期洽華人輿情為要。……

十六、就醫於院求給藥食者，或全癒或能行動，有欲由院隨即回里，若無舟資，會蒙省澳火船及各鄉渡船減收水脚一半，該項由本院發給。

十七、院內上下人等概不得縱情肆飲、猜拳喧嚷，以免因醉誤事，致失本院規模。

十八、院內上下人等不得開場聚賭，即博弈小技亦不得頑耍。

十九、院內上下人等不得私貯親友衣箱，一防疎失致滋事端，二防阻塞，有碍（辦）公。醫師司事須當自諒，倘工人故違，定行驅逐。

廿、醫師、司事卧房乃是衣服蓋藏之地，毋得擅入。

廿一、本院乃調理病人之所，務宜恬靜，凡官紳客商及各值事不得借本院歇宿宴會，倘往來太繁，固有碍於養病，亦反類於客寓。

廿二、大堂左右樓，原非為居住而設，實藉以釘天花板，並取其樓陣相牽兩批鞏固，故不嫌其局促，祇可安頓小物，若任住人，恐必聚賭、吸烟，藏垢納污，回祿堪虞，種種弊端，在所不免。且樓上翳鬱，尤易生病，是以特立規條，戒勿住人，永宜禁止。

廿三、倡建各同人及其店伴子弟，如遞年交代後，宜即迴避院內一切事款，歸該年總理主權。凡經卸事者，即與街坊同論，倘復相雜，事無專責，各宜援例，俾該年總理專任其勞，庶無相碍。

廿四、大堂之內，凡倡建首事及將來各董事同人，幸勿再升匾額。若復效尤，則大堂匾額林立，反失觀瞻，貽笑大方。

廿五、每年正月十七日，司事將上年各值事及院內辦事人等姓名開列清心單，並各號來貨數目，一概抄列，送到文武二帝案前焚化，以表清白。

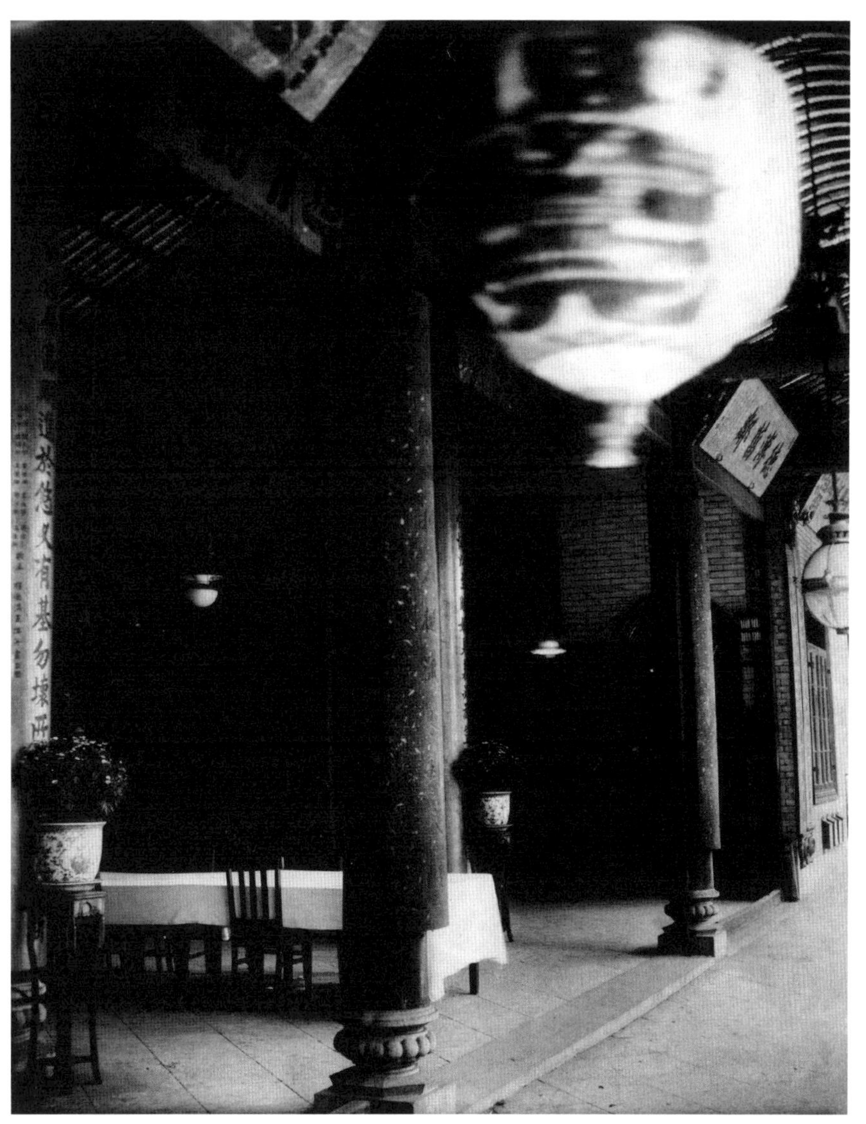

東華醫院大堂原貌。建築具中式大宅的樑柱，懸掛在柱上的對聯在擴建後仍放在大堂內。

同治癸酉十二年徵信錄

（一八七三年東華醫院徵信錄——議事堂規條、投筒規條）

【資料說明】由於現存的董事局會議紀錄最早見於一九零三年，故只能從規條了解早期的董事局會議的運作情況。董事局會議是東華最高權力機構，其決策足以左右醫院的日常運作。下述規條涵蓋了開會理念、發言方法、法定人數、表決方式、記錄方法等，說明董事局運作機制。

議事堂規條（一八七三徵信錄）

一、凡辦眾事，初則踴躍爭趨，每多半途中止，或因議論不合，或聞誹謗生疑，或不與謀生妒，遂至廢弛。此等陋習，各處皆然。惟此院之舉，與祠廟等款大有分別，必須善始善終，方垂不朽。倘遇議事，各抒己見，未必盡洽眾論，但無大碍於公事者，容俟緩商，不必過為偏執，致生疑忌。然須破除情面，彼此辦駁，始得週詳，但求和衷共濟，以期大局有成，方不負行善之初心。我等值事中人，須知踐言是為至要。

二、遇有事邀集眾議，首總理着司事人，預早將所議某事書明，張貼議事堂，使眾共悉其情，俾集議時，庶便各抒己見。……

四、請到院議事，或通請總理協理，或專請一二位，事無大小，必用信通傳，收到信即書明信部內，或某刻可到、某刻不能到。如議大事須有總理四位、協理及值事十二位，共有十六位即能定奪。如不足數，另日再議，凡總理、協理雖萬不得閒，亦要一至，惟不在港可免。……

八、議事堂設一宣事者、一主筆記事者，當眾人坐定時，宣事者即離位站立，將所議之事備陳巔末，俾眾咸知，說畢復位。眾人如有申論，祇可一位起立直陳，不得齊說爭議，如此位辯駁未畢，又有他位欲發論者，宜起立俟前位議論少停，然後第二位始可發論，次第倣此。凡有可採之論，主筆者畧為記錄，以便眾覽。倘有爭執，以同人許可過半者舉行。……

十、議事堂主席、主筆兩位，均由同人推舉[48]，第以期年一更[49]。

十一、舉管理議事堂值事兩位，至會議之期，必須一位在堂內糾儀。遇有互相爭執不休者，許該值事直言遏止，毋避嫌疑。

十二、議事之期各總理、協理、值事及局內同人等到院，如議事既畢，亦須將自己意見書明允否字樣於簿內，庶免退後有言。

投筒規條（一八七三徵信錄）

三、總理遇有中道辦事不公，確碍本院者，誠恐同人難破情面，均可隨時集眾投筒，以定再行推舉，庶無徇情。

四、投筒之式，如指一人去留一事行否，即用簽投筒，以多者為可。如舉數人，即用投筒連票派到各值事寓所，俟其酌量合否，去留誌諸票內。至會議之日，然後携到本院投筒，庶無字迹（跡）之嫌。凡派到之票用簿登明，交某值事收，既收到此票，即書明收到字樣於送票之部內，以免挾嫌假冒之弊。

五、投筒日請同人投筒為定去留，如許留則放籌在右便，否則放籌在左便，視籌多寡以定去留。……

十、遇事有疑而未決者，亦集眾投筒。……

十三、議事日將所議之事，繕寫數張，分掛大堂。惟遇有事關重大，臨時執拗及未列入本日所議之條者，均可隨時投筒。但一時忙急，其間恐有糾黨預謀之弊，倘投筒後間有同人仍未洽者，儘可改日標貼長紅，通請各值事暨各同人再行投筒為准。一以杜糾黨之習弊，二可採眾見之公允。

[48] 綜觀戰前的東華醫院會議紀錄，幾乎每份結尾處都有主席之簽名，但卻未見有會議記錄者簽署。大部份會議紀錄字跡端正，故應為書記整理而成，並非開會當天的全部記錄。

[49] 個別年度會議紀錄出現二種或以上之筆跡，可見書記有助理員替代。

早年用作議事的東華大堂，擺放着香案及前任總理玉照，氣氛莊嚴，議事者在神祇及歷屆總理的監察下進行討論，處事務必公正。

同治癸酉十二年徵信錄

（一八七三年東華醫院徵信錄醫師規條、司事規條、工人規條、門房規條）

【資料說明】　以下各種規條，概述了醫師、司事、工人和門房幾類主要員工的職權和選聘辦法，不過分工並不明確，職位越高權力越大，管轄之事也越多，例如醫師規條說明「院內各等事款醫師均可作主」，地位越低者，職權便越具體，工人規條甚至明確地規定每天作息時間，可反映華人組織家長式管理的特點。

醫師規條（一八七三年徵信錄，節錄）

一、院內調治病人，概歸華人醫師專主，因華人俗例與西人不同之故。

二、醫師良庸迥別，才識品行最宜熟審。誠以良醫則能救人；庸醫則能悮人，若濫薦庸醫，殊失本院延請至意。凡薦醫師必將院內病人逐一診視，每擬藥方一紙，載在何書；脉論一篇，本於何冊。如果六經洞達，脉（脈）症與方藥分明，九候貫通陰陽與虛實的當，然後搜撿醫經，較對不易，則該醫師必是理明書熟，臨症有方，即款留其在院診視半月。如果奏效，是醫學具有本源，方稱厥職，否則勿輕延聘。誠體天地好生之德，不得不以人命為重。……

五、病人進院應否收留權在醫師。……

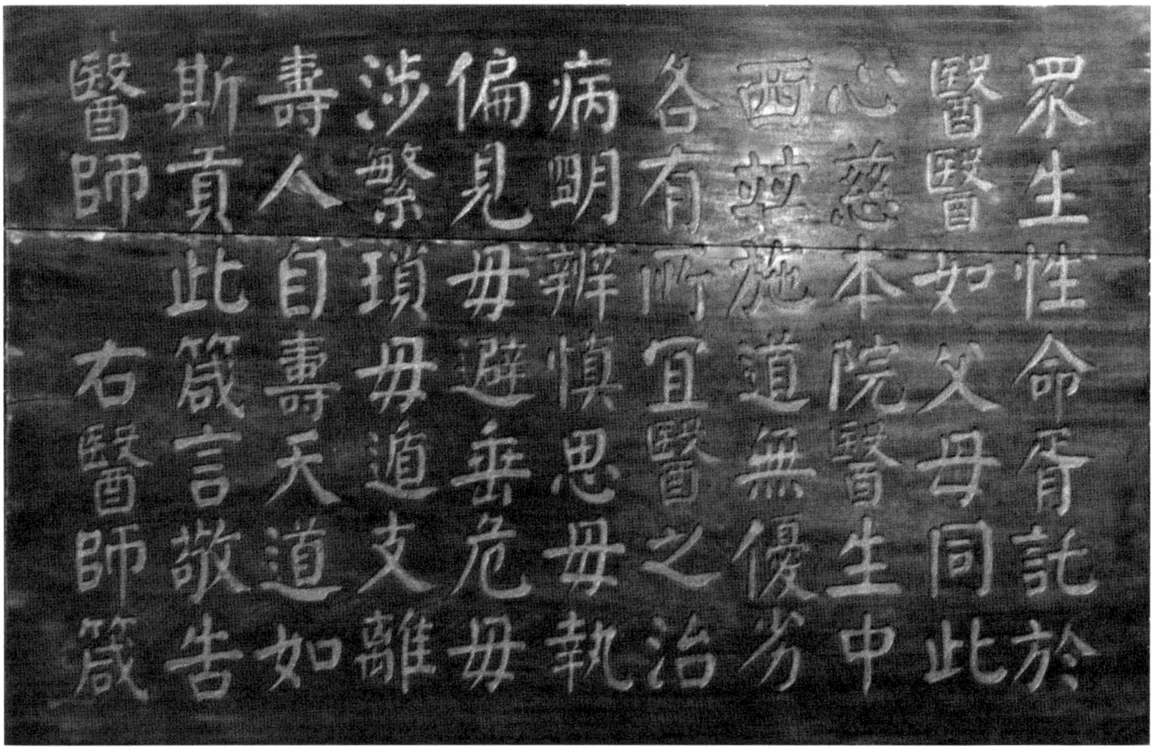

現藏於廣華醫院文物館之告醫師箴言，內容標榜慈懷濟世。

七、病者入院，挨次抽簽。抽得某簽，則歸某師主活。如病者沉重，則司事代為抽取，倘有醫師四位，設簽四條。是日初到者，將四簽抽；次到者，則將三簽抽；三到者，則將兩簽抽；四到者，則歸尾簽。抽畢仍週而復始，如某醫師遇抽之症不合，欲讓與別師診治，則由別師酌奪。

八、院內各等事款醫師均可作主，照例舉行。但須隨時登記誌事錄，以便值事到院彼此熟商。……

十三、醫師診症只有贈方，向無受銀代人製藥之例。如該症必須膏丹丸散始能奏效者，惟有議方任其在外採買，幸勿代為製造，免招物議。……

十五、吸食洋烟[50]一節，除病人曾經有引而來就醫者，不得不准其吸食。進院時須報明醫師、司事，俾得另行安置。吸煙所每日限晨七點鐘起，至下午七點止，煙引不拘大小，吸畢即要收燈，以防不虞。若醫師司事人等概不得在院內吸食洋煙，恐一人吸食而效尤者遂眾，殊非醫院規模，是以不得不立法特嚴。

司事規條（一八七三年徵信錄，節錄）

一、院內司事必須勤慎和衷，方稱厥職。每月月結須按月初旬派送各總理察核，至所貯公項碎用銀両，不得越二百両之外，如過此數，即交總理收管。

二、總管雜務司事乃專司各物房鎖鑰及協助管賬購買什物，并統理院內工人各事，其人亦屬緊要，須有殷實人保薦方能收用。

三、院內上下人等概不得在賬房掛借，即管賬司事肯代為担保，亦不得移挪絲毫，但各工銀按月清送，毋得代貯，如違援例，議罰。……

六、司事經手所買什物或有混行開銷添補者，總理察出，追令雙倍賠補，并即辭退。

工人規條（一八七三年徵信錄，節錄）

一、院內所需服役工人須由外僱，許其自行投到掛號，并詢其有無担保，俟訪有確據，然後試用，如果勝任方准實充，仍須每季三六九臘月初旬出牌招僱工人二名，以備更易，倘係無為過失，不須開除，則所招者留俟下季，此款專為避嫌起見，若工人由值事薦來，恐為情面所碍，決不若由外僱之自如也。所以每季招者，正勉其戒慎而別勤惰也。

二、各工人須聞天光號砲立即早起，各司其事。至早晚膳須分先後兩班，每班以半點鐘為率。朝膳首班八點半至九點鐘，次班九點鐘至九點半鐘；晚膳首班四點鐘至四點半鐘，次班四點半鐘至五點鐘。午刻停工亦然，首班十二點鐘起歇息半點鐘，次班十二點半鐘起歇半點鐘。除吃飯停工外，務要克盡厥職，仍兼管各事，毋得偷安。倘晚上七點鐘後，分內之事既畢，須在各處聽候，防有要事需人。如果無事，候到九點鐘方准就寢。惟晚上各病房須要輪更看守，每工人值更一點鐘為度，如看尾更者准其臥至放號砲後一點鐘，以昭平允。

門房規條（一八七三年徵信錄）

一、本院乃調病之區，凡屬紳商士女欲來院遊玩者，請由門房通報司事，然後迎進，如妓婦、閒雜人等，概不得擅入。

二、到院探病非親則友，必須在門房掛號。俟守門者發牌，即傳知值日工人引入，以杜閒人亂進，探病出院時，須將牌繳回。

三、到院探病限早晨六點鐘後下午七點前衹許入院內，倘有急症則不拘時候。

[50] 洋烟是當時鴉片的俗稱。

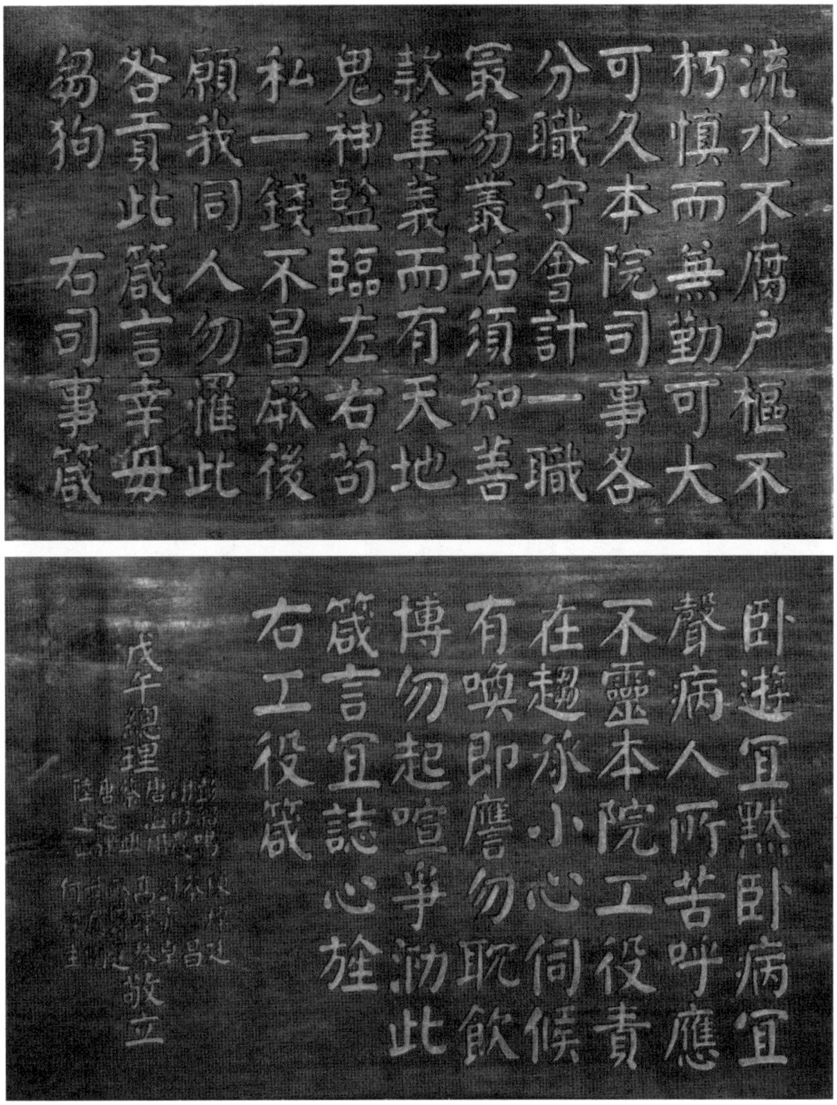

有關司事（上）及工役（下）守則的牌匾（東華三院文物館藏）

一九二六至二七年度董事局會議紀錄

（東華醫院董事局一九二七年一月三十日會議紀錄）

【資料說明】 總理規條沒有交代董事局如何分工，只略為提及總理、協理和值理的角色，以及首總理的特權。直至一九二七年，董事局內部才開始設立不同部門，起初各部名稱並不固定，三院統一後，分工制度越益精密，這改革反映東華醫院管理模式走向西化，一九二七年至一九三四年的會議說明了三院統一後東華採納現代醫院分工模式的發展過程。

丙寅[51]十二月廿七日禮拜日會議事宜列左（一九二七年一月三十日）

（五）李海東翁曰：本院進支銀両數目及院內事務，應由各位總理分任職守，以期辦理妥善。如何請公定。公議（查核進支數目）元月份由湯信翁、仇博卿翁二位起週而復始；（嘗業租項財政）公舉李海東翁、辛聖三翁、伍于瀚翁三位；（查察義庄及庄租數目）公舉李海東翁、辛聖三翁、伍于瀚翁三位；（庶務部）公舉仇博卿翁、雷家安翁、曾燿庭翁、容冠文翁四位；（西藥部）公舉區灌歟翁、杜澤文翁、羅公睦翁三位；（中藥部及考察醫師良庸）公舉辛聖三翁、伍于瀚翁、湯信翁、仇博卿翁四位；（查察各義學）公舉李海東翁、區灌歟翁、阮蘭蓀翁、左叔翰翁、林善甫翁五位；（慰問病人查察長生所殮房及考察工人勤惰）每月公舉四位，元月份舉李海東翁、辛聖三翁、伍于瀚翁、湯信翁四位起輪流到院，週而復始。

[51] 丙寅年基本相當於一九二六年，不過丙寅十二月廿七日為西曆一九二七年一月三十日。

一九二八至二九年度董事局會議紀錄

（東華醫院董事局一九二九年一月廿六日會議紀錄）

戊辰年十二月十六日禮拜六會議事宜列（一九二九年一月廿六日）

五、總理分職牌，羅文錦翁倡議分為八部[52]，余焯生翁和議。眾贊成通過。

（財政部）：何世奇翁倡議舉羅文錦翁、何爾昌翁、梁猷生翁三位，馬詩傳翁和議。眾贊成通過。

（庶務部）：莫達煊翁倡議舉何爾昌翁、陳子衡翁、林裘謀翁、梁猷生翁、馬為煖翁、馬詩傳翁六位，余焯生翁和議。眾贊成通過。

（西藥部）：何爾昌翁倡議舉梁毓麒翁、何世奇翁、郭琳爽翁、羅文錦翁、莫達煊翁、羅竹齋翁六位，馬詩傳翁和議。眾贊成通過。

（中藥部）：羅文錦翁倡議舉余焯生翁、何爾昌翁、莫達煊翁、陳炳翁、馬詩傳翁、梁毓麒翁六位，馬為煖翁和議。眾贊成通過。

（教育部）：何世奇翁倡議舉羅竹齋、郭雙鰲翁、關溫伯翁、何爾昌翁、余焯生翁、郭琳爽翁、梁毓麒翁七位，陳子衡翁和議。眾贊成通過。

（糾察部）：梁毓麒翁倡議每月輪值總理四位担任，週而復始。羅竹齋翁和議，眾贊成通過（總理叅症）：每逢星期一、三、五日總理巡症，每逢星期二、四、六日按名輪值担任。公議照行。

[52] 原文只列出七個部門，並未列出主管醫務部總理名單，大抵與醫務部門成員需經政府同意，方能通過有關。

一九三零至三一年度董事局會議紀錄

（東華醫院董事局一九三一年一月廿九日會議紀錄）

庚午年十二月十一日禮拜四會議事宜列（一九三一年一月廿九日）

（十六）顏成坤翁曰：是年本院及廣華、東院三慈善機關統一，各財政亦應統一。弟倡議由廿六位總理中分為三班，專責巡視三院。本院舉十二位，廣華舉八位，東院舉六位。但舉之法無分畛域，不必以住九龍者專理廣華，但求互相協力，各位皆可隨時巡視及辦理三院事務，如廣華及東院有事仍歸東華廿六位總理執行，以符統一辦法。譚雅士翁和議。贊成通過。

即席推舉顏成坤翁、譚雅士翁、林卓明翁、劉平齋翁、陳鑑坡翁、區子韶翁、何耿中翁、黃文洲翁、高亮清翁、郭鏡清翁、黃芝甫翁、陳醒樵翁十二位專責巡視東華醫院。

又推舉黃禹侯翁、譚杰生翁、陳祥靄翁、陳孔祥翁、鍾玉興翁、江瑞英翁、黃錦培翁、江捷煌翁八位專責巡視廣華醫院。

又推舉陳廉伯翁、潘曉初翁、姚得中翁、何世文翁、黃璧泉翁、潘璧聯翁六位專責巡視東華東院。……

（十九）顏成坤翁曰：請各位推舉分任各部職守

（財政部）公舉顏成坤翁、譚雅士翁、陳廉伯翁三位。

（庶務部）公舉陳鑑坡翁、陳孔祥翁、高亮清翁、黃璧泉翁、江捷煌翁、潘璧聯翁、陳醒樵翁七位。

（西藥部）公舉劉平齋翁、區子韶翁、何耿中翁、鍾玉興翁、姚得中翁五位。
（中藥部）公舉林卓明翁、潘曉初翁、黃文洲翁、郭鏡清翁、江瑞英翁五位。
（教育部）公舉陳廉伯翁、顏成坤翁、黃禹侯翁、陳鑑坡翁、譚杰生翁、區子韶翁、何世文翁、江瑞英翁、黃錦培翁九位。
（醫務部）公舉譚雅士翁、劉平齋翁、潘曉初翁、譚杰生翁、陳祥靄翁、郭鏡清翁、黃壁泉翁、黃芝甫翁八位。
（糾察部）公議由全體負責，自元月份起每月輪值四位，週而復始，眾贊成通過。
（總理參症）顏成坤翁倡議定期禮拜二、四、六晚參症，由各總理輪流值日，週而復始。區子韶翁和議，眾贊成通過。
（總理巡症）顏成坤翁倡議定期禮拜一、三、五日巡症，由各總理輪流值日，週而復始。陳鑑坡翁和議，眾贊成通過。
（二十）顏成坤翁倡議每部推舉一兩位專責簽字購買各項。
（庶務部）公舉陳鑑坡翁、顏成坤翁。
（西藥部）公舉劉平齋翁。
（中藥部）公舉黃文洲翁、林卓明翁。
（教育部）公舉顏成坤翁。遂眾贊成通過。

AH HOSPITAL, 1931
(WAH, KWONG WAH AND TUNG WAH EASTERN HOSPITALS)
院東華廣華東年未辛
WAN
CHAN LIM PAK
LAU PING CHAI
WONG YU HOU
TAM KIT SANG
CHAN CHEONG OI
HO KUNG CHUNG
WONG MOON CHOW
IU TAK CHUNG
HO SHAI MAN
KONG SHUI YING
WONG CHI PO
陳廉伯翁
劉平齋翁
黃禹侯翁
譚杰生翁
陳祥靄翁
何耿中翁
黃文洲翁
姚得中翁
何世文翁
江瑞英翁
黃芝甫翁
潘璧聯翁

三院統一後首次總理合照，是年東華醫院設八個部門，由二十六位總理出任各部門主管。

東華醫院各部門組織演變

一九二六至二七年度
查核進支數目　嘗業租項財政　查察義莊及莊租數目　庶務部　西藥部　中藥部及考察醫師良庸　查察各義學　慰問病人查察長生所殮房及考察工人勤惰

一九二八至二九年度
財政部　庶務部　中藥部　西藥部　教育部　糾察部　巡院參症

一九二九至三零年度
財政部　庶務部　西藥部　中藥部　教育部　醫務部　糾察部　查察進支數目　巡院參症

一九三零至三一年度
財政部　庶務部　西藥部　中藥部　教育部　醫務部　糾察部　總理參症　總理巡院

一九三一至三二年度
財政部　庶務部　西藥部　中藥部　教育部　醫務部　糾察部　總理巡院　總理參症　總理巡視東華醫院　總理巡視廣華醫院　總理巡視東華東院　產業部

一九三一至三二年度董事局會議紀錄
（東華醫院董事局一九三二年五月廿七日會議紀錄）

【資料說明】 是次會議申述一九三零年代東華的職能，為遏止坊間對其服務不週的投訴，董事局除對員工加以訓斥外，更詳述各主管人員的職權。

壬申四月廿二日禮拜五會議事宜列（一九三二年五月廿七日）

一、主席陳廉伯[53]翁向三院司理、管事、男女看護長等致勉勵詞曰：今晚召集各位敘會，為整頓三院院務，俾辦理臻于完善，淂以逐漸進展。溯東華醫院創辦已六十餘年，對於慈善事業、救災恤難，凡力可能及者靡不悉力以赴，風聲所樹，久為中外人士所共仰。然本院純為救濟貧病之醫院，受街坊之重託，責任重大，辦理之良善與否，視乎各位能否努力以為衡。就以院務而論，約分為兩大端，一曰醫務，二曰行政。關于醫務方面，悉由醫生主持之，至行政事務如收支出納、來往文牘、管理工役、稽查日常各事，凡此種種非常重要，雖提綱挈領，責在總理，而總理對外之一切事務辦理措施已犧牲無限精神，故各位實負奉行之責；誠以醫院若辦理或有未週，致召街坊非議，在在足以影響其經濟之收入。蓋本院為街坊之醫院，年中經費需賴街坊協助，以資挹注，不可不加以注意也。本良心而論，以貧病之人，凡有血氣者，亦當輔助之，以盡個人之天職者也。近者如東院鄧有之留醫，無故被收症房工人怒罵，如廣華邱達之告訴女看護長拒絕其請，以致報章登載，毀謗交加，令坊眾成為口實，撫衷自問，良有未安，嗣後切望各位認定本院為救濟貧病之醫院，為良心上之住持，對於病人之留醫，宜本惻隱之念，切寔調護，加以扶持，即與病人交接亦須和顏悅色，親愛精誠，不可驕傲成性，相習成風。對于院內一切日常事務與應革事宜，亦須以大無畏之精神努力做去，不可畏難苟安，迹近敷衍。至於院內所用物質，尤須加意愛惜，極力撙節，蓋善款取諸各界輸助，既集□而來，萬不可虛擲浪用。再其次，看護職責本協助醫生之工作，責任亦甚重要，與病人接近較密，亦宜一心一德調護之，而總理辦理院務非為徒負虛名，但求實際切盼，本此意旨以身作則，轉達院內職工，有則改之，無則加勉。是則本席與同人等所厚望者也。

繼由林蔭泉翁解釋各部職權：

（主席）統理全院內外大小事務，及制定本院應行興革之計劃，按序執行。

（總理）輔佐主席管理院內事務，並巡視病房調查院務、規劃興革及職工進退事宜。

（司理）管理全院事務，查察各部職員辦公勤惰、成績優劣，照直呈報總理。如各部長有事磋商，先報告司理，以便轉報總理核辦，若係小事，照章秉公辦理。

（管事）管理院內工人遵規辦事，並督率工人依時辦事，勤儉惜物及洗掃各處地方須要潔淨，又每日收發貨物必須躬親料理，及日常粮食什用各物，須登記存欠。

（看護長）管理各病房看護員供職勤惰，是否對于病人小心看護，無忝職守，並須諄囑看護員注意病人病狀，如見有神色變動不妥，即速報知醫生救治，不可延遲，以重人命。又查近有無賴之輩，詐病入院，圖謀食宿，佔住床位，實屬自悞其身，應囑咐看護員隨時留心體察各病人之起居飲食，倘有發覺此類病人，應即向醫生報告，勸令出院，庶可多得床位，以容留真正之病人，不致虛糜善款，而該人不致耽誤一生，以盡本院慈善為懷之責。

三院各職員遂退席。

[53] 陳廉伯祖籍廣東南海，生於商人世家，自幼在港接受教育，一九一七年當選廣州商團團長，一九二四年發動商團事變，企圖推翻廣州國民政府，失敗後逃往香港，一九三一至三二年度為東華醫院首總理。

文武廟徵信錄一九一一年（文武廟義學紀事錄、闔港文武廟紀事錄）

【**資料說明**】下述兩份名單，說明本港的民間組織文武廟與東華醫院早在十九世紀七十年代已建立緊密關係，東華倡建總理梁雲漢，為文武廟值理。而文武廟義學倡建值理皆為東華醫院領導。

光緒六年歲次庚辰倡建中環義學值事

李萬清　陳玉樓
梁雲漢　馮普熙　謹啟
招成林　黃羽儀

光緒八年歲次壬午臘月吉日值理

彭岐洲公
福隆號
黃羽儀　謹識
潘華昌
鄧祿

一九二七至二八年度董事局會議紀錄（東華醫院董事局一九二八年四月六日、四月九日會議紀錄）

【資料說明】華商總會與東華醫院關係最為密切，東華醫院歷年籌辦的大型賑災活動，都有華商總會的參與，其實不少總理都曾任職華商總會，戊辰年華商總理代表李葆葵曾於一九零四至零五年度擔任東華總理。

戊辰閏二月十六禮拜五特別會議事列（一九二八年四月六日）

……主席鄧肇堅翁曰：刻接華商総會來函，謂廣州籌賑處派黃佐、何恒兩君到港，稱己滙到銀弍萬五千元，託本院與華商総會協同代辦米石，運往海陸豐平糶之用。現華商総會己舉出李葆葵先生為採辦米石專員，着本院亦舉出一位俾得協同辦理等情，各位以為如何，請公定。伍華翁倡議推舉蕭叔廉翁為本院代採辦米石專員。

李致祥翁和議。眾贊成通過。

鄧肇堅翁又曰：各位既舉出蕭叔廉翁，弟提議即致函華商総會，請其與蕭叔廉先生接洽，協同辦理。

伍耀庭翁和議。眾贊成通過。

戊辰閏二月十九禮拜一會議辦米事宜列（一九二八年四月九日）

主席　鄧肇堅翁

在座　李右泉翁　葉蘭泉翁　蕭叔廉翁
馮鏡如翁　伍耀庭翁　何垣翁
陳雲舫君　盧立朝君

鄧肇堅翁曰：今日請各位到院，因昨接華商総會來函，謂廣州籌賑處派何垣、黃佐兩君來港託代辦

十九世紀末位於荷里活道的文武廟，其值理多同時出任東華總理。

米石，附往汕尾平糶。現華商総會已舉李葆葵先生，本院亦舉出蕭叔廉先生，昨蕭君已往華商総會與李右泉先生磋商辦法。據蕭君謂，若全年担任代辦米石，手續未免煩瑣，最好由院担任辦理云。

何垣君曰：大抵代辦一兩次，若果地方平靜，則可以停辦，或者□年亦未可料。若此款不足，可以通電上省，俟接有款項乃可代辦。

葉蘭泉翁曰：請何垣君將辦米石之款交來東華醫院收。

蕭叔廉翁曰：辦米手續非常紛繁，請先將款交來院，弟即着經紀與李葆葵先生磋商購買，然後由弟担任管理，至於磅米，極難覓人。

鄧肇堅翁曰：請託李葆葵先生覓人担任磅米。

衆以為合。

李右泉翁曰：籌辦平糶本應之事，今日淂廣州籌賑處辦理，否則捐簽亦要醫院舉行，請各位勿卸責，一力担成，並望何垣君轉達籌賑處，嗣後將款交來醫院，以便協同華商総會代辦。

鄧肇堅翁曰：李右泉先生所言甚善，彼此同辦善舉，弟等定必樂為幫忙，至所購米石多少，請由李葆葵先生、蕭叔廉先生兩位簽字，該款若干，然後交來院支結可也。

何垣君謂：弟經託海陸豐同鄉會担任僱鹽船代運。

蕭叔廉翁曰：用盆艇起貨裝運較為快捷。

李右泉翁曰：如係大幫米石，即用鹽船，否則用盆艇亦可。

葉蘭泉翁曰：総之以節省費用，慳多一錢則救多一命。

衆以為然。遂散會。

同治癸酉十二年徵信錄（一八七三年東華醫院徵信錄——各號善士捐）

【資料說明】 自創院伊始，總理並未把東華醫院視為純醫療機構，而希望它能發揮一般慈善機構的功能，醫院的服務範圍愈來愈廣泛，不斷開拓內地和外埠的社會網絡，藉着不同性質的慈善活動，其所接受的捐款亦來自不同國家和機構，財政來源因而十分廣闊，其中各商號的捐款，是東華的重要收入之一。

又續收各號善士捐項列

波斯國公司　弍百員

人和公司正月份　五十員

陳國豪　弍十員

何崑山　弍十員

鄭桂庭　弍十員

鄧榮生　十員

呂金垣　十員

汕頭永順隆　十員

盧瑞錦　五員

陳富珍　五員

歐陽社令　弍員

以上共收零捐銀三百五十弍員

同治甲戌十三年徵信錄（一八七四年東華醫院徵信錄——各號善士捐）

續收各號善士零捐項

波斯國公司　弍百員

神戶敦善堂　壹百員

嘉應州各薙髮店伴　五十員

鐵行上火船名谷鏬剌眾客商建醮餘款　弍十九員八毫二仙

楊祖惠　十員

王紫詮　十員

溫心田　五員

橫濱同善堂　壹百員

寧波泰豐同泰兩號　八十九員九毫二仙

無名氏 富元發行　四十一員六毫七仙

陳聚德堂　十員

陳富珍　五員

共收各善士零捐銀六百五十六員四毫一仙

收各善士題助八月風災檢海上各島遺骸經費列

安邑西南社　壹百四十員

陳紹先　二十員

熹堂　壹十一員八毫

元發行內永順隆號　十員

陳益　二十員

瑞記洋行伴送還鞋金　二十員

無名氏　二員

元發行內無名氏　二十七員七毫八仙

新合隆號　二十員

無名氏　十員

筲箕環道生號　五員

㘃洋行伴送還鞋金　二十員

石龍同記鹹魚店　四員六毫四

石龍南和店　壹員八毫

共收銀三百壹拾三員零二仙

一九二一至二二年度董事局會議紀錄
（東華醫院董事局一九二二年八月八日會議紀錄）

【資料說明】 絕大部份東華總理祖籍廣東，由於地緣關係，東華醫院積極參與廣東救災活動，故與廣東省地方社團關係密切，東華與潮州八邑商會合辦賑災便是一典型案例。

壬戌六月十六禮拜二晚會議事宜列左（一九二二年八月八日）

主席　盧頌舉

在座　何華堂翁　梁弼予翁　陳少霞翁
黃秀生翁　葉露韶翁　馮汝臣翁
李杰初翁　曾富翁　區紹初翁
林鳳巢翁　李葆葵翁　葉蘭泉翁
李亦梅翁　王少瑜翁　陳仰韓翁
林子豐翁　鄭仲許翁

一、盧頌舉翁曰：今晚請各位到會，係商議籌賑潮汕風災事宜。查此次潮汕災情重大，本港政府及西商會均有籌賑，本院昨日下午兩點鐘接到潮州八邑商會來信，因時候短促，所以延至今日方始開會。應如何籌賑之處，望在座諸君各舒偉論。

二、葉蘭泉翁曰：請潮州八邑商會代表將潮汕災情當眾宣佈一二至是。

王少瑜翁起言曰：此次潮汕颶風為災，合沿海各縣，被禍死者約在十數萬人，房屋傾毀不計其數，電燈、鐵路、自來水一律斷絕，災情之重，寔為潮汕空前所未有。請列位善長大解豐囊籌賑潮汕，是弟之所切望於諸先生也。

三、盧頌舉翁曰：潮汕災情重大，待賑孔殷，弟倡議由本院賑災餘款先墊支銀壹萬元滙汕賑濟，未知各位以為合否？

李葆葵翁和議。眾贊成。

四、盧頌舉翁曰：往日災情本院曾代為致電各埠遙呼將伯之助，此次可否照前辦法打電各埠拯救？

梁弼予翁和議。眾贊成通過。

五、葉蘭泉翁曰：華商總會與東華醫院同是辦理公益機關，此次籌賑潮汕災情，可否彼此合辦？

盧頌舉翁和議。即定十九日起沿門勸捐。

一九零六至零七年度董事局會議紀錄

（東華醫院董事局一九零七年三月廿四日會議紀錄）

【資料說明】 自十九世紀中期，省港唇齒相依，商貿往來頻繁，省城政局直接影響香港商業，從商出身的東華總理一向與省城社團保持密切聯繫。

丁未二月十一日禮拜日會議（一九零七年三月廿四日）

……議初八日接到商務総會來函，詳述粵省米價騰貴，擬在省籌辦平糶，求本院盡力維持，以肩義務。初九日，熊禮廷翁、林渙墀翁、徐澍棠翁、明子遠翁列院酌議，分電各埠，經同人等會商一切，本應即如所請。因甲辰年三堂合辦平糶，除支應存銀六萬一千七百七十八元五毛九分二（原文為花碼），在省崇正善堂、廣濟醫院處，分貯息銀，未計已有三年之久，公議平糶宜照辦，然必須將甲辰年平糶存項連息先行墊出，并要貼標長紅刊登告白，聲明廣濟醫院、崇正善堂、東華醫院三堂字樣，然後再議分電各埠，同人均極贊成。及初十下午，接淂廣濟崇正來電，有公等提議無不樂從字樣。十一日禮拜，陳惠普翁、郭仙舟翁、陳□鄰翁、盧輔宸翁、熊禮廷翁、林渙墀翁、徐澍棠翁、明子遠翁到院會議，僉謂省城米貴，本港亦是米貴，似不宜偏顧一處。若分電各埠省捐款滙返，除支電費外，本院值一份留作本港之用，省中行商善堂估式份。即如數付省平糶，至於在省如何辦法，本院概不與聞。并議聘定兩員到港辦理一切事務，若採辦米石，各同人儘可協力幫助，以資周轉。眾皆允洽。

東華醫院函件［東華致外界函件］一九二四至二六年（東華致外界函件一九二四年七月廿一日——甲子廣東水災致各埠求賑電報）

【資料說明】　一九二四年甲子廣東水災東華向全球各友好慈善團體募捐，此份名單說明了東華醫院在二十世紀二十年代的社會網絡遍及全球華埠。

（原件首頁為電報單，名單從第二頁開始）

□□□□□各埠　計開

舊金山華商總會

舊金山　羅省中華會館

加拿大域多利　中華會館

暹羅宋卡埠　華僑公會

越南南圻[54]　中華商務總會

宿務（霧）　中華會館

海防　華商會館

砵倫埠[55]　中華會館

烏約　中華會館

地利哥比　中華會館

小呂宋　廣東會館

「因各埠運棺回港，乃宜照上列機關發信通知。另加多溫哥華中華會館。」

「因防範假冒廣華勸捐事，照上列機關發信通知。另加多溫哥華中華會館。」

「因增建東華東院勸捐事，照上列機關發信通知。另加

尖美架埠　中華會館
安南提岸　穗城會館
望加錫[56]　中華商務總會
仰光　廣東公司
西貢　廣肇公所
河內　廣東會館
吉隆　廣肇會館
霹靂埧羅　華僑總商會
泗水埠　商務總會
三寶龍　中華商務總會
庇魯　通惠總局
巴拿孖　同善堂
亞灣拿　中華會館
雪蘭莪　中華商務總會
檀香山　中華會館
波士頓　中華公所
砵斗云[57]　華安會館
都朗度[58]　華僑商會
澳州烏修威[59]　中華商務總會
吧城　中華總商會

多溫哥華中華會館

「因反共產事，照上列機關發信通知，加多溫哥華中華會館，及倫敦報界公會、與北京、漢口、上海、天津等」

庇能　中華總商會

神戶　中華會館

上海　廣肇公所

　粵僑聯合會

星架坡　廣惠肇留醫院

[54] 即法屬交趾支那（Cochin China 或 Cochin Chine）。

[55] 即美國俄勒岡州波特蘭市（Portland）。

[56] 即印尼南蘇拉威西省首府（Kota Makassar）。

[57] 即澳洲達爾文港（Port Darwin）。

[58] 即加拿大多倫多（Toronto）。

[59] 即澳洲新南威爾斯（New South Wales）。

［第二章］

－營運－

前言

經費

東華醫院得以創立，是政府與民間力量的合作成果。從醫院的創院資金、營運經費的籌措，可引證這個說法。一八七零年，政府提供了一萬五千員（一萬零八百両）作建院經費；而來自民間籌集的善款有四萬二千八百五十員（三萬零八百五十三両），佔創院經費總收入的百分之七十三，足見殷商的捐助，對醫院的創立產生關鍵的作用。一八七二年東華醫院開幕後，政府再撥款九萬六千七百六十員（六萬九千六百六十七點二両）作為東華醫院營運基金，並授意醫院將基金存於香港上海滙豐銀行，收取五點五厘年息，作為養院經費[1]。一八七零至一八九零年代，醫院透過基金定存獲得利息約一千四百至五千員（一千至三千両），佔總收入的二至三成。根據徵信錄的記載，東華醫院全年支出，一八七零年代約為一萬四千至二萬八千員（一至二萬両）、一八八零年代約為二至三萬員（二萬多両）、一八九零年代約為四萬多員（三萬多両），可見政府一八七二年的撥款，為醫院的營運，提供了穩定的財政收入。[2]

通曉營商之道的董事局，深明光靠基金利息收入，並不足以支付醫院的全部財政開支，相反資金如果能更好運用，收入可變得更豐厚。[3]在醫院開幕後的第二年，即一八七三年，董事局在上環永樂坊四十號，購置了第一間物業，購入價為四千五百員，月租是四十至四十五員，年利率回報高達十二至十三厘。一八七三至七八年年間，嘗舖租金約佔總收入的二成多至四成。利息收入佔總收入的比重逐漸被嘗舖的租金利潤所超越。

一九零四年以前，東華醫院雖透過物業徵收租金，但物業卻由政府持有。在二十世紀初，東華轄下的物業曾發生租務糾紛，由於東華並非業權持有人，而以政府高官名義持有的物業，因官員屢有更迭，故爭拗時難以向租客追討欠款。一九零四年，政府頒佈新法令，將東華所置產業轉歸東華名下，醫院才真正擁有嘗產，自此，總理更積極的購置嘗舖，以增加固定資產賺取利潤的機會，以嘗舖收入作為醫院經費主要來源。但在一九三零年代中期，受到中國局勢動盪，以及世界經濟不景氣的打擊，不動產價格下跌，加上租客欠租或減租的情況嚴重，嘗舖頓時成為醫院沉重的負擔。

綜觀自一八七三至一九三五年的六十多年間，東華的營運經費收入來源，依照重要性排序，分別為嘗舖租金收入（百分之三十四）；善士捐助（百分之十八）；而捐款、利息收入以及政府補助皆佔百分之十。因此，嘗舖租金及利息收入是支持東華營運的最大命脈，佔百分之四十四，來自民間捐助的善士及捐款約佔百分之二十八。由於總理善於籌措經費，自成立至一九零三年，香港政府再沒有為醫院提供任何額外的經費資助，亦給予東華相當大的管理自主權。不過，這種情況在一九三零年代中出現轉變，醫院長年仰賴的租金、利息、各商號、善士捐款等，因經濟不景而大幅降低；另一方面，香港人口的增加，東華三院統一後醫療服務及醫療設備的不斷擴充，開支不減反增，此消彼長下，經費自不敷應用，一九三四年，醫院的赤字竟達十萬餘元，使東華須依賴政府補貼才能正常運作。面對一九三零年代中期經費不足的情況，東華醫院總理推出了許多開源節流的政策，力挽狂瀾。[4]

在開源方面，總理捐獻、沿門勸捐及由總理向所屬行號同人派送緣簿勸捐，是十九世紀下半期醫院籌募經費的主要方法。自一九一一年廣華醫院成立以後，隨着醫院開支逐漸增加，總理開始舉辦演戲籌款活動，在一九三零年代，新的籌款方法相當多，諸如賣花籌款、舉辦馬戲、球賽、馬彩、萬善緣會等，籌款活動一般都需要動用大量的人力物力，得來的實際收益，只能佔全年收入一小部份，猶幸籌款活動對宣傳慈善事業，頗具成效。在節流方面，主要是推行節省醫院開支、裁撤冗員等措施，然而，各項措施在醫院規模不斷擴充的情況下，仍無法彌補偌大的收支差距，一九三零年代中期以後，東華自給自足的能力大大下降，政府的控制不斷增加，而成立了六十多年的東華醫院，正面臨組織的全面改革。

人員

作為第一所華人醫院，醫師遴選與委任，自然是醫院人事管理的重要部份。由於成立初期以中醫診治為主，故所聘用醫生俱為中醫師，成立初期院內醫師的任免，由董事局負責。醫師的選拔與聘用，採納中國傳統的評審標準：注重個人的道德操守、對藥方及經脈理論的熟練程度、師承、門派等，甚少關注醫師的臨床經驗與醫術。十九世紀末，香港爆發瘟疫，對東華醫院的人事管理產生極大的衝擊。一八九六年政府醫務部門委任華人西醫進駐東華，使缺乏西醫專業知識的董事局無法管治西醫。廣華醫院成立以後，西醫診症、外科手術、鑒定死因、西式接生服務等西式醫療方法相繼引入，一九二零年代接受西方式醫學訓練的醫生及護士大量增加，使得遴選與考核醫護人員必須參照當時西醫院的經驗與規範，在二十世紀初隨着醫療服務轉型，院內醫護人員的管理，一改以往恪守傳統的原則而逐漸步向現代化。

有關行政及服務部門職員的管理，醫院所訂規條，數量不多，語意含糊並注重傳統道德觀念，如一八七二年新增工人規條第二條：「院內工人凡遇值事到院，需要起身侍立，恭敬守禮，不得傲慢輕視，倘有吩咐仍須一一遵依，勿得口是心違，如有不遵及怠惰無禮者，即行革除」，反映管理重視尊卑、員工對上司的服從性，至於如何提高工作效率及個人工作的表現的評核卻未見在規條內提及。

作為慈善組織，東華經費源自公帑及民間捐款，故醫院必須公開善款的數目及管理方法，為說明醫院開支重儉約，醫院規定院內職員必須善用資源，恪守廉潔，如司事規條第六條：「司事經手所買什物或有混行開銷添補者，總理察出直追令雙倍賠補，並即辭退。」管理採用重典防貪的做法。然而，東華對於貪污職員的懲處，遇事時卻多以董事局各總理決定為依歸，側重人治的管理手法。從正面來看，是着重情誼，惟處分欠缺客觀依據，故不公、包庇或刑罰過重的情況也時有所聞。

以一九零六年東華帳房梁文生虧空公款一案為例，由於犯案者潛逃，擔保人又下落不明，總理同人透過內部簽捐填還欠款，並未向政府舉報；及後發現梁文生虧欠公款數目遠超於預期（由先前評估的二千四百港元，增至六千港元），總理們不得已去信華民政務司，請求緝捕梁文生。從這件事可以看出處理行政人員錯失，初以傳統的協商方法處理，以免驚擾官府，節外生枝，當遇到困難時，才向政府求助。政府既將管理權交與東華總理，即任其處理，並未嚴加約束、監視或操控，至有需要之時，政府仍願擔任仲裁角色，說明了醫院具備政府授與的合法地位，亦可按照華人慣例行事。從東華醫院的日常運作，可看出東華醫院的行政管理既中且西，其官督民辦的管理特色，是十九世紀末二十世紀初，傳統與現代文化並存的寫照。

日常運作

東華醫院的日常運作主要的工作有兩方面：膳食和衛生管理。東華醫院的病人及職員，日常飲食皆遵照華人飲食習慣。一八七三年創院初期，病房膳食主要以米糧為主（佔所有食品百分之三十三），其他包括醃製食品（鹹魚、鹹蛋、腐乳）、肉類（魚、雞、田雞、牛肉、豬肉、雞蛋、禽畜內臟）及蔬菜等，醃製食品數量較多，新鮮肉類、蔬菜份量較少。一八九六年政府調查東華醫院，曾就醫院的膳食進行質詢，東華總理代表古輝山向調查委員會報告病人膳食情況時指出：「病人早晚以米飯為主食，若醫生要求，則另給蔬菜或肉類[5]……如醫生囑咐，病人可得甘薯或其他食品」[6]，說明直到十九世紀末，病人的膳食供應仍是十分簡單，主要是以米糧為主，並無其他附加營養食品。另一方面，員工伙食則較病人豐富，米糧是主食，除豬肉、雞、魚、菜外，更有臘腸、臘鴨、燒肉、茶、生熟煙葉等較昂貴的物品。到了一九三零年代，簡單的膳食基本沒有太大改變，但魚、肉、菜蔬營養較豐富的食品數量有所增加，主食有米糧（佔四成）和魚類、肉類、蔬菜等（共佔四成左右）。

西式的飲食習慣的引入，始於二十世紀初，以牛奶為例：牛奶雖已在一八七四年東華膳食清單出現，但該年牛奶開支只有九點七元（七両多），僅佔全院病人膳食支出的百分之零點七，牛奶被視為藥物，並非日常飲料。一九一零年，醫院牛奶的支出費用增至一千四百一十一元，佔所有病房膳食的百分之十七；一九三零年代，牛奶的支出，維持在百分之十左右。此外，圍繞着牛奶供應的一系列討論，例如對牛奶衛生及營養成份等討論有所增加，牛奶作為營養食品，逐漸被列入病人膳食，反映醫院開始接受西方飲食習慣。

至於衛生管理方面，更是醫院能否正常運作的關鍵。在成立初期，東華醫院所制定的衛生管理規條，主要關注病房、病人衣物等清潔問題，並未提及現代西方醫療的消毒或隔離方法。至於醫院有否嚴格執行早期所訂立的潔靜規條，實無從稽考。不過從一八七零年代政府醫官的巡院報告中提及醫院衛生條件不佳的紀錄，可想像醫院的衛生情況，並不符合當時西式醫院的標準。十九世紀末以前，醫院衛生問題未受院方重視，而政府也沒有嚴格執行監控，到了一八九四年鼠疫爆發後，醫院處理傳染病的能力，自然備受質疑。一八九六年政府成立的東華醫院專案調查小組，指出東華的衛生情況惡劣，甚至認為任由東華醫院保留舊習，將對整個香港的社會安全造成嚴重威脅，而衛生條件差，就成了整頓醫院的最佳藉口。鼠疫後政府就東華的衛生管理問題，提出以下的檢討：醫院空氣污染情況嚴重，原因是過於擁擠、骯髒，排泄物及廢物處理不當所造成；清潔系統如供水系統、排水及取水系統落後，容易傳播病菌；病人入院後不設分流，傳染病患者沒被隔離；病房沒按病症分區以及分科醫治，疾病透過血液傳染、空氣傳染等交叉傳染機會大。[7]

二十世紀以後，在政府督導下，東華醫院召開了多次會議討論改善三院衛生環境，討論內容重視醫院環境潔淨、病人衣服潔淨、改善排污系統、引進新設衛生器材等。就衛生情況推出的具體措施，包括改善潔淨系統——於院內開闢一個長三米、寬三米、高二米的大水池，增設自來水龍頭，讓取水更加方便衛生；改善病人衣服潔淨方法，在洗衣程序中增設汽鍋消毒；改善排污系統——增加廁所數量、增設水廁。

綜觀東華醫院自一八七二年啟用至一九三零年代中期的六十多年間，醫院逐漸朝着西式醫院的方向發展。創院初期，醫院的管理，從醫師的任免到日常運作，大都以傳統價值觀念為基礎。十九世紀末爆發的鼠疫，給予政府要求東華引入西式醫療服務及衛生觀念的契機，是醫院轉型的里程碑。到了一九三零年代，受到政治動盪及經濟衰退的衝擊，醫院的管理，無論是經費調度、醫療服務、醫療設備等，政府皆加大了監控力度。東華遂從「善終」療養所，蛻變成重視衛生環境及新式治療方法的現代化醫院。

[1] Despatch from the Governor to the Secretary of State , The Honourable T. H . Whitehead, "Commissioners' Report on the working of the Tung Wa Hospital", *Hong Kong Sessional Papers*, Hong Kong, 17 October 1896, Appendix III, pp. XLI-XLII.

[2] 以上結論乃根據歷年徵信錄進支紀錄整理而成。

[3] "An Ordinance for enabling the Tung Wa Hospital to acquire, mortgage and sell lands and hereditaments" , No. 9 of 1904, 28 September 1904, Ordinance Part, *Hong Kong Government Gazette*, No. 673, 30 September 1904.

[4] HO Pui-yin " Consider Leisure as Charity – Case of Tung Wah Hospital (1900s-1930s)", Conference paper for *Daily Lives of Urban Elite in the 20th Century* – China and France International Conference organized by Centre for Comparative and Public History of the History Department, CUHK, United College, CUHK and the French Centre for Research on Contemporary China, December 2006.

[5] 一八九六年四月十日星期五召開的質詢會議，出席者包括代表政府的輔政司洛克（Lockhart）、何啟及 T.W. Whitehead，當質問到病人膳食之時，東華總理代表古輝山向東華醫院調查委員會報告："... rice is given morning and evening as usual, but vegetables or meat are given to him according to the doctor's orders ..." The Honorable T. W . Whitehead "Commissioners' Reports on the Working of the Tung Wa Hospital", *Hong Kong Sessional Papers*, 17 October 1896, Appendix III.

[6] 東華總理代表古輝山向東華醫院調查委員會報告："... Sometimes they get Chinese sweet potato or other diet according to the doctor's orders ..." The Honorable T.W. Whitehead "Commissioners' Reports on the Working of the Tung Wa Hospital", *Hong Kong Sessional Papers*, 17 October 1896, Appendix III.

[7] The Honorable T.W. Whitehead "Commissioners' Reports on the Working of the Tung Wa Hospital", *Hong Kong Sessional Papers*, 17 October 1896, Appendix III.

東華醫院歷年經費來源總覽

【資料說明】 從東華醫院一八七三年至一九三四年的收入統計可看出，來自嘗舖租金及銀行定存利息所得經費來源為最重要，佔約百分之四十三，其次為民間的善款，佔百分之三十一，政府補助佔約一成。除創院年份，醫院有特殊收入外，十九世紀總收入維持在一萬多至三萬元，醫院收入的兩個轉捩點，分別是一九零八至零九年度及一九二零年代末，這與廣華及東華東院的成立，不無關係。

表 I-2-2　**東華醫院歷年收入分佈統計百分比**（1870-1934）

年份	各善士 %	行捐 %	政府 %	利息 %	嘗舖租金 %	籌款 %	經常性收入 %	非經常性收入 %
1870	73	0	25	2	0	0	0	0
1871	76	0	0	23	0	0	1	0
1872	12	0	86	2	0	0	0	0
1873	9	55	0	31	3	0	2	0
1874	12	53	0	30	3	0	2	0
1875	12	49	0	27	8	0	4	0
1876	10	45	0	20	22	0	3	0
1877	25	39	0	15	18	0	2	0
1878	9	45	0	22	21	0	2	0
1879	9	44	0	23	22	0	3	0
1880	13	42	0	24	20	0	2	0
1881	17	40	0	21	19	0	3	0
1882	11	45	0	22	19	0	3	0
1883	15	38	0	24	19	0	3	0
1884	26	35	0	15	23	0	2	0
1885	23	31	0	13	20	0	12	0
1886	28	33	0	14	23	0	3	0
1887	37	28	0	12	20	0	3	0
1891	27	30	0	12	27	0	4	0
1892	27	30	0	9	29	0	4	0
1893	25	30	0	6	35	0	5	0
1895	33	23	0	5	35	0	4	0
1896	19	29	0	5	41	0	6	0
1897	28	26	0	2	41	0	4	0
1900	20	23	0	0	46	0	12	0
1901	17	26	0	0	47	0	9	0
1902	31	19	0	0	47	0	3	0
1903/04	25	17	8	1	42	0	7	0
1904/05	24	19	9	1	41	0	6	0
1907/08	20	16	16	1	34	7	8	0
1908/09	12	8	6	0	21	2	4	47
1910/11	25	12	9	1	34	9	10	0
1911/12	23	15	9	0	41	0	12	1
1912/13	30	10	7	5	31	0	16	0
1913/14	17	11	8	8	38	0	15	3
1914/15	13	11	7	4	33	14	18	0
1915/16	17	11	8	8	38	0	18	0
1916/17	15	9	7	12	38	0	19	0
1917/18	14	9	6	13	39	2	17	0
1919	16	5	4	12	28	22	12	0
1920	11	6	5	14	32	0	14	18
1921	17	6	5	10	45	4	13	0
1922	15	4	4	13	41	6	16	0
1923	17	5	4	13	43	0	18	0
1926	20	5	4	16	36	0	19	0
1927	8	3	22	19	34	0	15	0
1930	14	3	7	12	38	11	14	0
1931	18	3	7	8	37	0	19	7
1932	20	3	7	6	35	2	16	10
1933	14	4	9	9	42	1	21	1
1934	14	3	26	7	29	6	13	2
百分比	**18**	**10**	**10**	**10**	**34**	**3**	**13**	**3**

表 I-2-1　東華醫院歷年收入分佈統計（1870-1934）#

年份	各善士	行捐	政府	利息	舖租金	籌款	經常性收入	非經常性收入	總計（元）
1870	42,851	0	15,000	917	0		214		58,982
1871	6,174	0	0	1,846	0		117		8,137
1872	13,370	0	96,760	2,475	0		257		112,862
1873	1,531	9,096	0	5,150	505		342		16,624
1874	2,087	9,120	0	5,150	600		346		17,303
1875	2,411	9,210	0	5,075	1,510		537		18,743
1876	1,922	8,930	0	4,046	4,319		660		19,876
1877	5,932	9,086	0	3,535	4,140		574		23,267
1878	1,863	8,911	0	4,440	4,140		452		19,806
1879	1,753	8,993	0	4,740	4,485		549		20,520
1880	2,720	8,941	0	4,987	4,140		420		21,208
1881	4,022	9,375	0	4,802	4,485		669		23,353
1882	2,237	9,570	0	4,578	4,140		730		21,255
1883	3,452	8,860	0	5,599	4,520		759		23,190
1884	6,883	9,450	0	3,905	6,131		557		26,926
1885	7,231	9,233	0	4,012	6,189		3,588		30,253
1886	7,577	9,070	0	3,938	6,252		699		27,536
1887	12,149	9,205	0	4,068	6,756		854		33,032
1891	8,495	9,410	0	3,916	8,740		1,281		31,842
1892	8,341	9,400	0	2,952	9,170		1,262		31,125
1893	7,981	9,600	0	2,058	11,373		1,559		32,571
1894	18,156	9,209	0	1,824	11,558		1,518		42,265
1895	12,679	8,754	0	1,780	13,228		1,592		38,032
1896	5,750	8,867	0	1,389	12,442		1,958		30,406
1897	9,807	8,824	0	596	14,047		1,295		34,569
1900	7,815	9,076	0	8	18,237	0	4,739	0	39,875
1901	7,217	10,983	0	0	19,411	0	3,855	0	41,466
1902	16,741	10,379	0	0	25,181	0	1,685	0	53,986
1903/04	18,419	12,186	6,000	445	30,859	0	4,948	0	72,857
1904/05	16,842	13,764	6,000	735	29,056	0	4,581	0	70,978
1907/08	16,033	12,778	13,000	518	27,869		6,681	0	76,879
1908/09	17,110	12,050	8,000	0	30,615	2,808	6,336	68,289	145,208
1910/11	22,982	11,072	8,000	1,364	30,818	7,966	9,222	0	91,424
1911/12	20,086	13,453	8,000	267	36,154	0	10,409	557	88,926
1912/13	36,238	12,132	8,000	6,149	37,453	0	19,627	0	119,599
1913/14	17,549	11,614	8,000	8,447	39,911	4	15,627	3,123	104,275
1914/15	15,482	12,819	8,000	4,981	38,136	16,618	20,575	0	116,611
1915/16	16,846	11,695	8,000	8,587	38,670	0	17,901	0	101,699
1916/17	17,806	10,921	8,000	13,651	44,844	0	21,680	0	116,902
1917/18	18,417	11,399	8,000	17,072	50,052	2,500	21,266	0	128,706
1919	27,936	9,315	8,000	22,187	50,636	40,287	21,547	0	179,908
1920	19,405	11,240	8,000	25,062	56,406	0	24,684	32,695	177,492
1921	29,746	11,511	8,000	17,489	80,545	6,161	23,939	0	177,390
1922	26,968	8,025	8,000	23,003	73,825	11,402	28,153	0	179,376
1923	32,584	10,407	8,000	25,182	81,943	0	34,253	0	192,369
1926	45,070	11,088	8,000	36,545	80,687	0	42,007	0	223,397
1927	22,438	9,502	63,000	53,484	98,097	0	42,467	0	288,988
1930	42,967	10,314	20,500	36,299	113,651	33,731	43,010	0	300,472
1931	52,292	9,415	20,500	23,470	107,332	1,122	53,808	19,255	287,194
1932	59,848	9,177	20,500	19,673	105,588	7,470	49,375	31,479	303,110
1933	31,604	8,397	20,500	21,650	98,861	1,642	48,970	1,502	233,126
1934	36,157	7,133	67,982	18,433	76,235	16,238	34,467	6,502	263,147
總計	**889,971**	**492,956**	**469,742**	**472,481**	**1,663,939**	**147,949**	**638,598**	**163,399**	**4,939,035**
百分比	**18.0%**	**10.0%**	**9.5%**	**9.6%**	**33.7%**	**3.0%**	**12.9%**	**3.3%**	**100.0%**

資料來源：東華醫院徵信錄 1874-1934 年

醫院在十九世紀仍以銀両為流通貨幣，港元到了二十世紀才被接受，港元與銀両的兌換價格為 1 港元等於 0.72 銀両。此表已以七二申算，將十九世紀的両換算為元。

東華醫院十九世紀嘗舖租金收入

［資料說明］ 此表綜合歷年東華醫院徵信錄內嘗舖收入資料。東華購入嘗舖始自一八七三年，首間嘗舖位於海傍永樂坊四十號。自一八七八年起，租金成為東華醫院的主要收入來源，不過物業的業權人仍是政府，至一九零四年新例修訂後，東華才正式以醫院名義持有物業。

表 I-2-3　東華醫院租金收入增減趨勢（1870-1934）

年份	嘗舖租金	總收入（元）	佔總收入（%）
1870	0	58,982	0
1871	0	8,137	0
1872	0	112,862	0
1873	505	16,624	3
1874	600	17,303	3
1875	1,510	18,743	8
1876	4,319	19,876	22
1877	4,140	23,267	18
1878	4,140	19,806	21
1879	4,485	20,520	22
1880	4,140	21,208	20
1881	4,485	23,353	19
1882	4,140	21,255	19
1883	4,520	23,190	20
1884	6,131	26,925	23
1885	6,189	30,253	20
1886	6,252	27,536	23
1887	6,756	33,031	20
1891	8,740	31,842	27
1892	9,170	31,125	29
1893	11,373	32,570	35
1894	11,558	42,265	27
1895	13,228	38,032	35
1896	12,442	30,406	41
1897	14,047	34,569	41
1900	18,237	39,874	46
1901	19,411	41,465	47
1902	25,181	53,986	47
1903/04	30,859	72,856	42
1904/05	29,056	70,978	41
1907/08	27,869	76,879	36
1908/09	30,615	145,207	21
1910/11	30,818	91,425	34
1911/12	36,154	88,927	41
1912/13	37,453	119,599	31
1913/14	39,911	104,276	38
1914/15	38,136	116,610	33
1915/16	38,670	101,700	38
1916/17	44,844	116,901	38
1917/18	50,052	128,705	39
1919	50,636	179,908	28
1920	56,406	177,492	32
1921	80,545	177,391	45
1922	73,825	179,376	41
1923	81,943	192,368	43
1926	80,687	223,397	36
1927	98,097	288,987	34
1930	113,651	300,471	38
1931	107,332	287,194	37
1932	105,588	303,110	35
1933	98,861	233,125	42
1934	76,235	263,147	29
總計	**1,663,939**	**4,939,035**	**34**

光緒三十三年歲次丁未徵信錄

（一九零七至零八年東華醫院徵信錄——買賣典按管理物業則例）

【資料說明】 物業則例定於一九零四年頒佈，最早見於一九零五至零六年東華醫院徵信錄，但該年徵信錄破損嚴重，故取一九零七至零八年度徵信錄的版本。則例的起草源於一九零一年租客拖欠東華租金，由於一九零四年以前，東華醫院購入物業時持有人是香港政府，在追討住客欠租時諸多不便，故立此例。當中至為關鍵者為第三條，該款允許董事局以東華醫院名義買賣典按物業。

東華醫院買賣典按管理物業則例

輔政使司梅　　為

曉諭事照得現奉

督憲札開茲將一千九百零四年第九條則例開列於下，等因奉此合亟出示曉諭俾眾週知。為此特示。

一千九百零四年　　十一月　日示

香港東華醫院買賣典按管理物業則例

按例內所稱之物業，即指以下開列各號數地段屋宇，係代東華醫院所置買，現在管理者，當一千八百七十年間曾經立有予權該院置買管理物業之例[8]，但此例尚有出入之處，未得實際。故另立該例，確使該院有權將院內存款盈餘積項置業生息，此等物業非為該院及展拓醫院所用者，自立此例之後，則前時未得實際，今確有權為醫院在本港置買產業及典按管理一切事宜矣。

香港總督部堂會同定例局議定則例如左：

一、此例與一八七零年第一條則例[9]並一九零零年第一條則例合而為一，統稱為一千九百零四年東華醫院增權則例。

二、自此例頒行之後，凡下開列各號數產業概為東華醫院值理及接理人管理，以官地契所列明期限，則照現在未滿之期內為止，惟須按官契所批明之稅繳足，又須按官契內所載章程辦理。

三、經蒙　督憲親筆批准，自後東華醫院能買能受能管理香港內無論何等產業。

四、東華醫院現在所管理之產業若蒙　督憲親筆批准，可能發賣調換典按及各等變通發售；若未蒙　督憲批准，則只可將該產業出租或交託與人，惟限期不得過三年之久。又（一）可按該院主意，將產業設法整頓。

五、凡賣典該院各產業，若賣典券或合同有　督憲親筆簽押，即照上文則例，可作督憲批准矣。

六、東華醫院典受他人產業並有通行按例之權辦理。

七、凡用東華醫院戳記蓋在契券合同紙張上，須要有總理二名在場方可。既蓋醫院戳記，仍須有總理二人親筆簽押，所簽之字蹟蓋與契券合同上即蓋之戳記並重。

八、按一千八百七十年第一條則例第十五款所載，該院之存欠款項年結條款須要列明該院所管之產業及典當物業揭按等件。

一、內地段第十三號分段A　二、內地段第三百六十一號

三、內地段第五百六十號　四、內地段第五百六十一號

五、內地段第五百六十二號　六、內地段第六百九十七號餘地

七、內地段第七百六十四號　八、內地段第八百三十五號

九、內地段第八百六十六號　十、內地段第九百五十二號

十一、內地段第一千零八十二號　十二、內地段第一千一百五十八號

十三、海地段第四十八號　十四、內地段第一千四百四十號

十五、內地段第一千六百一十三號　十六、內地段第一千六百卅七號

十七、內地段第一千七百零七號　十八、內地段第一千七百一十八號

一千九百零四年九月二十二日由定例局議定

又於一千九百零四年九月二十八日由　督憲批准

[8]「增權則例」在甲辰（一九零三至一九零四年度）董事局會議紀錄的二月十二日及六月十二日有詳盡討論，「增權則例」是總理自一九零一年以來向政府爭取的成果，物業則例起源於一九零一年之欠租事件，當年文咸街租客侯華拖欠租金，由於物業地契是由輔政司持有，該任總理無權控告租客，而輔政司離港，構成諸多窒礙。當年總理請律師威建臣稟官修例，求將各地地契轉回東華醫院名下，令當年總理有權辦理欠租之事。兩年來政府沒有回應，直至一九零四年三月，皇家律師寄信予威建臣催辦此事，威建臣代東華草擬修例方案「准令東華醫院買受管領承典及沽賣香港內各項地皮及屋宇」，希望督憲接納修例版本。督憲與議事及定例局員商討後，基本接納威建臣的建議，頒佈「東華醫院加權則例」，雖總理劉鑄伯對則例的第三 四 五款條仍有異議，並向皇家律師提出修改，但其所請不被接納。總結來說，當年大部份總理認為「皇家之原擬亦甚公允」，決定「依原定之例則而行」。

[9]一八七零年第一條則例原文為'An Ordinance for establishing a Chinese Hospital to be supported by Voluntary Contrubutions, and for erecting the same into an Eleemosymary Corporation'，中譯名稱「倡建東華醫院總例」，則例說明東華醫院的宗旨、總理的選舉和職權，以及政府和醫院的關係。

買賣典按管理物業則例英文版本

［資料說明］ 前面雖有此條例的中文譯本，但比較中、英文原文，發現關鍵處有不少差異，例如英文版本首句開宗名義說明東華醫院早在一九零四年前已可自行置業。

hereditaments, mortgages and other investments then held by the Tung Wa Hospital.

9. Nothing herein contained shall effect, or be deemed to affect, the rights of His Majesty the King.

SCHEDULE

1. Section A of Inland Lot No.13
2. Inland Lot No.361
3. Inland Lot No.560
4. Inland Lot No.561
5. Inland Lot No.562
6. Remaining Portion of Inland Lot No.697
7. Inland Lot No.764
8. Inland Lot No.835
9. Inland Lot No.866
10. Inland Lot No.952
11. Inland Lot No.1082
12. Inland Lot No.1158
13. Marine Lot No.48
14. Inland Lot No.1440
15. Inland Lot No.1613
16. Inland Lot No.1637
17. Inland Lot No.1707
18. Inland Lot No.1718

"An Ordinance for enabling the Tung Wa Hospital to acquire, mortgage and sell lands and hereditaments",

No. 9 of 1904, 28 September 1904, *Hong Kong Government Gazette*, 30 September 1904, p. 1615.

28th September, 1904

WHEREAS several leasehold hereditaments and premises have been purchased by, or for and on behalf of and are now being held and enjoyed by, the Tung Wa Hospital: AND WHEREAS doubts have arisen as to whether the power conferred upon the Tung Wa Hospital by Ordinance No.1 of 1870 to purchase, hold, take and enjoy to themselves and their successors, houses, lands, and hereditaments which might be required for the purposes of the said hospital, is sufficient to entitle the Tung Wa Hospital to acquire, take, hold and enjoy houses, buildings, lands and hereditaments, which may not be directly required for the purposes of the said hospital, but which have been, or may hereafter be purchased out of, and for the purpose of investing, the surplus funds of the said hospital: AND WHEREAS it is deemed expedient, for the purpose of removing such doubts, that an Ordinance should be passed vesting the said hereditaments and premises in the Tung Wa Hospital and conferring upon the Tung Wa Hospital power to acquire, hold, mortgage and sell any lands and hereditaments in the Colony:

1. This Ordinance may be cited as the Tung Wa Hospital (Acquisition of Property) Ordinacne, 1904.

2. All the messuages, lands, tenements and hereditaments described in the Schedule shall be and become, and remain and continue, vested in the Tung Wa Hospital, its successors and assigns, for the unexpired residue of the several and respective terms of years created by the Crown leases of the said lands respectively, but subject to the payment of the Crown rent, or due proportion of Crown rent reserved by such leases respectively and subject to the performance and observance of the covenants and conditions and subject to the provisions respectively contained in such Crown leases, so far as the same relate to the said hereditaments and premises.

3.It shall and may be lawful for the Tung Wa Hospital (with the consent in writing of the Governor) to purchase, or otherwise acquire, hold, take and enjoy any messuages, lands tenements and hereditaments whatsoever in this Colony.

4. It shall be lawful for the Tung Wa Hospital with the consent in writing of the Governor to sell, exchange, mortgage or in any manner dispose of, or, without such consent, to let or demise for any term not exceeding three years, any of the messuages, lands, tenements and hereditaments hereby vested in, or hereafter acquired by the Tung Wa Hospital, and also to do any other act, matter or thing in relation to any such messuages, tenements, and hereditaments which the Tung Wa Hospital shall deem necessary or expedient.

5. Upon any such sale, mortgage or disposition of any of the said messuages, lands, tenements and hereditaments, the signature of the Governor indorsed upon the deed or other document effectuating such sale, mortgage or disposition, shall be sufficient evidence that the consent required by section 4 has been obtained.

6. The Tung Wa Hospital may lend money on mortgage of any messuages, lands, tenements or hereditaments, and may exercise all the ordinary rights, powers and privileges or a mortgagee as to foreclosure or sale of the mortgaged property, or otherwise.

7. All deeds, documents and other instruments requiring the seal of the Tung Wa Hospital shall be sealed with its common seal in the presence of two directors and shall also be signed by them, and such signing shall be taken as sufficient evidence of the due sealing of such deeds, documents and other instruments.

8. The annual statement of the assets and liabilities of the corporation required by section 15 of the Tung Wa Hospital Incorporation Ordinance, 1870, shall include a schedule of all messuages, lands, tenements,

同治癸酉十二年徵信錄（一八七三年東華醫院徵信錄——收租項列）

【資料說明】 下面是創院首兩年徵信錄所記錄的嘗舖租金收入，說明置業徵租早在創院初期已是東華的收入來源。

收租項列

海傍永樂坊第四十號舖一間　與區元買受廣榮泰檳榔店承租

一收廣榮泰二月分租半個月每月四十員銀弍十員

一收廣榮泰三四月分租兩個月銀八十員

一收廣榮泰五月至十二月連閏九個月每月四十五員銀四百零五員

共收租銀五百零五員

同治甲戌十三年徵信錄（一八七四年東華醫院徵信錄——收租項列）

收租項列

海傍永樂坊第四十號舖一間茂和祥號承租每月五十員

正月初四日

收茂和祥租五個月　銀二百五十員

八月初五日

收茂和祥租兩個月　銀一百員

十二月十二日

收茂和祥租五個月　銀二百五十員

是年共收租銀六百員

一八八零年代太平山區一帶，為華人活躍地區，東華醫院在此購入不少商鋪徵租，左下方可見普仁街。（香港歷史博物館藏）

東華醫院徵信錄（一九二七年東華醫院徵信錄序）

【資料說明】一九二七年的徵信錄序言提及東華醫院長年經費收入中，舖租幾佔一半，醫院的盈餘，實有賴租金收入。[10]

東華醫院之建設，已五十餘年矣。其所以推行盡善，悠久無疆者，固賴歷任值理樂善無窮，竭心服務，又得坊眾捐資相助，銳意急公，是以院務擴張，日形發達，港中慈善，概歸本院總其成，前哲規模，深幸後人肩其任。僕等猥以菲材，謬膺重託，矢勤矢慎，隕越時虞，不愆不忘，諮諏備至，每事集思，以求廣益，各司分任，以盡所能，受託以來，一年於此，自慚綿薄，至善未臻，而有所經營，自應臚列，邦人君子，幸垂鑒焉。一、財政之注重也。收入務求增加，支出務求適當，嘗業租項，占（佔）全院進款，將及一半，接理之始，即分別清查，幸租客明理，願輸公道租錢，歲入增加，不無小補，所存現款，盡付按揭，克有贏餘，端賴於是。二、病人之料理也。看護以婦女為宜，救急以汽車為快。故演戲籌款，以置紅十字車，歲入餘資，以設女子看護，皆所以利濟貧病者也。三、義學之規劃也。本院向藉廟嘗，舉辦義學，分區設立，以期實惠貧民。董等對於闔取招生，按戶清查，以防欺詐，而杜賣名積弊，按照教育原理，創設分班教授之基，添設夜學，以謀教育之普及。顧綆短汲深，才絀時促，仍望後之君子賡續進行。改良有法也。凡茲三事，平庸無奇，惟期事之實益，以盡心之所安焉耳。此外如東華東院之籌辦，歷有年所，譚煥堂任內，已向政府取得掃竿埔，為建院地址，董等接續進行，集合善團，數月之內，勸捐得款二十餘萬圓，連前統計，共三十餘萬，經收捐款，已達廿餘萬元。建築之需，尚無不足。

惟養院之資，仍需巨款，此望後賢盡力勸捐，坊眾實力相助，俾善款源源而來也。又集善醫社，現隸本院管轄，位置通達，便於贈醫。將來就近擇地，建築房舍，以作一勞永逸之計，法至善也，是所望於後起之君子。至若廣華醫院，施中藥，款存數萬元，董等以之購置油蔴地舖舍十間，所幸租價頗豐，藉資彌補。復以廣華接生房舍，不敷所用，是以演劇籌捐，得款二萬餘元，以備建築之用，尤望從速舉辦，庶慰九龍居民之渴望焉。瑣屑雜陳，高深奚補，惟事無巨細，類皆經過情形，而天限光陰，恐有未完手續，董等用是兢兢，未嘗草草也。葵忱謹佈，且留月旦之評，瓜代當期，用刊徵信之錄，是為序。

丁卯年總理李海東等謹誌

[10] 該年舖租收入為九萬八千零九十七元，佔東華全年經費收入二十八萬八千九百八十七元的百分之三十四。

一九三零年「東華致外界函件」

（一九三零年三月卅一日東華醫院致周壽臣信函）

【**資料說明**】此信寫於庚午年三月初二，西曆一九三零年三月三十一日。東華東院自開辦以來經費嚴重不足，加以設備不符合預期，東院因此不斷增建，總理雖盡力籌捐下仍難以填補缺額，故致信東華永遠顧問、華人代表周壽臣，請其代向政府要求增撥經費補助。東華醫院亦同時致信其他東華醫院永遠顧問，包括羅旭龢、曹善允、周埈年、李右泉、黃廣田、何星儔等，請代向政府求撥廟款二萬元以為東華東院經費。

壽臣爵紳大人鈞鑒：敬啟者，東華東院開辦伊始，經費不敷，除蒙政府津貼及入息與裁員撙節外，是年約計仍欠四萬元有奇。董等目覩時艱，丁此商務凋零，未敢遽行沿門勸募，用特肅函，奉達懇請閣下，將東院困苦情形轉達華民司憲大人，求于廟宇嘗款項下，提議每年撥給弍萬元，為東院經費之用，俾得藉資挹注，則貧病諸人，醫藥有賴，不獨身受者銘沾大德，則董等亦感激靡既矣。專此。敬請

善安

東華醫院董事

庚三初二

一九三三至三五年度董事局會議紀錄（東華醫院董事局一九三四年九月十七日會議紀錄）

【資料說明】東華東院經費不足，欲請東華永遠顧問們代向政府求撥經費五萬元，顧問們應允，並就東華財政問題加以討論。

甲戌八月初九日禮拜一召集　顧問聯席會議事列（一九三四年九月十七日）

主席劉平齋翁起言曰：列位顧問先生，董等今日請列位賁院敘會，實緣關於本院經費問題，有所奉商。叨蒙列位惠然賁臨，藉聆教益，殊深感紉[11]。溯董等接事迄今，已逾八月，一切設施早在列位洞鑒[12]之中，無庸贅述。惟是本年經費預算不敷之數甚巨。日前晉謁督憲大人，曾將情形述及，當蒙督憲大人面諭，董等將三院詳細預算數目進呈督核。董等經即如命辦理，並悉華民政務司大人已將此項數目轉送列位顧問先生詧閱，想列位對于本院經濟困難情形必已洞悉無遺。統計本年預算不敷之數：東華醫院約六萬五千餘元，東華東院約二萬二千餘元，廣華醫院約二萬三千餘元，三院合計約共不敷一十萬零六千餘元。收入相差之鉅，為歷年所僅見，蓋收入方面因受世界不景氣影響，一切租項、息項、捐項均大告低跌。至支出方面，雖經董等厲行節縮政策，如裁去員役以及節省雜用等費，約可省回四千餘元外，其他正當開銷則已節無可節，且查本年廣華醫院由正月至六月止，就醫人數比去歲同一時期增多一萬餘名，醫藥之費視前增加甚巨。故論收入則低減多端，論支出則節省有限，兩兩相形，因是不敷之數竟達十萬有奇。董等服務本院，責任所在，丁茲情勢困難，盡其能力所及，以圖挽救爰擬，於最近期間，視行出發勸捐，藉資挹注，但默察本年商業凋敝情形，徒以勸捐所入，決難彌縫不敷之數。董等愚見以為，除勸捐外，惟有懇請政府特別津貼五萬元，尚欠五萬餘元則另行設法籌措，以期收支相抵。素仰列位顧問先生德望并重，片言九鼎，望代向政府請求，俾達目的。不特董等感激，即街坊貧民亦拜賜良多矣。其或列位更有籌款良法，董等極樂聞教。總之董等受坊眾所托，忝董院事，苟有利於本院，雖赴湯蹈火所弗敢辭。惟一木難持，眾擎易舉[13]，將伯助予，不得不仰望於列位先生，尚希進而教之，幸甚。……

羅旭龢翁曰：請問主席先生，假如政府能津貼五萬元，其餘不敷之數，有何把握籌足？

劉平齋翁曰：若論把握，未敢斷言。現董等擬籌辦游（遊）藝會，或可籌獲多少，其餘則由當年總理盡力籌捐。

羅旭龢翁曰：日前在督轅敘會時，督憲訓詞謂，如醫院經費果有不敷，應由學務上節省一事，未知當年總理，曾有討論否？

劉平齋翁曰：董等曾開會討論，因義學係屬經理性質，該費用向由各廟嘗支理，並非由醫院經費支出。至于減省義學，將該費撥回醫院支用，惟一時尚難實行，因有千餘之貧苦學生尚無別處免費學校收容，坐令失學，實覺可憐。

羅旭龢翁曰：今日敘會討論經費不敷問題，擬請求政府特別津貼五萬元，此種請求當極表同情，今三院處於本港目下最困難情形。自有醫院以來，對於籌措經費未嘗有如今日之困苦，吾所以詢問主席，除政府津貼五萬元，其餘之數有無把握籌措者，即欲得明瞭其情形，而轉告政府。並詢問減義學經費以為彌補不敷之數，蓋督憲曾有此獻議，倘若認為不能減省者，將來亦可詳於上政府書中。吾以為慈善事業必須權其輕重，知所先後，則近道矣。吾對於辦義學，培育貧民子弟認為應當之事，當茲困難時期，舉辦慈善，尤甚於辦義學也。現每年義學經費約二萬餘元，當可減省。至教育問題，所要者為初學，其責為政府之天職，應設法收容之。吾以為可將義學經費減為三份一，若減省義學經費，吾等四華人代表，當向政府及教育部補助義學也。至文錦先生之詢

中立者為港督貝璐（前排左六），旁為陳廉伯（前排左七），前排右五為周壽臣。

問，被裁員役事亦純為三院院務設想，絕無他意。今裁員役及其他節省，減輕四千餘元之負担（擔），吾亦深信其中未必無冗員也。今日請政府特別津貼五萬元，不獨以三院名義請政府補助，更以我四代表名義，極力向政府要求也。

羅文錦翁曰：羅博士之言甚善，關於減省義學經費一節，將來上書政府，當可將辦學經費之用途與醫院經費無關裁減後，則貧窮子弟有失學之苦，但教育為政府天職，可請政府另津貼義學經費，則可將現在辦學之費減省，以彌補醫院之經費，而義學亦不至減少，貧民子弟亦可賴以教育也。

周壽臣翁曰：羅博士之偉論，兄弟甚表同情。今日為討論經費不敷，請求政府津貼，兄弟與同事當盡力懇政府維持。至文錦先生之詢問，亦為院務設想，但裁減員役，兄弟意見須審度為之，日前督憲曾謂減經費由義學着想，現辦義學之款雖由廟嘗撥給，然非指定用以辦學者。若減義學經費一千元則醫院可增多經費一千元，教育之補助乃政府之天職。吾人所納之差餉，政府應撥一部以為教育費，將來若由義學經費減省之，吾等當力求政府補助教育也。

羅旭龢翁倡議，本年三院經費不敷十萬零六千餘元，實為歷年來所僅見，應請政府特別補助五萬元，其餘五萬餘元則請當年總理負責籌措。明知當茲商業凋敝之秋，欲行籌集巨款實屬萬分困難，總望列位總理勉竭心力，以勸善舉，相信政府鑒於列位為難情形，對於請求特別津貼之五萬元，諒可俯順輿情。

曹善允翁和議。眾舉手贊成通過，遂散會。

[11] 意為感激。《辭海》，中華書局，香港，一九八六年，頁一零三二。

[12] 明察之意。《辭海》，頁七八八。

[13] 意指人多好辦事，「一木難支」，語出《世說新語》。

東華醫院壬申年徵信錄

（一九三二年東華醫院徵信錄——東華醫院廣華醫院東華東院院務報告）

（一）籲請多撥津貼：

是年三院經費不敷甚鉅，其中情形經廉伯向廟宇值理等詳告，并極力請求在廟宇項下多撥三萬元，惟是年經議定存二萬元為意外慈善款之用，又除撥公立醫局弍萬三千元外，僅存一萬柒千元，幸蒙華人代表及各值理幫忙，遂蒙眾議決，將餘款一萬柒千元特別補助本院是年經費，並聲明不得以為例，計是年三院蒙政府津貼，共一十萬零五千五百員，以此得維持院務於不墜。

一九零六至零七年度董事局會議紀錄
（東華醫院董事局一九零七年十一月十七日會議紀錄）

【資料說明】 東華醫院與文武廟的關係密切，自創院以來已接受該廟宇捐助。一八八零年，東華總理更倡辦文武廟義學，義學由東華總理管理，資金主要來自文武廟廟嘗。自一九零三年起，文武廟向東華撥款，金額為每年二千五百元，撥款前須經東華醫院董事局會議通過，東華醫院需登報通曉公眾。[14]

丁未十月十弍禮拜日會議（一九零七年十一月十七日）

議定文武廟項是否照上年撥出銀弍千五百元，捐助本院經費之用？是日到會者何棣生翁、鄧志昂翁、朱式如翁、謝蔭墀翁、梅景石翁、余寶山翁、李煒堂翁、老潔平翁、黃森喬翁、鮑德恒翁、李健堂翁，公議照撥銀弍千五百元，眾皆允洽。

由十月初二日起登華字商報、中外報，每十天。

[14] 文武廟對東華的定期捐款從一九零三至三四年皆為每年二千五百元，並登錄在東華醫院徵信錄。

政府公函［華民政務司來函］一九一四至一五年
（政府致東華醫院書函一九一四年十二月十八日）

【資料說明】 東華醫院接收文武廟資助；廣華醫院則於一九一四年接管油蔴地天后廟，該廟宇廟嘗成為廣華經常性收入的一部份，函件說明華民政務司速請東華醫院總理辦理接收天后廟事宜。

一百七十號

列位總理台鑒：

現接廣華醫院來函，舊曆十一月初一日天后廟值理，已將各款、各單紙部據及各物單，交由廣華醫院接收等情。現本司□□出李紳右泉，請

貴院舉當年總理一位。茲已函知廣華醫院，通知該處街坊舉出一位，會同核算全盤交收數目，並便布告周知，俾昭信實。此候

日祉

十二月十八日

政府公函「華民政務司來函」一九一九至二一年

（政府致東華醫院書函一九二零年一月十九日）

【資料說明】 一九一四年廣華醫院接收天后廟管理權後，雖擁有天后廟廟款之使用權，但在提撥之前仍需通曉華民政務司，獲得其首肯後方能付諸實行。一九二零年廣華醫院欲增建病房，因經費不足，故去信華民政務司洽商如何之處，華司回覆除可動用施粥餘款外，可另從天后廟廟款中補足不敷之數，華司並提醒東華醫院須注意勿將廟款用罄。是次動用天后廟廟款亦於該年廣華醫院徵信錄登錄，以曉公眾。

七號

……一百六十七號函所言，廣華醫院增建病房，需銀一萬七千餘元。除　貴院將施粥餘款撥一萬元外，約七千餘元，擬由天后廟存款內撥助等由，即准照辦。惟天后廟存款不宜提罄，請仍截存若干，留為該廟異日修葺費用可也。

一九二六至二七年度董事局會議紀錄
（東華醫院董事局一九二七年三月六日會議紀錄）

【資料說明】 一九二零年代中期東華醫院及廣華醫院擴充規模。一九二七年廣華醫院欲加建接生房，惟經費不夠，總理曾建議若籌捐不足，撥用天后廟廟款。最後籌捐足夠，不需動用天后廟廟款。

丁卯二月初三禮拜日會議事宜（一九二七年三月六日）

李海東翁曰：現決議廣華加建接生房一所，惟必須籌備款項方可進行。弟提議先由東華、廣華兩院總理協力擔任籌款，如不足之數，指定天后廟存款及別的可以辦街坊事之款項撥出，以作建築費之用。

伍于瀚翁和議。眾贊成通過。

圖為油麻地廟街天后廟，廟內供奉多位神祇，其廟嘗為廣華提供穩定資助。

一九一八至二一年廣華醫院會議紀錄（廣華醫院一九一八年十一月初三、十一月十九日會議紀錄）

［資料說明］ 沿門勸捐是東華醫院籌集經費的常用方法。廣華在一九二七年以施中藥款第一次購置嘗舖之前，並沒有穩定的經常性收入，相當依賴勸募所得之補助，自建院後第二年起幾乎每年都要舉辦沿門勸捐，此筆收入一般從數百到九千不等，約佔整體收入的百分之四。此份資料敘述廣華醫院沿門勸捐派發緣簿與九龍各區。

戊午年十一月初五禮拜六在廣華醫院敘會（一九一八年十二月七日）

東華醫院來函云：本院經費歷年不敷，本年留醫甚眾，苟不開捐，則實難支持等語。

廖奕祥翁云：以本年用費浩繁，已入不敷出。請眾位磋商，如何辦法。

李棪伯先生云：本院向係每年舉行沿門勸捐一次。因歐戰開始，自甲寅年至今五載，於茲未有捐募，可否沿門勸捐一事，并發緣部送各善士捐簽照舊進行。

徐炳南翁和議。眾贊成。

一九三零至三一年度董事局會議紀錄（東華醫院董事局一九三一年十一月六日會議紀錄）

［資料說明］ 對於廣華醫院而言，沿門勸捐是每年經費的重要來源之一，這些沿

門勸捐活動一般是由東華總理帶頭發起。這份資料說明廣華醫院照例每年要舉辦沿門勸捐一次，每位總理皆有各自派數，所謂派數指其須籌得的金額。

辛未九月廿七日禮拜五會議事宜（一九三一年十一月六日）

顏成坤翁曰：廣華醫院每年經費向賴各善士捐助，且每年必須由各總理舉行沿門勸捐一次。是年應由何日舉行，請公定。

劉平齋翁倡議：定期十月初一禮拜二下午兩點半鐘，請當年總理到廣華會齊，然後分隊出發。該費用概由當年總理派數。

區子韶翁和議。眾贊成通過。

一九三一至三二年度董事局會議紀錄（東華醫院董事局一九三一年十月九日、一九三二年五月二十日會議紀錄）

【資料說明】 沿門勸捐可以說是集腋成裘，從資料內容可看到二、三千本捐冊籌得善款不足一萬元，平均一本捐冊可籌得約三元，而總理們需負責十四名工作人員午膳費用每人伍毛，共七元，可見總理為沿門勸捐一事，出錢出力。

辛未八月廿八禮拜五會議事宜（一九三一年十月九日）

十四、顏成坤翁曰：日前發出東院捐冊，現計收得捐款約二萬八千餘元，而尚有捐冊二三千本未收，若收齊預算有三萬餘元之數。惟連日各代表，到院出發者寥寥無幾，對於結束日期，殊屬窒碍。深望各位總理，無論如何，每日必須派代表到院，會同前往催收捐冊，以期早日收妥。並倡議即致函各位總理知照。

眾贊成通過。

壬申四月十五日會議（一九三二年五月二十日）

十一、陳廉伯翁曰：東院勸捐經費緣部經已印妥。應定何日出發，請公決。

林蔭泉翁倡議：由當年各總理，每派代表一位到院，協同本院職員出發，分派捐冊，由六月一號起，每日總理派代表八位輪流到院，分為兩隊，每隊代表四位，院伴二名，更練一名。每日每人定午膳伍毛，該費用由總理派數。

鄺子明翁和議。眾贊成通過。

一九三三年至三五年度董事局會議紀錄（東華醫院董事局一九三四年十二月十四日會議紀錄）

【資料說明】 廣華醫院與油蔴地公立醫局關係相當密切，公局每月均向廣華撥款數百元，而廣華亦有以油蔴地公立醫局的名義向油蔴地陸上人家勸捐，以彌補廣華醫院經費不足。

甲戌十一月初八日會議事宜（一九三四年十二月十四日）

十六、宣佈華民政務司第三百七十　號來函稱：十二月四日，公立醫局值理敘會時，李紳右泉謂：油蔴地公立醫局設立在先，廣華醫院建設在後。自廣華成立，雖用油蔴地公立醫局名義出外捐題，但捐得之款，係撥歸廣華作經費。油蔴地公立局，衹將水上居民簽題所得撥作經費等語。經即席議決，嗣後廣華出外勸捐，應明白用廣華醫院名義，希查照辦理等情。如何請公定，僉以廣華開辦之後，蒙公立局將油蔴地陸上住戶月捐，撥作廣華養院經費，是以廣華歷年出收月捐，一向借重公立醫局名義，沿用已久，且廣華向例每年衹用廣華名義出發沿門勸捐一次。若一旦取消公立局月捐名義，則廣華每月收入少去數百元，全年則少去四千餘元，更難維持。公議仍借重公立局名義，出收月捐，以為彌補廣華經費。可照函复華民司憲，准予照舊辦理。眾贊成通過。

一九二八年東華醫院籌募經費的捐款收據

一九零九至一零年度董事局會議紀錄

（東華醫院董事局一九一零年十一月八日會議紀錄）

【資料說明】 演戲籌款最早始於一九一零年，所籌得善款一向並不太多，是次籌款扣除開支實收七千九百六十六員三毛九分，佔該年收入百分之九，收入已算相當不錯。[15]

庚戌十月初七晚會議事宜列左（一九一零年十一月八日）

（一）主席劉鑄伯翁曰：醫院今年費用，除入之外尚欠鉅款。前與列位所議演戲籌款，今定得萬民興班，在太平戲園演十日十夜通宵，擬交帳房照稿入稟，求准人情開演。

眾贊成。

[15] 往後東華亦不時舉辦演戲籌款，收入最高的一次為一九一四年四所慈善機構演戲籌款，東華共得一萬六千六百一十八元八分。演戲籌款並不是一個經常性的籌款活動，一般都是在有特殊情況下才舉行，例如院費不敷使用、為廣華興建留醫所籌款、為蒲公詩仁善款籌款、為孔聖會興學、賑濟天災人禍、為東院籌募經費、為東院擴建新翼病房等等。

一九二一至二二年度董事局會議紀錄

（東華醫院董事局一九二二年十一月十七日、十一月十九日、十一月廿二日、十二月十七日會議紀錄）

［資料說明］ 東華邀請中國著名京劇演員梅蘭芳參與東華義演，轟動一時，是次不但籌得善款五千八百元，因參與機構眾多，亦為東華醫院的慈善活動作廣泛宣傳，讓東華服務社群的形象，深入民心。

壬戌九月廿九日禮拜五晚會議事宜列左（一九二二年十一月十七日）

盧頌舉翁曰：華商總會來函，稱梅君蘭芳擬於十月初五、六兩晚演劇報效本院及孔聖會、潮汕賑災會為慈善、興學、賑災之用，每晚全場戲票分三方面担任，未知各位以為何如也？梁君弼予、李君杰初、李君聘侯，僉謂演戲一事極端贊成，至於担任戲票恐難辦到，至好將戲票交戲院代沽，沽得多少，照數撥入醫院，似為妥便。即席舉出盧君頌舉、何君華堂、梁君弼予、葉君露韶、李君杰初、曾君富、李君聘侯七位，於明日三十下午四點鐘到華商總會出席商議一切。

壬戌十月初一禮拜日會議事宜列左（一九二二年十一月十九日）

盧頌舉翁曰：三善團演戲籌款前次敍會，各位皆不贊成担任戲票，惟是孔聖會與潮州賑災會兩方面已担任在先，似此本院不得不勉為其難者，適明日為三善團假座華商總會敍會，屆時請同事數位到會，商議一切。

即席舉出主席及梁弼予翁、黎海山翁、李杰初翁、區韶初翁、曾富翁六位，到華商總會出席。

壬戌十月初四禮拜三晚會議事宜列左（一九二二年十一月廿二日）

盧頌舉翁曰：三善團演戲籌款一事，昨日在華商總會敍會，議決舉行，至於本院所擔任之票，照賣得多少如數報効便是。

李杰初翁和議。眾贊成通過。即席舉出黎君海山、李君聘侯、盧君冠衡為招待員，葉君露韶、曾君富、黃君秀生、區君紹初、李君杰初為糾察員。

壬戌十月廿九日禮拜日會議事宜列左（一九二二年十二月十七日）

前日梅蘭芳君演劇報効，敝院約得五千八百餘元，公議分撥五百元與廣華醫院為經費之用。眾贊成。

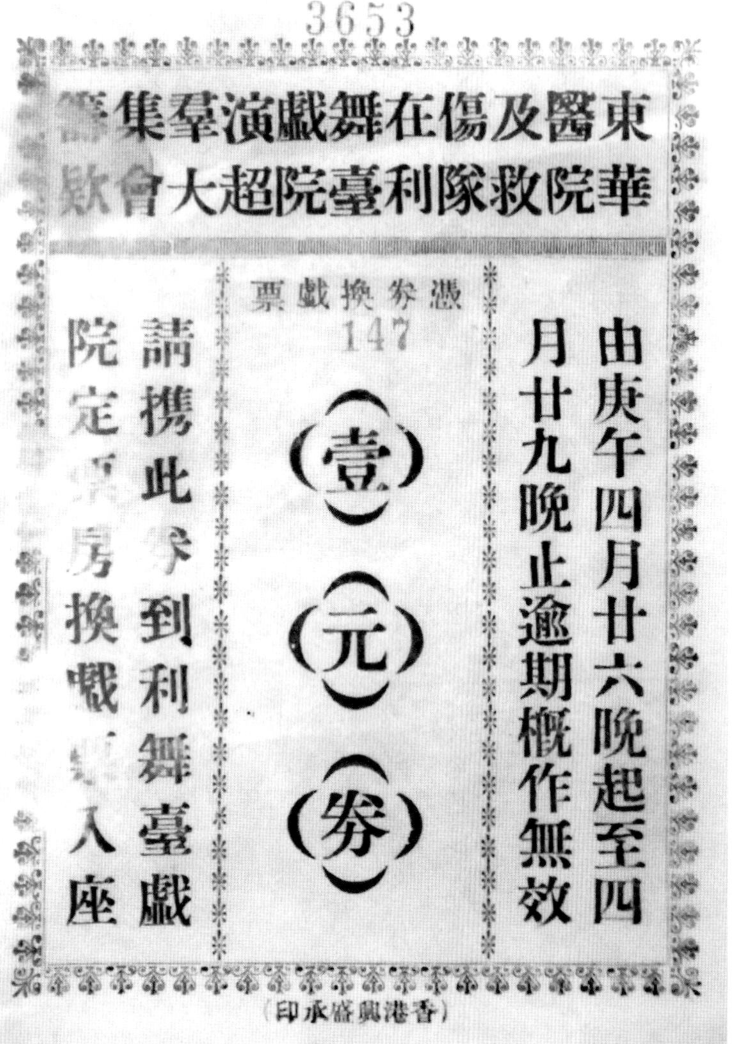

3653

東華醫院及救傷隊在利舞臺戲院演超羣大集會籌款

憑券換戲票

147

壹元券

由庚午四月廿六晚起至四月廿九晚止逾期概作無效

請携此券到利舞臺戲院定票房換戲票入座

（香港興盛承印）

圖為一九三零年於利舞台舉行籌款活動的壹元券

一九二九至三零年度董事局會議紀錄

（東華醫院董事局一九三零年四月十五日會議紀錄）

【資料說明】 東華總理構思許多饒有創意的籌款辦法。一九三零年東華醫院曾與馬戲班合作舉辦馬戲籌款兩次，首次與惠羅馬戲班合辦，在四月二十一及二十二兩晚舉行。惠羅馬戲班承諾將收入之一半報效東華醫院，東華總理需積極推銷戲票，東華醫院實得六百六十七元二毛四分。第二次與錫蘭馬戲班合作，日期為十月十三至十五日，東華醫院實得一千零五十元四毛五分，兩次合共收入一千七百一十七元六毛九分，分撥東華醫院及東華東院作常年經費補助。

庚午三月十七日禮拜二會議惠羅馬戲[16]報效籌款事（一九三零年四月十五日）

主席梁弼予翁曰：昨惠羅馬戲班司理依他拿先生到院，願將該班馬戲一晚收入之款報效一半，捐助本院慈善費。經弟與該班司理磋商，請其報效全晚，現已答允將一日一夜收入之款，報效一半捐助本院及東院經費。由下星期一至星期四，任擇一日夜，但要求登中西報告白及登港聞，鼓吹分發傳單，及用本院總理名義送一橫衽，以留紀念，至所得之款，登中西報鳴謝。現計座位若沽清，有三千餘元收入云云。各位以為應否接納？

余表逵翁倡議：應照為接納。黃棣珊翁和議。眾贊成通過。該日期公議，擇星期一日夜，該戲票由當年總理每位担任，取廂房票一個價銀廿元。主席先生担認取廂房票二個，其餘三元二元一元票，請各位總理盡力擔任勸銷多少，並由本院登報鼓吹，及分發傳單，另致送橫衽以表謝忱。眾贊成通過。

[16] 惠羅馬戲班由法國人主理，以兇猛野獸表演招徠生意，反映時人對外國動物興趣甚濃。

一九三零至三一年度董事局會議紀錄
（東華醫院董事局一九三一年七月十日會議紀錄）

【資料說明】 足球為當時熱門運動，廣受香港普羅大眾歡迎。一九三一年，東華與南洋兄弟烟草公司合辦球賽籌款。由東華單獨主辦的足球籌款最早為一九三三年，該次活動共籌得善款一千六百四十一元六毛八分。

辛未五月廿五日禮拜五會議事宜列（一九三一年七月十日）

顏成坤翁曰：現蒙南洋兄弟烟草公司[17]發起請中華體育會、英海軍足球隊，在七姐妹球場比賽。所得之款以十分之四撥充本院經費；以十分之四交本院賑濟水災；其餘二成為中華會球員南遊費用。所有場內費用，由南洋公司報效。該入場券分名譽券及五元、三元、二元、一元、五毛六種，請本院幫助沽發，及向政府請求豁免娛樂稅等。

區子韶翁曰：既蒙南洋公司熱心幫助，為本院籌款及籌賑水災，同人等應表謝忱，並請 主席盡力向政府請免娛樂稅。

顏成坤翁倡議：應贊成南洋兄弟公司舉行足球比賽。

黃禹侯翁和議。眾贊成通過。

[17] 當年東華總理陳廉伯為南洋兄弟煙草公司董事。

一九三三至三五年度董事局會議紀錄
（東華醫院董事局一九三四年九月廿一日會議紀錄）

［資料說明］ 一九三零年代，東華醫院經費嚴重不足，需舉辦籌款，董事局於一九三四年農曆八月初九召開會議，商討籌款辦法，建議除政府補助外，不足者以籌劃舉辦遊藝會補貼。其後有人建議舉辦萬人緣（萬善緣會），然因恐被指迷信，故決議先舉辦游藝會。

甲戌八月十三日禮拜五會議事宜列（一九三四年九月廿一日）

劉平齋翁曰：現有人獻議舉辦萬人緣籌款，應否舉行，請公定。

冼秉熹翁曰：舉辦萬人緣則易籌款，惟似近於迷信，倡議先舉辦慈善游藝會，俟籌款成績如何，然後再行商酌定奪。

麥俊三翁和議。眾贊成通過。

東華醫院甲戌年徵信錄
（東華醫院廣華醫院東華東院三院統一院務報告）

［資料說明］ 遊藝會內容豐富，除總理捐贈私人珍藏公開拍賣籌款外，更有售賣古董字畫、攤位遊戲及抽獎，觀眾需購買門票入場，以增善款收入，籌款收效甚佳，共募得一萬零九十五元五毛四分，佔該年經費百分之三點八。

本年由十月廿日起至廿八日止一連九天假座利園舉行游（遊）藝大會，藉籌善款，內分古物館、書畫部、盆栽部、賣物部、遊戲場五大部分，入場券分名譽券、普通券二種，名譽券售銀五元，普通券售銀二毫，統計收入銀一萬四千六百二十六元三毫八仙，支出銀四千五百三十元零八毫四仙，實收銀一萬零九十五元五毫四仙，此次大會蒙各團體學校暨各士女熱心公益鼎力贊助，董等良深感謝。

贊助義唱通知書

贊助人　商號　姓名

地址　香港　街　號　樓
九龍　道

電話

捐款金額　萬　千　百　十　元　毫

上列款項為捐助東華三院九十週年紀念籌建新廣華醫院建設費請派員攜同收據到上址收取為荷。

經手人：

一九五九年　月　日

參加義唱紅伶（排名不分先後）

何非凡　黃小鬢
吳君麗　鄧碧雲
李寶瑩　鄭碧影
林家聲　鳳凰女
林鳳　鍾雲山
冼劍勵　羅劍郎
黃金愛　蘇少棠

十一月二十日
香港電台
（假座東方戲院）

十一月二十七日
麗的呼聲

新馬師曾為紀念一代藝人薛覺先君特點唱薛氏生平名曲以娛知音人仕共賞

一、姑緣嫂劫　新馬師曾唱
二、嫣然一笑　新馬師曾　芙蓉麗合唱
三、璇宮夜宴　新馬師曾唱
四、夢會衛夫人　新馬師曾　崔妙芝合唱
五、白金龍之催眠曲　新馬師曾唱
六、陌路蕭郎　新馬師曾　梁素琴合唱

一九五九年東華三院築建新廣華醫院舉辦紅伶義唱

一九三七年九月東華三院與上海慈善團體合作賑濟戰區難民

東華醫院癸酉年徵信錄

（一九三三年東華醫院廣華醫院東華東院三院統一院務報告）

【資料說明】 一九三三年，東華第一次以慈善馬票籌款，此類活動須徵得政府首肯方可舉辦。估計可為東華籌得善款四萬一千七百元。[18]

是年本院入不敷支，為求得有彌補，計爰有開辦馬票之舉，幸蒙政府准予籌辦，又得華人代表之勸助，得以進行順利，特定出票五萬號，每號五則，每則二元，共十元。以九成派彩，除一切費用外，當有盈餘為本院經費之彌補也。

[18] 馬票籌款是東華一九三零年代最有成效的籌款辦法之一。一九三五年因世界經濟不景氣，東華醫院勸募不易，想到再次籌辦馬票以維持醫院經費，故請華民政務司向政府請求批准，然華民政務司轉告東華，一九三四年貝璐督憲已批示馬票屬於賭博性質，未便允准。

一九三二至三三年度董事局會議紀錄

（東華醫院董事局一九三三年五月十九日會議紀錄）

癸酉四月廿五日禮拜五會議事宜列（一九三三年五月十九日）

二、王吉兆翁宣布（佈）：澳門馬會來函稱，將昨日談話會，商議發行慈善馬票辦法，臚列如左：

擬共發票五萬張，每張拾元，定於本年九月十七號，在澳門舉行秋季賽馬會時抽獎。除將總數扣出五厘，繳納政府博彩稅外，餘款抽出二成，為本會馬票佣。

經手沽票，扣佣五厘及所有印刷費，均由馬票佣支給。除支上列兩柱外，餘款分給東華醫院收六成，本會收四成。本會所得四成之款，內支付姚林修君，辦理馬票經費及澳門政府稅。至於該日全場賽馬會，倘有淨利，本會亦願撥出六成給東華醫院。

茲將詳細數目列明：

發票五萬張，每張拾元，共得五拾萬元。除港政府博彩稅五厘寸二萬五千元，餘款四十七萬五千元。

港政府博彩稅例，准本會抽佣弍成，得九萬五千元，餘款三十八萬元。

將三十八萬元派彩，缺賽馬得佔彩銀三十八萬元

首獎佔彩銀二十三萬九千四百元

二獎佔彩銀六萬八千四百元

三獎佔彩銀三萬五千二百元

二成佣九萬五千元，除支沽票佣（五厘）二萬五千元，印刷費五百元，餘款六萬九千五百元。

將六萬九千五百元分東華醫院佔六成四萬一千七百元，馬會佔四成二萬七千八百元。

關於籌辦該馬票事須俟向警察司領取人情，方能舉辦，尊意如何，祈早賜覆以利進行等情，如何請公定。

羅玉堂翁曰：澳門馬會擬籌辦本年秋季慈善馬票，撥助本院經費事，所擬辦法甚為妥協，現倡議

應表同情，並即函復該會，請其照辦，並推舉胡麗天先生，向該會磋商管理財政事，由本院首總理三位中，須有一位簽字，以昭慎重。

簡達才翁和議。眾贊成通過。

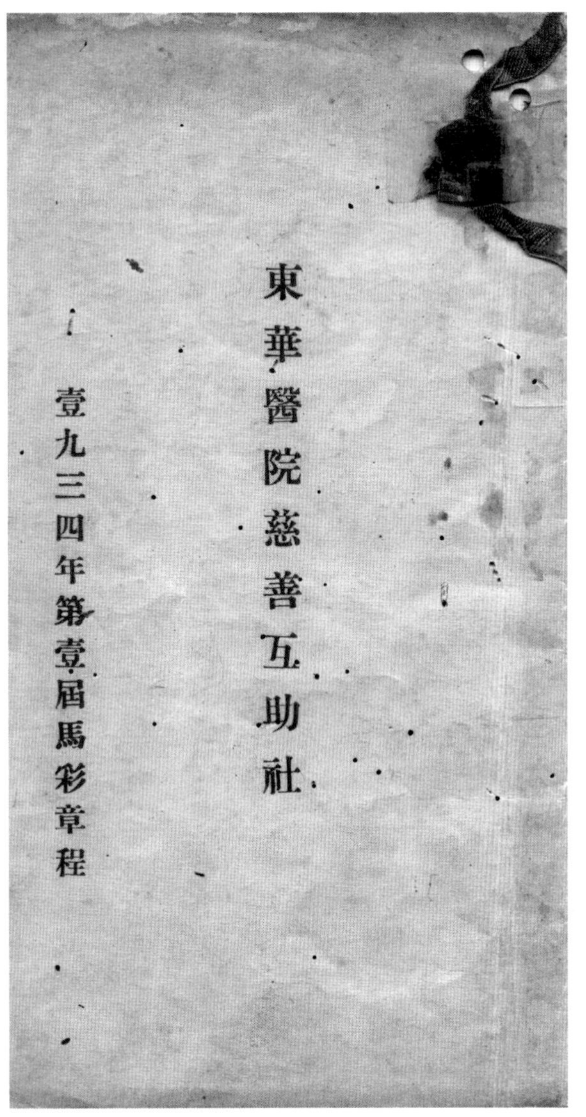
東華醫院慈善互助社

壹九三四年第壹屆馬彩章程

圖為東華三院於一九三四年發售的馬彩彩票章程

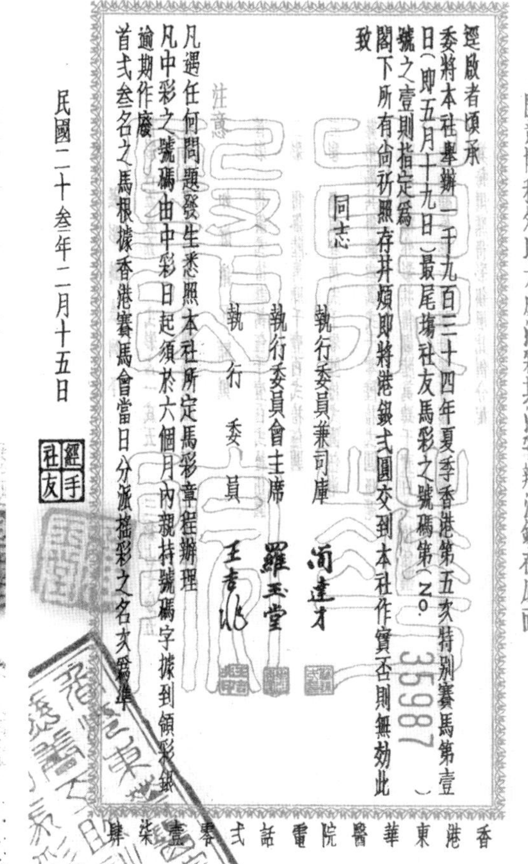

香港東華醫院慈善互助社

第一屆社友馬彩執行委員會

馬彩號碼字據發額伍萬號每號分五期每期港銀弍圓

除競博稅外以九成派彩其派彩辦法錄在底面

逕啟者頃承
委將本社舉辦一千九百三十四年夏季香港第五次特別賽馬第壹日(即五月十九日)最尾場社友馬彩之號碼第(No. 35987)號之壹則指定爲
閣下所有倘祈照存幷煩即將港銀弍圓交到本社作實否則無効此致

同志

執行委員兼司庫　簡達才

執行委員會主席　羅玉堂

執行委員　王□□

注意

凡遇任何問題發生悉照本社所定馬彩章程辦理

凡中彩之號碼由中彩日起須於六個月內親持號碼字據到領彩銀逾期作廢

首弍叁名之馬根據香港賽馬會當日分派搖彩之名次爲準

民國二十叁年二月十五日

經手　社友

香港東華醫院電話弍壹柒肆

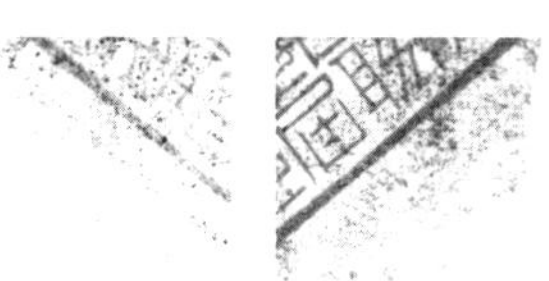

派彩辦法列下

首彩占五成五　弍彩占一成五　三彩占七分五

落第馬占七分五　缺賽馬及額外彩占一成五

如認領足額則

首彩　得銀弍拾叁萬伍千壹百弍拾伍圓

二彩　得銀陸萬肆千壹百弍拾伍圓

三彩　得銀叁萬弍千零陸拾弍圓伍毫

落第馬共得銀叁萬弍千零陸拾弍圓伍毫

缺賽馬及額外彩共得銀陸萬肆千壹百弍拾伍圓

先除額外彩一百號每號得銀伍百圓其餘均派與缺賽之馬

其每則應得彩銀照比例分配

圖為東華三院於一九三四年發售的馬彩彩票正面（右）和背面（左）。

一九三五至三六年度董事局會議紀錄

（東華醫院董事局一九三五年九月廿日會議紀錄）

【資料說明】 在舉辦遊藝會的次年，一九三三年東華董事局討論舉辦萬善緣會事宜，討論並未提及擔憂萬善緣會鼓吹迷信一事，可見經費相當緊絀，萬善緣會其實是透過祭祀活動，廣邀善信捐獻，善信可藉此超渡亡者或先人亡靈，並可為在世者祈福。

乙亥八月廿三日禮拜五會議事宜列（一九三五年九月廿日）

吳澤華翁云：前者擬舉辦萬善緣為本院籌款，但事屬創舉，頭緒紛繁，籌備各項亦頗需時日，究應如何，從速進行，請公決。

公議推舉冼秉熹翁、吳澤華翁、高福申翁三位謁旭和博士籌商一切，然後進行。眾贊成通過。

東華醫院函件［東華致外界函件］（日期不詳）

【資料說明】 此為東華第一次舉辦萬善緣期間所發出的募款函件樣本，信中說明舉辦萬善緣會是藉籌款舉辦建醮，超渡亡靈，隨函並附上募捐緣簿一冊向公眾募捐。

敬啟者：敝院設立以來，歷時六十餘載，舉凡留醫、留產、贈診、贈藥、施棺、給葬、資遣難僑、及建義庄以安旅櫬、立義學以教清貧子弟、莫不次第舉辦，猶是院務日增，常年經費約需四十餘萬元，比以世界不景氣之影響，收入銳減，本年經費預算不敷更鉅，用是不得不預為籌措，同人等於是有倡萬善緣建醮之議，一則藉籌善款，一則超渡民國以來為國捐軀諸先烈及本院歷年病故男女老少先靈，敦請高僧虛雲上人主持法事，現定於陰曆十二月初一日舉行至初七日止。素仰

熱心公益善量恢宏茲寄上緣簿一本伏懇

鼎力贊襄廣為勸募則董等感激靡涯矣此致

香港東華醫院董事冼秉熹等謹啟

一九三六年歲次丙子刊東華醫院、廣華醫院、東華東院院務報告書

【資料說明】 萬善緣建醮連開七晝連宵，邀得虛雲法師及其弟子開壇做法事，並假跑馬地東蓮覺苑舉行。

（二）萬善緣大會籌款：

本年為超度歷年在院身故先友暨歷年為國捐驅義士，及為三院籌集善款起見，特創辦萬善緣大會。荷蒙何東爵紳夫人張蓮覺女士惠假東蓮覺苑為會場，並報效全會電燈費用，及指導佈置一切，秉熹等無限感謝。該會於十二月廿六號啟壇至一月一日止，共七晝連宵，開會期間，叨蒙虛

雲大法師率領名弟子數十人蒞壇宣揚佛法，共襄善舉，又蒙佛學會列位董事勷助進行，均令秉熹等感紉無已。此次大會除一切開銷外，實籌得銀四千一百一十八元九毫。

一九三六至三七年度董事局會議紀錄

（東華醫院董事局一九三六年二月廿六日會議紀錄）

【資料說明】 東華醫院董事局檢討一九三五年舉辦的萬善緣活動，認為舉辦萬善緣的時機不佳且準備不周，故收效甚微，僅得四千餘元收入，並建議往後應在七月舉行，事前需盡早準備，詳細規劃。其實籌款愈來愈吃力，與香港整體經濟不景氣，有密切的關係。

丙子二月初四日禮拜三會議事宜列（一九三六年二月廿六日）

盧主席宣佈：本三院經費向感不敷，理應預為籌劃，免臨渴掘井。查萬善緣為籌款之最大宗。去年舉辦因時間短促，且在年尾，故僅籌得四千餘元。若是年舉辦萬善緣籌款，似宜在七月舉行，是以預先提出，請眾討論。

陳正民翁曰：對於萬善緣籌款，實不可少之舉，但內容之組織非常煩瑣，弟以為萬善緣之人數，以八萬四千眾結合為一。善緣最宜在盂蘭節舉行。所發出之部，劃分三部：（一）勸捐部，每本十頁定五千本，分發各商店，請隨緣樂助；（二）萬善緣水陸超幽部，每本十頁定五萬本，分發水陸商戶，集合八萬四千眾加入，為該會發起人；（三）附荐薦部，每本十頁定五千本，以便各界附荐先人，分為六等，以捐款之多寡而定某等牌位。至籌備手續須預算經資及場內佈置，並宣傳工作等事，各位以為應否舉行？請公定。

張瀾洲翁倡議：應舉辦萬善緣大會籌款，並推舉陳正民翁先擬定節略大綱，然後提出再行討論。

劉景清翁和議。眾贊成通過。

東華醫院函件［東華致外界函件］一九三四至四零年

［資料說明］ 東華舉辦萬善緣會隨函派發捐冊，說明萬善緣會超度亡靈的目的及建醮日程，望眾人簽捐。

敬啟者：敝院歷年承海內外委託運葬事務，統計極多，而年中埋葬水陸遺骸及在院身故者，尤屬不鮮，以致墳地狹逼亟待擴充，且敝院向無額定收入，年中贈醫施藥埋葬各費祇賴各界贊助，現在收入不敷，同人等自慚力薄，深愧弗支，故一致議決刱辦萬善緣追荐大會，擇定在九龍蒲崗村，即原日曾富花園地址搭蓋棚廠，延聘羅浮、鼎湖各處僧尼道侶建醮七晝，連宵水陸超幽，由九月初壹日起追荐歷年捐軀先烈及海內外運歸與在院身故各幽魂，併在壇內兼收外界附荐及出捐冊勸助醮金，俾歿者離苦得樂，存者植福延齡，所有收入醮金及附荐費除醮務開支外，餘款撥充敝院善費，惟茲事體大，頭緒紛繁，念獨力之難支，賴眾擎而易舉，夙仰
執事熱心公益慈善為懷，特呈上敝院萬善緣捐冊壹本，敬乞鼎力勸捐，廣為贊助，不拘多少，捐有

的款，即祈先將芳名數目隨時分別

示知，俾即登報鳴謝，以彰善德，無任感禱。此致

香港東華醫院主席　　拜啟

附呈敝院萬善緣　　字　　號捐冊壹本

一九三六至三七年度董事局會議紀錄

（東華醫院董事局一九三七年一月廿九日會議紀錄）

【資料說明】 一九三七年一月廿九日東華醫院就第二次舉辦萬善緣活動作檢討，重點為開支過大，在三萬元收入中，支出佔二萬多元，利潤僅為七千餘元，總理認為籌款活動日後應造徵信錄，列明收支，所用開支項目亦須謹慎，以免街坊指責資源運用不當。

丙子十二月十七日禮拜五特別會議事宜列（一九三七年一月廿九日）

盧主席曰：今日請各位到院特別敘會，為萬善緣數目，及永利威號欠交付附荐收條四本，現因交代在即，須早日將各數目結束，以清手續。

陳正民翁曰：此次萬善緣收入共計三萬五千七百五十五點四一元，共支出二萬一千一百四十八點

四四元。除掛借數及派捐冊使用四千八百七十五點零四元之外，現附存東華醫院款一萬三千零五十六點四七元。另由兄弟掛借一千三百五十元，又莫汝奇翁掛借二百元，共一萬四千六百零七點四七元。現由兄弟代支去一千二百四十二點三三元外，尚存銀一百零七點六七元。此款存在莫汝奇翁處，至所代支之數係大概開列。因當時所記之數，及單據失去，如各位有未明之處，或有不合者，請為指示。

莫汝奇翁曰：如各位對于陳正民翁之數以為合者，兄弟即將所餘之數尾一百零六點四七元交回，以清手續。

陳正民翁又曰：昨由永利威交來附荐收條十二本，該銀五百二十八點五元已由兄弟手收妥，因未將各收條核計，故未將該款交回，但此次所辦之萬善緣，兄弟實覺非常慚愧。除支使用外，實得七千元左右。以三萬餘元之收入，而得七千餘元，實屬不對。凡辦事必量入為出，兄弟當日之預算以為不止此數，故一方面收入，一方面佈置，未有將收入而預算支銷，且當開辦時，已開濶盆，是以有如此之收入也。

張瀾洲翁曰：將來萬善緣之數，應造徵信錄否？

盧主席曰：該徵信錄必須刊印以昭大信，但所列之數亦須審慎，以免街坊指責。

吳思豪翁曰：可否請本院核數員將該數查核？

盧主席曰：將來核數員必將各數查核，但因交代在即，須先將該數核妥，方能進數。兄弟倡議，舉當年總理六位，先行查核。如認為未妥，然後再請核數員查核。

陳灼文翁和議。眾贊成通過。即席公推盧榮傑翁、顏鏡海翁、陳灼文翁、劉景清翁、張瀾洲翁、吳思豪翁六位為查核萬善緣數目專員。眾贊成通過。

同治癸酉十二年東華醫院徵信錄（一八七三年東華醫院徵信錄收支總表）

【資料說明】 徵信錄為現存最早的東華檔案，記錄了東華創立後第二年的財政狀況。為昭公信，徵信錄內會列明是年的各項經常支出、收入，以及存款、購置房產紀錄，並由帳目管理人具名核實。一八七三年東華首次購置房產，地址位於上環永樂坊四十一號。資料顯示支出經費，依多寡次序為酬金項（醫院職員的薪金）、藥材、病房項（病人食用等費）、福食項（員工膳食）等。一八七三年年收入主要來自行捐、息銀、為民間善士的施藥與一般捐款。創院基金所獲取的利息以及往後陸續購買嘗舖徵租的租金收益是東華最主要的經費來源。是年收入與支出平衡。

統計

福食項　支銀壹千二百一十兩零八錢五分一厘

酬金項　支銀弍千九百八十七兩二錢

藥材項　支銀弍千一百五十五兩七錢六分八厘

病房項　支銀壹千五百六十六兩九錢五分九厘

義山項　支銀八百四十九兩四錢四分三厘

置物項　支銀壹百六十三兩零二分二厘

紙料項　支銀四百一十五兩四錢八分

雜用項　支銀五百七十兩零二錢三分一厘

修飾項　支銀弍百二十九兩四錢五分六厘

是年共支經費銀壹萬零壹百四十八兩四錢一分

置業項　支銀三千二百四十兩[19]

連置業共支銀壹萬三千三百八十八兩四錢一分

茲將存收各行善士及緣簿捐項總結開列：

接上年壬申歲徵信錄存來銀一十萬零四千一百七十七員七毫內計開

一存上海銀行九萬五千七百六十員

一存上海銀行七千員

一存總理銀一千四百一十七員七毫

是年計開收數：

一收各行善士年捐　九千零九十六員

一收各善士零捐　三百五十二員

一收緣簿八本　三百五十四員七毫五

一收上海銀行九萬員息　四千九百五十員

一收上海銀行五千員息　二百員

一收廣榮泰租　五百零五員

一收藥局施藥數　八百二十三員七毫六五

一收就醫藥費及藥局收回藥銀三百零七員三毫

一收飯圈四十六次　二員五毫五六

一收庄租　　二十三員七毫三五

一收糟水　　七員七毫

一收飯焦乾　　八毫三六

共收銀壹萬六千六百二十三員六毫四二

一接上年存總理銀　　一千四百一十七員七毫

一收二月十二日收回上海銀行　　三千員

一收六月初四日收回上海銀行　　三千員

以上總共收銀二萬四千零四十一員三毫四二

一支是年經費銀壹萬零一百四十八兩四錢一分正七二因一萬四千零九十五員零一二

一支置業項三千二百四十兩因四千五百員

一支十二月三十日付回上海銀行一千八百兩因二千五百員

以上三款共支銀二萬一千零九十五員零一二

除支外存總理銀二千九百四十六員三毫三

一存上海銀行　　九萬員

一存上海銀行　　五千員

一存上海銀行　　四千二百六十員

是年結實共存銀壹拾萬零二千二百零六員三毫三

另存舖一間原買價四千五百員，係上環海傍永樂坊門牌四十一號，茂和祥號承租，每月租銀五十員。

是年院內數目於癸酉年十二月念二日援例執籌，係弟掣得職司查核，已經詳細考察清楚，均無差錯，即與街外交易銀兩，亦經詢明，並無少欠短折諸弊，特此批明，附呈

公覽

甲戌年　三月　念三日　值事陸雲衢謹誌

[19] 此為東華醫院發展史上第一個置產紀錄，位於上環永樂坊四十一號，買價三千二百四十兩，合四千五百員，當時每月租金為四十至四十五員。

同治癸酉年東華醫院徵信錄（一八七三年東華醫院徵信錄同治十一年壬申歲附錄續增規條——院內藥局規條）

【資料說明】 醫院藥物支出是主要的經常性支出，其數量每天均需對外公開，另需作月結及年結，以便管理。

十、該總管每晚要將是日院內病人共用藥劑多少，某藥及膏丹丸散若干，編成一冊，明早懸掛大堂，俾得眾目咸觀，至每月核實一結，是月共用藥劑多少，某藥及膏丹丸散若干，仍掛大堂

以質公覽，至年底則一總結院內是年共用藥劑，外多少某藥及膏丹丸散若干，錄呈總理，以便刊入是年徵信錄。

同治癸酉十二年東華醫院徵信錄（一八七三年東華醫院徵信錄——司事規條）

【資料說明】 醫院日常開支着重節儉，對日常食品貯存有一定規則，以杜絕浪費。購買日常用品，亦需住總理察核，並設有罰則，確保物盡其用。

一、院內司事必須勤慎和衷，方稱厥職，每月月結須按月初旬派送各總理察核，至所貯公項碎用銀両不得越百両之外，如過此數即交總理收管。……

三、院內上下人等概不得在賬房掛借，即管帳（賬）司事肯代為担保，亦不得移挪絲毫，但各工銀按月清送，毋得代貯，如違援例議罰。……

五、院內柴米油三大宗所用最多，不可不嚴加約束，以圖久遠，凡此三款，每年分四季出辦招人到院公同定價，至 來貨之日須總理、協理點明，即着司事入秤准收貯伙食房內，取用時則隨時註銷，所定之米要乾灰方能久貯，其貯時仍用大缸插以堅炭，自然日久不壞。[20]

六、司事經手所買什物，或有混行開銷添補者，總理察出，追令雙倍賠補，並即辭退。……

八、柴、米、油、鹽及應用各物，或現銀購辦，或按月清償，毋得少欠。

九、病人每日所用柴、油、米、魚菜、草紙五宗，該廚子必須按日開列清單，報明雜務司事以便稽查，庶杜偷殘之弊。

[20] 一八七三年米佔所有病房食用的百分之三十三，油佔百分之十八；一八八五年，米佔病房總食用百分之三十五，油佔百分之二十六；一九一零年，米佔病房總食用百分之四十四，米一向是伙食裡最為重要者。

東華醫院徵信錄序

粵自蒼龍耀彩東方以生烝居先赤縣奠安華夏以愛身為重顧名思義橘井流春利物濟人杏林噓暖況復布金有術西人廣拓祇園集腋為裘中國宏開福地如我東華醫院香海慈雲收狄粱公之藥籠能療羸疾贈范純仁之麥舸暫救奇窮拯困則施食施衣醫術貴有方有法肱其折矣心可盟乎輿扶紫書方得效越人切脈精研素問乃可學仲景除痾輕病重病辨其詳功須小試內科外科分其任業取專長和緩登堂自見膏肓立判岐黃致辯奚虞癥結難瘳天花則巡視里閭許叔微一錢不受肘柳則調和營衞孫思邈百疾能捐此心皆本於好生在藥非全為

東華醫院徵信錄序

一八七三年東華醫院徵信錄

一九二九至三零年度董事局會議紀錄（東華醫院董事局一九三零年二月廿五日會議紀錄）

【資料說明】 由於東華東院開支龐大，故總理們認為須全面整頓醫院職員之聘用，將冗員或有犯錯紀錄的職員開除，是次會議記錄了總理就東院裁員進行討論及通過裁員名單。[21]

庚午元月廿七日禮拜二特別會議事列（一九三零年二月廿五日）

一、主席梁弼予翁曰：今晚請各位敘會為東院工人事。查東院開辦伊始經費浩繁，每年需費八萬餘元。除政府津貼二萬五千元，息項二萬一千員外，尚欠四萬餘元，為節流計非裁員不足以資挹注。弟獻議將應裁員之理由及姓名宣布：

（一）何清　把門　新（薪）金每月廿元　應裁

（理由）此職可由印藥單工人曹八兼任

（二）譚榜　張金水　胡樵　湯霖　梁勝　黃慶　每名每月薪金十五元　以上六人當十字車黑箱帆布車抬病人職，六人中內有二名土工，應裁去湯霖、梁勝、黃慶三名

（理由）現十字車黑箱帆布車每日極少外出，三名可足應用

（三）關維杰　什役　月薪十三元　應裁

（理由）現該職事務甚少，已有陳（耀？）什役職，足應付

（四）洗慶　花王　月薪十三元　應裁

（理由）本院為貧民醫院，且空氣充足，無陳設盆花必要。如要陳設可由大院供給。

（五）鄧錦泉　淨廁　月薪十三元　應裁

（理由）院內俱是水廁，易于料理，已有另一淨廁工人足應用。逢禮拜五到皇家貨倉取西藥，可命什役陳耀兼任。

（六）許石泉　男收症管房　月薪十一元五毛　應裁

（理由）該房有一男看護當值，可命抬病房人、工人等，如非抬病人時，應常有一人在該房侍候

（七）男女自理房管房二名　每名每月薪十元　應裁

（理由）查男女自理房所住之病者無多，間或住滿，統共男女自理房床亦不過二十二張，現經已每男女自理房有一名管房，且有男女看護生輪流值日，此缺應裁。

（八）吳根　後生　每月工金八元　應裁

（理由）因原有後生應付，毋庸添僱之必要。

以上共裁工役十一名，連膳費五元三毛，計每月經費可減銀二百零一元八毛。全年計共減小二千四百二十一元六毛。如何之處，請公定。余表逵翁倡議應照辦理，以資節省經費，歐匯川翁和議。眾贊成通過。

二、梁弼予翁曰：查東院贈醫分所，每年經費達至一萬零六百餘元，弟獻議將現在贈醫分所職員裁去，以東院職員兼任，俾統一事權，亦可節省經費。謹將計劃宣佈。

（一）裁員：現所僱職員應盡裁去之，祇留林翼于中醫生一名，月薪九十元，黃熾勤司理一名伕馬費廿元，則需每月經費約一百一十員，舖租電力等費在內。除省去執藥兩名、書記印單一

名、伙夫一名、胡子搗中醫生一名、中藥外，計與現在比較每月減去經費一百式十元，另柴炭銀六十元可減小每月經費一百八十元，全年計二千一百六十元。

（二）贈醫時間：每日以上午十時起至十二時止（東院一時至三時或二時至四時）用東院職員往來服務。

（三）醫生職員：留現僱中醫一名月薪九十元，另一名由東院中醫到所輪值，計共式名、配藥人二名由東院派往服務，印單人由東院曹八或別位兼任。

（四）看守：所內不設工役看守，及膳宿除贈診時間外，用堅固鐵鎖關閉各門。

（五）管理：每日上午十時至十二時，命東院副司理冼季明巡視管理，並由司理黃熾勤及東院司理蔡俊臣總理之。

（六）藥材：每種藥材應存小數，重量足供一星期用，由東院供給，須要配藥人用三聯單部，並冼副司理簽字往東院中藥局討取（三聯單部，一存底部在分所，一存一紙在中藥局，一存一紙在東院帳房），俾得易于查核。

（七）運送職員：每日上午九時四十五分由東院暫用十字車運載職員往分所服務，完診後仍由十字車送回。如購妥總理辦事車，則用該車運送。

（八）附件：所內用一大柚木牌書明贈診時間，另一牌聲明本所祇贈中醫內科，如有外科或欲求西醫診治者，請往東院就診，是否照行，請公定。黃棣珊翁倡議照行以省費用。甄鐵如翁和議，眾贊成通過。

[21] 該年總共裁去十一名員役，每月節省薪金一百五十五元，膳費以每名五元四毫計每月共節省五十九元四毛，每年合共節省薪金膳費共二千五百七十八元八毛，以當時常年經費為十萬元左右的情況來看，也只可算是小補。

一九三零至三一年度董事局會議紀錄（東華醫院董事局一九三一年三月十三日會議紀錄）

【資料說明】 總理對東華東院經費使用格外小心，資料述及華民政務司去信東華請加裝蚊帳，以防瘴氣傳染，然總理認為目前院內人員並無瘴氣症發生，故可不須多增開支。蚊帳之使用並非僅為已發生病例而設，亦有預防之作用，但東院因經費不敷，無能為防範而支出該費。

辛未元月廿五日禮拜五會議事宜列（一九三一年三月十三日）

華民第三十八號來函稱，現據衛生醫官調查東院附近有傳染瘴氣病之蚊蟲，請將東院所有病人及上下職員均應用蚊帳，又全院應鑲以避蚊之碧紗櫥，請先列一預算表寄去，以便考慮等情。

顏成坤翁曰：前接華民第廿號函，着設備蚊帳為東院瘴氣病人用，經遵照辦理矣。若再添置蚊帳為各職員用及設碧紗櫥，此兩種費用非常浩大，將來經費更不堪設想。現查東院並未有瘴氣症發生，似無須添置之必要。

譚雅士翁倡議：請主席先生先向華民當面解釋，如必須正式答覆時然後复信，否則作了。

黃文洲翁和議。眾贊成通過。

東華醫院甲戌年徵信錄

（東華醫院廣華醫院東華東院三院統一院務報告）

【**資料說明**】為節省開支，醫院對公用設施的使用相當謹慎，如非必要，均予以刪除，並設罰則，管束員工節省開支。

（一）節省煤電水喉用費

本院每年支出煤汽、電燈、水喉各費為數頗巨，本年為節省經費起見，特由董等巡視院中各處，關於不甚需要之電燈，概行刪去，其應減少燭光者，又即減少之。至院內各處煤汽除割症房外均酌量刪除，並規定院內員工對於煤汽水喉不應用而開用者加以處罰，計本年煤電水喉用費因努力撙節之結果，約省回銀三千餘元。

（十）裁撤員工

本年為節省經費起見，對於院內員工經董等熟行考慮後，認為可以裁併而不碍於工作之進行者，即裁撤之，以省公帑。計冊房職員二名裁去一名、病房總管三名裁去一名、中藥局執藥員十名裁去二名、電話司機三名裁去一名、洗衣工人四名裁去二名、殮房工人四名裁去二名、大堂後生三名裁去一名。

一九三六年歲次丙子刊東華醫院、廣華醫院、東華東院院務報告書

【資料說明】棲流所設立於一九一零年，由東華醫院向政府徵求醫院右側曠地建成，初始為容納暫時無家可歸者，及後卻逐漸變為老弱傷殘的收容所，消耗醫院善款甚鉅，一九三零年代東華入不敷出，經費甚缺，故至一九三五年，醫院將棲流所廢除。

（四）撤銷栖流所

查本院棲流所之設，起於庚戌歲，迄今凡廿七年矣，其始特為暫時栖息、難民候遣回里起見，其後竟為老弱殘廢長久居留之所，計其中收容者多在七八年以上，甚至十餘年、廿餘年者亦有之，虛糜善款不可勝計，歷年華人代表巡院時，均批評該所不宜存在。本年秉熹等遂實行撤銷，盡將老弱人等，設法遣送，其屬於腳氣腳軟病者，則轉送省方便醫院療養，至留所候領之兒童，有屬肇慶屬者二名，則由院役將其護送回原籍，交公安局收容，請其查傳給領，其餘地址不明、無家可歸者，則送往九龍青年生活社安置，任其學習工藝，得以謀生，聾啞女子則送往國家醫院安置。計該所之撤銷，每年可節省經費五千餘元。

東華醫院壬戌年徵信錄（一九二二年東華醫院徵信錄序）

【資料說明】 嘗鋪租金收入從一八七零年代中期開始愈趨重要，一八七六年鋪租約佔全院收入二成，至二十世紀前後在四成多上下，綜觀戰前東華六十餘年，鋪租平均佔總經費收入之百分之三十四。此篇為一九二二年徵信錄序文，提到建設店鋪質與他人以收租之效益頗佳，是次為興建三間嘗鋪支出建築費約八千四百元，建成之後每月可得租金四百多元，所耗支出不需兩年可收回成本，利潤比存放在銀行收息，高出十倍。[22]

不變者道也，必變者事也。孔子繫易曰：變則通，通則久。天下事未有不求變通，而可以持久者。況其為慈善事業耶？夫化而裁之謂之變，推而行之謂之通。變通云者，非必改弦而易轍也。因時而制宜已耳。孔子曰：變而通之以盡利；又曰：變通者趨時者也。變通之義大矣哉。歲在壬戌，僕等辱承港眾推為東華醫院總理，自慚棉力樗材，肩任艱鉅，駑駘跅弛，無以副（負）港內紳商士庶之所期，且本院自創立以來，五十餘年，經前輩幾番之規畫，目張綱舉，完備周詳，蕭規祇合曹隨，房謀無煩杜斷矣。不敏如僕等，又安所用其措施哉，顧念本院之所籌畫，非僅為貧病之醫療已也，中外慈善之事業，實皆以本院為總機關。苟徒墨守成規，自封故步，揆之化裁推行之義，其謂之何？語曰：莫為之前，雖美弗彰，莫為之後，雖盛不傳。僕等縱駑鈍，故不殫精竭慮，以勉為其難。故自任事以還，朝夕籌畫，皇皇汲汲，不敢告勞。竊計善舉之施行，首貴經濟之饒裕，記曰：貨惡其棄於地。本院北隅，向有餘地一片，數十年來，祇以供放置黑箱之用，港中地值，寸土寸金，廢而置之，詎不可惜，於是相其情形，度其廣狹，建設鋪店，一連三間，建築之費，祇需銀元八千四百，而預算將來之租入，月可得四百餘金，比較付款銀行之利息，實十倍之。雖裨補無多，而本院中多增一文之進款，即貧病者多受一文之實益，所謂化而裁之者，或庶乎近焉。附屬於本院之廣華醫院，自設立以來，以經費未充，凡院外貧病，來就中醫診症者，向無藥劑之施贈，為善不充其量，君子惜焉。適有隱名女士，自稱有名氏者，捐款伍萬員，請以之為施贈中藥之費，僕等於是奔走紳富之家，沿門勸捐，為該女士之助力，雖炎陽冷雨，而道途僕僕，未肯辭勞，統計所得捐款，數達十二萬有奇，而後施贈中藥之資始有所出。既又為之請於政府，撥給地段，增建留醫房舍，而廣華之規模，乃於是而完備，所謂推而行之者，或亦可以弗畔矣夫。然而事之當否，則未敢自信也，亦惟知盡其力之所能盡已耳。至於調停海員之罷業，焦勞至兩月有奇，籌賑潮汕之風災，捐款達二十餘萬；馬棚先友之墳場，清前任未清之手續；西藥化驗之房室，竟前任未竟之工程，此皆僕等之義不容辭，責無旁貸者。要之一得之愚，詎敢自是，亦聊舉以就正於當世諸君子而已。今者交代之期已屆，僕等得以息肩矣，而所辦諸事之經過，與夫歲中款項之度支，理當提絜大綱，臚陳細目，付之梨棗，以昭徵信。而表大公，當世君子，苟不以僕等之駑下而辱教之，是則僕等所深幸也矣。壬戌年東華醫院總理盧頌舉等謹識

壬戌年東華醫院總理慮頌舉等謹識

[22] 一九二二及一九二三年徵信錄記載關於新街店舖建築費共一萬二百六十五元，店舖共三間，每間再分三層，共分九個商舖出租，一九二三年建成的商舖租出十一個月，租金收入四千七百零二元五毛，可見一九三零年代初以嘗舖徵租利潤頗高。

東華醫院徵信錄

（一九三五年廣華醫院及東華東院徵信錄收支總表）

【資料說明】 這份核數員報告出自於一九三五年東華東院徵信錄全院收支紀錄之後，登錄了東院的存款及嘗舖資產市價，並申明其舖業及揭出資產之契據存於東華醫院，說明作為三院之首的東華醫院控制東華東院的財政。

核數員報告

本核數員已將東華東院一九三五年進支存欠總結，與各數部及存據核對相符。詢諸經手人，亦能明白解釋，各支數單據，亦經各總理對合。茲謹將各要點列下：

（一）該院是屆數目存欠比對，盈餘銀伍拾叁元陸毫柒仙，連上屆撥下公積金銀壹拾伍萬陸仟零式拾式元肆毫叁仙，合共實得公積金銀壹拾伍萬陸仟零柒拾陸元壹毫正，撥歸下屆計算。

（二）查除上列三柱存款之外，該院另置有軒里詩道二百零一號舖業一間，價銀壹萬柒千叁佰玖拾叁元叁毫捌仙，未有列入此□□計算。

（三）該院舖業及揭出叁萬元之地址契據，均存東華醫院。

（四）查該院之建築費及傢私裝修等，共用去銀叁拾餘萬元，亦未有列入。此總結計算（歷屆報告亦已揭及）。

此乃該院是屆數目之實在情形，據此，鄙意對於此總結亦認為妥協也

此証

核數員　李桐

英一九三六年三月二日

乙亥年院內進支數目，經乙亥十二月十六日援例執籌，弟掣得職司查核，已經詳細考察清楚，均無差錯，即與街坊交易銀両，亦經詢明，並無少欠短折諸弊。特此批明附呈

公覽

乙亥年十二月吉日

前任總理劉平齋謹誌[23]

[23] 除了負責管賬的核數員，該年總理亦須詳細檢閱收支紀錄並署名以示負責。

同治癸酉十二年東華醫院徵信錄

（一八七三年東華醫院徵信錄同治十一年壬申歲附錄續增規條——總理規條）

總理處存銀不得過一千元，如越此數，須立即附貯銀行，以期生息，倘有遺（違）例則是溺職。

光緒乙酉年東華醫院徵信錄

（一八八五年東華醫院徵信錄刊一八七零年倡建東華醫院總例）

【資料說明】 東華醫院出版徵信錄，供政府、局內同人及市民查閱，以昭公信。醫院上下不同崗位人員，均須恪守廉潔。東華醫院局內人員的任免、經費收支、

財政管理，均受政府監管。政府對東華醫院財政狀況有審核及主權。東華資產物業於創院初期業權由政府持有。

十五、該局值事須設冊一部，凡欲為局內之人，悉依第九款所議方能將該姓名註冊。醫院數目亦須設部登記，常貯局中，以便局內同人並　督憲所委人員查閱。又，遞年於唐正月內將上年局中所存欠各項以及進支數目清列年結呈遞　輔政使司察核，或要值事二名當撫民紳士前清心發誓，亦須遵依以示公正。[24]

十六、該局若於本例原議或辦理不善與及不遵條款，或捐項短絀以致醫院支用不敷，或因拖欠債項難以抵償，一經　督憲核明，任由　督憲會同定例總局另創一例，即將本例刪除，並所准之總局出示撤銷，惟未換立新例之前，必經　督憲預先六個月曉諭週知，然後舉行。[25]

十七、該局既照上款議處撤銷，則局內所存房舍與及各物業悉歸　國家管理，凡有拖欠應支賬目，定將所存數項物業盡行折出攤還，該如何辦理之處，另換立新例或奉憲出示聲明俾眾週知。

[24] 東華醫院出版徵信錄，政府官員、局內同人、民間大眾皆可參閱，以昭公信。此款亦說明政府對東華醫院的監督權力。

[25] 由於政府放手讓來自民間的東華總理自行管理院務，東華管理層便有自負盈虧之責任，若經營不善，隨時需讓手政府取回管治權。根據條款十七，到時所有東華資產物業等皆須收歸政府管理。

同治癸酉十二年東華醫院徵信錄（一八七三年東華醫院徵信錄——總理規條）

【資料說明】 司事專責帳目管理，總理須監察醫院整體財政支出，若有虧空、虧損而未被查出，總理需負全責。至於總理本身之清廉及操守的監察，該款末列明：「親焚誓章以昭公正」，可見時人認為由神明監察各總理操守，已具一定約束力。傳統宗教思想在民間仍具有一定公信力，得到引證。

廿七、院數目該司事雖將月結按月標貼院內，猶恐循行故事，難以稽查，必須再謄抄十餘本分派各總理各存一本，以便細察。倘數目有不適，為總理是問。至於每年交代時，必須親焚誓章，以昭公正。

廿八、院內支發數目如不上一元者，即在院支，若一元以上，司事發單往值月總理支給，方為週密。

廿九、每年所請查數司事有常規，惟於是年十二月中旬，通請各值事執籌公舉一位以便明年正月內稽查是年數目，茲公議送回袍金銀二十元，俾得該值理請人幫助，但是年數目概歸該值事查察，而該年管數司事仍從旁指點，不能離職，俾得經手有稽，庶得循例依期刊刻徵信錄，分送公覽，倘是年數目有錯，該查數值事不能查出，被別位察覺，縱非有心包庇，亦屬疎忽，即將袍金繳回，以警隱諱。……

卅五、總理每月輪班管理銀両。

同治癸酉十二年東華醫院徵信錄（一八七三年東華醫院徵信錄——大堂規條）

【資料說明】 東華醫院對購置藥材等物品，以及處理慈善捐款，有一定的管理及監察機制。

十、本院所需物件等項俱在港店舖採買，所有交銀必須該店立回收單，以便遞年派出徵信錄，各善信得以查核，除本港行店無此物購買，始向外埠採取，以免轉折難稽。

十一、院內所需各行店物件等項，每款支數刊入徵信錄，如過一兩以外者，則分數列明，如一兩以下者，則書某項碎用共銀若干，一柱列出，以省煩瑣，遞年仍須將零星數目抄白某店某數，照上年格式標貼院內，以便眾目共見共查。……

十三、凡有善士捐題銀兩，其經收之銀即出本院，收到號票，并將芳名標貼，以便勒石庶免訛誤。

十四、徵信錄乃是上年出入銀両各數結算及增減規條等款一并刊入，以便各善信察覽，限於正月十五以前校合，隨即發刊，於三月初旬派送，毋得越限致生積弊。[26]

十五、每年所送徵信錄亦有定限，以當年題銀十元以上善士，每奉送一本，各董事每送一本，或有未能派送，任其隨時到取。

[26] 以上數款關於徵信錄之規定，皆是用以防範貪污舞弊等事情。醫院透過徵信錄公開帳目，公眾隨時可查閱醫院財政狀況。

同治癸酉十二年東華醫院徵信錄（一八七三年東華醫院徵信錄同治十一年壬申歲附錄續增規條——司事及總管雜務規條）

［資料說明］ 醫院日常收支均有記錄，並須存檔，以供日後查核。

三、本院所有出入錢銀數目，無論多寡，必要存單作據，以備考核。

四、院內每年所有數簿收單及格式紙等，俟一年考核已畢，仍須收拾妥當，用箱裝固，加以記號，切勿遺失，俾得遠年有稽。

一八九六年度東華醫院誌事錄

〔**資料說明**〕徵信錄的出版目的為提高東華醫院經費使用的透明度。一八九六年東華醫院誌事錄記錄了是年值理暨查數人記錄收支不實，該年負責察覈收支之值理譚祝三去信東華，指出問題，並示範正確的記帳方式。

七月初六日接譚祝三翁來函（一八九六年八月十四日）

弟倀以樗櫟[27]，辱蒙街坊公舉為丙申年東華醫院值理，照例掣簽職司查數。當將乙未年院內進支數目，詳細考察，就數覈數，總部與收單銀碼絲毫脗合，均屬無訛。惟柴米油鹽各樣物料，一收一發則非目擊，無由稽覈，試如徵信錄序所云：苟不以有徵者，筆於書可信者，垂於冊，何以紀實而昭公平。試舉玉桂一項而論，統計是年買入二千五百零二両，每觔支銀多則六元六毫，少則四元，其為油桂無疑矣。油桂去皮存肉，總不下乎五成，詎查藥房冊報，是年總共用去七百両，則是不及三成有五矣。弟不能不飭取藥房日記查覈，候至半刻，未能檢出，迨亂鐘狂催。區師爺紀南忙來言曰，就來矣。既而五分鐘久，又未見來，弟仍前往催區師爺，轉身入藥房，而復命曰，該日記與舊年數簿混亂錯置，一時未能檢出。弟則着其將所有簿據，搬出大堂，當眾檢。區師爺隨入內，宣命良久，仍覺寂然。弟由是大聲鐘聲，聲聲狂催，始有一人捧簿忙來而獻，曰此日記也。弟隨手檢查，不及十頁見有玉桂數柱，或書於簿行之外，釘綫之側，或簽在日子之傍，或將別項而改作玉桂種種，奇異殊屬欠解。會諸大總理古君輝山、唐君雲超等在院，弟即請到大堂，共相評論。僉以桂油成色之高低，暫姑勿論，僅就簽改之詫異，墨迹之不同，查玉桂而簽改玉桂，餘無別的已覺可駭，似難逃俗語所謂無私顯有私之譏，遂當堂面加申飭，隨請弟照常查覈，一面紀錄其時事俟。覈竣時，據實移咨總理等查辦就是，各等因准，此弟今已將乙未年進支數目查竣矣，爰將當日實在情形，轉咨前來，應如何嚴辦之處請煩

大總理作主施行

茲將本院藥局玉桂數詳列

甲午年存下玉桂五十二刃[28]

乙未年共買玉桂一百五十六[29]刃一點二成二千[30]刃連上年合共二千五百零七點二刃

使至丙申年弍月十九用完　丙申年玉桂弍月十七起買

乙未年同人買出原枝玉桂九十四點五刃

丙申年正月份同人買出玉桂八刃

林外科是年用原枝桂二十四刃研散　三柱共一百二十六點五刃

此三柱無桂心數出

除三柱實得二千三百八十點六刃去皮

乙未年用去桂心七百六十四點八十一刃

丙申年正月至弍月十九止用去桂心六十六點九四刃

共用去桂心八百三十一點六五刃

統計每刃桂去淨皮得桂心三點五一刃

正月初八在帳房秤取玉桂二十五刃　十四取五刃

十六取十九點五刃　十八取十四點五刃　廿三取十七刃　廿五取十三刃

廿七八點八刃　廿九取二十四刃　共桂一百二十三點八……

[27] 「樗」、「櫟」為《莊子》一書中兩種材質不佳之樹木，後藉比才能低下，為自謙之詞。東華總理在各種場合皆以相當自謙之詞以形容自己。《辭海》，中華書局，香港，一九八六年，頁七一七。

[28] 刄（錢），乃重量單位，十錢為一兩，十六兩為一斤。

[29] 原件之字跡模糊，只能讀到前三個數位。

[30] 此為約數，因原件字跡模糊，只能讀到第一個數位。

同治癸酉十二年東華醫院徵信錄（一八七三年東華醫院徵信錄——司事規條）

六、司事經手所買什物，或有混行開銷添補者，總理察出，追令雙倍賠補，並即辭退。

一九零五至零六年度董事局會議紀錄（東華醫院董事局一九零六年一月廿五日、一九零六年四月一日會議紀錄）

【資料說明】 此為東華紀錄裡有關職員貪污事件最完整的個案。由於東華任免重要人員皆須擔保，倘有職員貪污，唯擔保是問。梁文生虧空一事情況相當特殊，一方面擔保人早已結業，醫院無從追查，另一方面總理犯了兩項錯失，一為梁文生從他職轉調帳房，理應另覓擔保，但總理並無遵照規則行事；二為總理在未調查清楚前便允許梁文生請辭，隨後方發現其虧空數目龐大，幾達六千元。虧空款項最終雖經總理簽捐填還，但醫院仍須向梁文生追討，故東華向政府求助將之追拿歸案。

丙午元月初五日會議（一九零六年一月廿五日）

鄧志昂翁云：今因帳房梁文生虧空醫院數目，特借請各翁到院會商。緣弟自接任以來，謹依向章辦理，及一月之後催文生出數，方知其虧空十一月結弍千四百餘元，弟以年近歲暮不暇查究，多方責問文生，仍復堅辭，謂虧空確係弍千四百餘元之數，弟即與梁培之翁往同人處簽助，得銀弍千壹百七拾五元，並追回文生銀叁百八十八元三毫，以為可以填還此數。迨廿九、三十兩日各號開單到院，方知文生手尚欠十月前已出支數未結銀壹千弍百五拾零三毛四仙弍文、欠舊總理已派數未結銀六百壹拾壹元一毛九仙叁文、欠各戶口及藥費酬金未交銀肆百弍拾叁元七毛七仙八文、欠病人存銀壹百壹拾九元八毛八仙，迫得請列位到院會商如何之處，求為卓奪。

何澤生翁云：查文生之保單乃是担保抄寫之職，自已亥年十二月十六日黃孟韓告辭即着文生充補管帳之職，倘担保人經已歇業，理宜另覓担保，今查文生之担保人瑞昌榮經已歇業無可追問，應由己亥年起向各總理處簽助填還。

胡海籌翁和議。眾皆舉手再議。自後由首總理委人在院管理銀両收支，每月酬金弍拾五元，到交代時即刊登告白俾各街坊咸知。倘有虧空，乃首總理之責，即陞陳翼雲充補文生之職，潘懿伯充補陳翼雲之職，區燿彤充補潘懿伯之職，眾皆允洽。

丙午三月初八禮拜日會議（一九零六年四月一日）

謹將入　華民政務司稟稿列左：

具稟人東華醫院現年董理鄧志昂等，為院中司事梁文生騙吞銀両逃匿，稟請究辦。事竊董等忝充東華醫院當年總理，自乙巳年拾壹月初一日接任後，因檢查院內數目查出梁文生有將院內應支各店貨物銀両騙吞歸己，偽登支數，并私收廣福祠租項瞞報總理各等情弊，經嚴責梁文生將院內數目

二十世紀初的東華醫院

和盤托出，乃梁文生始則飾詞推擋，繼竟逃遁無踪。董等復行詳加查搜，梁文生騙吞院項共銀伍千九佰餘員，皆係乙巳年拾壹月以前節節舞弊，相沿混數，查擔保梁文生之人係瑞昌榮，該號經已閉歇，無從追問，竊思醫院公項豈容騙吞絲毫，董等同人及歷任總理集議籌捐，共科出銀約陸仟員，急將被騙院項如數填足俾醫院公項不至短缺，并董等現派親信妥人常川駐院專理收支銀両，以重公項。查梁文生係順德縣林頭鄉人，胆敢騙吞鉅款復行逃匿，若不嚴行究辦，何以警將來，理合將其騙吞情弊稟叩

蒲大人案前，籲懇轉詳

督憲部堂大人，俯准存案，並移文順德縣主將林頭鄉內梁文生家產按址查封，嚴拿梁文生究治，以昭警戒，伏乞恩准施行。

主席鄧志昂

東華醫院辛未年徵信錄（一九三一年東華醫院徵信錄收支總表）

【資料說明】 此資料記錄了東華醫院、廣華醫院及東華東院將院內儲備借予可提交物業作抵押者，是年以物業抵押的貸款金額共四十五萬八千元；亦記載了東華該屆所置灣仔新填地物業之價值，十五萬七千一百五十十元，可見當時東華三院積極運用既有資金投資生利。[31]然將資金借出，每有風險，其中借予榮興銀號的一萬四千元，就無法收回。

余已將東華醫院一九三一年之進支存欠總結與各數部及各存據核對相符，詢諸經手人，均能明白

解釋。茲謹擇要點佈告如左：

(一)該院是屆之進支數目單據已由該屆總理派員對合妥當。

(二)查榮與銀號經已倒閉多時，如查實此後無銀派回，則所存該號之款應全數撇去做枯數計算，較為真實也。[32]

(三)該院連代廣華醫院及東華東院共揭出銀肆拾伍萬捌仟元，皆有物業抵按，詳細開列下頁。

(四)是屆該院共置灣仔新填地物業銀壹拾伍萬柒仟壹佰伍拾元(以上第三及第四兩点(點)之物業契據余均已寓目)。

(五)查該院存有嘗業、地紙契據與燕疏紙及股票息摺等件為數甚巨，此等資產雖未列入此總結計算，然已另詳列於一冊之內，並經由上屆首總理顏成坤君等妥交現任首總理陳廉伯、林蔭泉、譚肇康三君簽認收存矣。

據上五點鄙意以此總結為妥，誠足表示該院是屆數目之實情也，此証(證)

核數員　李桐

英一九三二年三月卅一日

茲將一九三一年各號按揭開列：

一存趙惠永、趙惠臣，用永樂街九十八號、德輔道中三百零六號舖二間按揭銀伍萬元正。

一存羅鳳儀用利源西街二十九號舖一間按揭銀壹萬陸仟元正。

一存關錦洪、關錦裳用德輔道西三百一十六號、三百一十八號、三百二十號舖三間按揭銀伍萬壹仟元正。

一存王啟喬用荷李活道二百五十一號舖一間按揭銀弍萬元正。

一存余雅屏用文咸西街五十四號、五十六號舖二間按揭銀壹萬伍仟元正。

一存余屏用文咸西街六十六號舖一間按揭銀叁萬伍仟元正。

一存李兆階用和風街五號、高陞街二十六號、二十八號舖三間按揭銀叁萬元正。

一存吳仁贊、禤家樂、馮侃明用大道中一百零三號舖一間按揭東院銀肆萬元正。

一存李兆階用和風街五號、高陞街二十六號、二十八號舖三間按揭東院銀叁萬元正。

一存莫等閒用梅芳街十一號、十二號舖二間按揭廣華醫院施中藥款銀弍萬陸千元正。

一存陳珠用薄扶林道三十九號舖一間按揭廣華醫院施中藥款銀弍萬元正。

一存余雅屏用文咸西六十六舖一間按揭廣華醫院施中藥款銀壹萬元正。

一存李燕枝用擺花街六號舖一間按揭銀壹萬元正。

一存陳沛泉用文咸西六十三號通連永樂東二百二十七號舖按揭銀叁萬元正。

一存安樂公司用大道東五十五號A、五十七號、五十玖號舖按揭銀柒萬伍仟元正。

十伍柱共存各號按揭銀肆拾伍萬捌仟元正

[31] 四十五萬八千元按揭款裡，三十三萬二千由東華貸出，七萬由東院貸出，五萬六千由廣華醫院施中藥款借出。

[32] 榮興銀號為東華醫院前總理李榮光（一九零九—一九一零東華總理，一九二零年首總理）所經營，東華醫院一九二四年共借予該銀號一萬四千三百二十元一毛，然該號於一九二五年八、九月間倒閉，榮光物業則轉移至其子李玉堂名下，李玉堂在一九二六年十二月十八日刻意將物業轉手，有意逃避債項，東華總理不願按照過去總理分派填還債項的慣例，決定追討此數，經過人情勸導及法律訴訟程序，最後雖得李玉堂擔保償還一半債項，但遲遲亦未清還，總理遂一致議決將款項列作壞帳。

同治癸酉十二年東華醫院徵信錄（一八七三年東華醫院徵信錄──總理規條）

【資料說明】總理規條第三十條說明院內醫生、司事及工人任免，皆由總理負責。

卅、請醫師、司事及各工人去留增減歸，總理隨時選用。

同治癸酉十二年東華醫院徵信錄（一八七三年東華醫院徵信錄──醫師規條）

【資料說明】十九世紀東華醫院的醫生全為華籍中醫，創院初期，聘用醫師一般由社會賢達推薦，入選者於門診實習十五天，經總理審核後任用，試用期間東華只提供膳食。

一、院內調治病人概歸華人醫師專主，因華人俗例與西人不同之故。……

三、凡薦來醫師，先診院內病人十五日，然後在贈醫所贈診十五日，期滿，俟值事妥商，再行具關延請，但是月該醫師酬金、轎金，乃薦來者自備，本院供膳。……

八、院內各等事款，醫師均可作主，照例舉行，但須隨時登記誌事錄，以便值事到院彼此熟商。

同治癸酉十二年東華醫院徵信錄（一八七三年東華醫院徵信錄）同治十一年壬申歲附錄續增規條——醫師規條

【資料說明】選拔醫師條例在東華成立後不久，已作修改，醫師選拔過程及試用時間，均有更詳盡說明。條例可見，選拔最終會利用投票方會決定，力求公平、公正。

十、議將醫師規條第三款刪除，此後無論局內外人，見有醫士確有真實本領者，皆可隨時舉薦來院，惟將其籍貫、里居、姓名、年齒（齡）、現在何處濟世、有無嗜吸洋烟，詳細書明，交到院內司事，以便細查。俟訪確後，彙齊集眾投筒，一准舍寡從眾之例，蓋取詢謀僉同之意也，本院即先送關一個月，期滿仍照院內醫師例投筒，以便再行送關恭請。

外界來函一九一八年（東華醫院外界來函一九一八年八月十日）

【資料說明】二十世紀初東華醫院選拔醫師的方法，以筆試為考核為基礎，並不重視醫師的臨床功夫，因此受到外界質疑。來函建議筆試合格者，需就院內患有重症病人開方，再與院內醫師處方比較，以證申請者實力。

東華醫院值理列公鑒：敬啟者

頃聞貴院今日考選中醫一席，查以前招考，皆照向章由院中老前輩擬題目幾條，由投考者照題作脈論多篇，及試默古方幾條，竟憑文取錄。鄙見以為若此考法，殊欠慎重。設若有從中運動，如前清試場之所謂關節者，何難預先擬題作定，一筆下洋洋千言之長篇脈論，及熟讀應試之古方。若徒憑文取錄，不特其論調可觀，及古方藥料分量輕重，亦可熟記落差毫□，苟以此為合格，又奚足以試驗其人，是否有醫學之閱歷耶。況以脈論文字之通順與否而論，則中國之所謂醫士，皆屬以儒道醫者多，其論調之可觀自不待言矣。惟院是次考選，當求其醫學精深，富于閱歷者為合格，不在乎文字之如何也。須知為醫者，醫書固應熟讀，醫理尤貴精通，然最重要者，務宜于脈理與用藥兩者講求，方見良驗。所以鄙意以為，考選醫生除脈論、藥論、藥方而外，當再試驗其脈理與用藥之方如何。……[33]脈論等合格入選者多名，再由老醫，先向院中留醫人，內擇有奇重症者五名或十名，派定號數，由院內老醫生臨診一週，依號數論明何號何症，應用何藥詳，錄一紙，呈交值理，然後由值理收病人號數，另行暗中調換。收新號數，註記在舊號數，以免混亂。即着投考合格者，親自收各病者逐一診視。論症訂方，視其能否達明其脉與症對，症與藥對，逐號分呈與老前醫生所定者參對試驗，如此試法，自可見其投考人脈理與用藥兩者之工夫如何矣。鄙人見醫生之選，有關病者生命，實為同胞生命起見，故敢略陳所及，至是否可行，仰值理列公公仝卓奪。是為切盼。耑此奉呈。並頌

公安

有心人 敬言

戊七月初四日

[33] 該句字跡不清，無法辨識。

東華醫院首任中醫長盧覺愚醫師服務東華逾十年，一九三九年盧醫師（前排中）離任時與一眾東華中醫師合照留影。

一九二五至二六年度董事局會議紀錄（東華醫院董事局一九二六年十月十六日會議紀錄）

【**資料說明**】一八九六年，政府成立專案小組，調查東華醫院中醫師的診治方法。二十世紀初，政府派華人西醫進駐東華，診治病人及提供意見。駐院西醫的薪金支出，由政府負擔。東華總理對駐院西醫，時有不滿，礙於該西醫由政府委任，只能容忍。此份資料記載總理對駐院西醫譚嘉士不滿，欲請政府免去譚嘉士職務，或更換駐院西醫，甚或建議由東華支薪，使駐院西醫聽命於東華。事件經政府調解，譚嘉士醫生向東華總理致歉，東華又另訂新西醫章程，以規範駐院西醫職權，譚嘉士得以繼續留任。

丙寅九月初十禮拜六會議事宜列左（一九二六年十月十六日）

譚煥堂翁曰：本院由　政府派來駐院西醫譚嘉士不甚稱職，舉動時有違背本院章程，且每日在院時候無多，對於診治病人每多延緩，總理託其辦理院內醫務及西藥各事皆置若罔聞，實於本院前途諸多阻碍。近又因街坊人言嘖嘖，多有不滿意于譚醫生者，紛紛來函質問。現為整頓起見，可否請　政府將駐院譚嘉士醫生辭去，則歸本院聘請，由本院支給薪金，以一事權。或請　政府將譚醫生更換別位西醫生辦理，各位以為如何？請舒偉論也。

伍于簪翁曰：據主席所說之意，弟亦以為然，查駐院譚醫生每多放棄院務，去年由　政府代購之西藥，乃譚醫生經手，昨向其將價單交出查核，經問數次，並致函催問均不答復，有蔑視總理。又西藥房較藥之水俱用生水，於病人極有碍衛生，而譚醫生亦不改良，昨經總理查悉，現改用沙漏水較藥。又非贈醫施藥時間，仍然施贈藥水，現由本院另設沽西藥。又收留瘋疾及神經廢疾等症，實有違本院定章，須設法整頓，應照章程辦理，以為久遠計。

雷蔭蓀翁曰：本院西醫與總理向無接近，於院務極難改良，現譚醫生既有違背定章，亦應根據章程，先作提案，呈上　政府辦理也。公議將其情形稟呈華民政務司轉達　政府卓奪，此事經前次提議通過，遂一致贊成照辦。

一九二六至二七年度董事局會議紀錄
（東華醫院董事局一九二七年八月廿七日會議紀錄）

丁卯八月初一日禮拜六會議（一九二七年八月廿七日）

主席李海東翁曰：今日請各位到院敘會，為商議譚嘉士西醫生事。此事係去年總理經手辦理，請譚煥堂君將此事代為宣佈。

譚煥堂翁曰：因去年弟等任內查得譚嘉士醫生不守院規，將瘋疾及花柳症收留。又將西藥變換，及診私家症而施用院內藥水。當時徵集各位同意，因譚醫生受政府薪水，故將原委報知政府，隨由政府派出中西委員七位研究此事。經本院顧問及各總理在華民敘會幾次，有謂將譚醫生開除，有謂調任別處，雖經幾次敘會仍未能表決，又蒙兩代表奔走許多，因此事對於本院係有益之故。如譚醫生允為道歉，自後遵守院章，各位以為如何，請公同討論也。

李右泉翁曰：現譚醫生實有過，惟是經委員審查許久而未有實在表決，故未能開除。現政府定有章程為西醫遵守者及由政府責成譚醫生，嗣後須遵守章程辦事。

羅旭和翁曰：政府承本院查辦譚醫生事，故設委員七位及兼辦理廣華醫院事，現由委員會獻議定有章程廿餘款，茲將其首四款宣佈。

（一）凡本院所有一切事務，除醫學專門操作外，各醫生須聽由本院總理指揮。

（二）各醫生須完全明白及遵守本院章程。

（三）凡總理敘會有所詢問須隨時到會。

（四）各醫生之時候完全為院服務，不能診治私家症。

此章程俟政府議定，然後交由本院執行，隨由何世光翁、周壽臣翁、伍于簪翁等討論一番。

羅旭和翁曰：譚嘉士醫生既願遵守章程，又受政府申斥，並允通信向去年總理及現任總理道歉，弟以為此事可以作了。

周壽臣翁曰：浔昨年譚伍兩君及各位總理肯出而辦理一切，然後本院浔有整頓也。遂由羅旭和翁將譚嘉士醫生擬向總理道歉書稿宣佈。

黃廣田翁曰：今羅博士所讀譚醫生之道歉書，弟極為滿意。

李右泉翁倡議：承認譚醫生之道歉書。

羅旭和翁和議，全體舉手贊成通過。

曹善允翁倡議：設立西醫生章程，限制譚嘉士醫生遵守一切。

譚煥堂翁和議，眾舉手贊成通過。

李海東翁曰：今日解決譚醫生案，內有設立新章，限其遵守一節，亦悉新訂章程，經由委員會起稿，但此有關於修改章程，而修改章程有政府則例規定，須依守而行，不能越權。

遂由羅旭和先生宣告所訂新章，暫時保留。

一九二六至二七年度董事局會議紀錄
（東華醫院董事局一九二七年九月廿五日會議紀錄）

丁卯八月卅日禮拜日敘會（一九二七年九月廿五日）

接到政府致譚嘉士醫生信一封，着本院代為轉遞，是否照辦？請公定。僉謂該信載有西醫生新章程四款，須詳為考慮方可照辦。遂公議請大敘會時提出討論，然後照遞。

一九二六至二七年度董事局會議紀錄
（東華醫院董事局一九二七年十二月十九日會議紀錄）

丁卯十一月廿六日禮拜一晚特別敘會（一九二七年十二月十九日）

主席李海東翁曰：昨據華民政務司謂，須着本院霍永根、趙柱臣兩醫生，遵守新章程，否則着其辭職等語。各位以為如何？請舒偉論。

區灌歟翁曰：醫生以資格深者為合，至於新章程係未經街坊大敘會通過，何得謂實行？如新章未成立未通過之前，自應不能照行，既未照行，則西醫生應當遵守舊章為是。

遂公議照復　華民政務司可也。

一九二六至二七年度董事局會議紀錄（東華醫院董事局一九二八年一月一日會議紀錄）

【資料說明】東華總理對院內西醫師管理，頗為寬鬆。自駐院西醫譚嘉士醫生事件後，東華訂有新西醫章程，禁止醫生診治私家症。新例一出，導致兩位駐院西醫請辭。東華總理願多補兩個月薪酬，每月一百五十元，每人三百元，加以挽留。

丁卯十二月初九禮拜日會議（一九二八年一月一日）

請郭醫生出席，郭醫生曰：現聞譚醫生謂今年趙柱臣、霍永根兩醫生因街外求診症者日多，未遑兼顧院席，有意辭職云。如兩醫生辭退，可否聘多一位，共三位常川駐院，分三部分調理病人，每位每月酬金一百五十元如何？請總理定奪。

李海東翁曰：霍趙兩醫生知悉本院將有新章程，訂限各醫生不能診治私家症，現設有寫字樓在外，故不能兼顧，現接兩醫生來函，謂定一九二八年三月三十一號辭職，是否照准。

伍于瀚翁曰：兩位醫生在院服務多年，克勤厥職，理應復信挽留。

區灌歟翁曰：如仍堅決辭職，不能挽留，可否准其正月三十一號離院，至二三兩月薪水，即照為支給，請討論之。

（甲）湯信翁曰：趙柱臣、霍永根兩醫生告辭，弟提議先行信挽留，如不能挽留者，無論何時離院，該兩醫生薪水，仍給至西曆三月份為止，以示優待。李海東翁和議，眾贊成通過。

（乙）伍于瀚翁倡議：此次給兩醫生薪水至三月止，乃特別辦法，嗣後不得引以為例。區灌歟翁和議，眾贊成通過。

（丙）李海東翁曰：先復信挽留，如兩醫生再有信堅辭，即照章登報聘請，由當年總理定奪。區灌歟翁和議，眾贊成通過。

（丁）李海東翁曰：現郭醫生提議請三位醫生是否照行，至於薪水應支多少？請公定。湯信翁倡議聘請西醫生三位。第一年薪水每位每月一百五十元，遞年照加二十五元，至三年後再商。伍于瀚翁和議，眾贊成通過。

（戊）區灌歟翁倡議：將現時趙霍兩醫生住所分為四間，以三間為三位新醫生住所，以一間為男看護生住所。李海東翁和議，眾贊成通過。

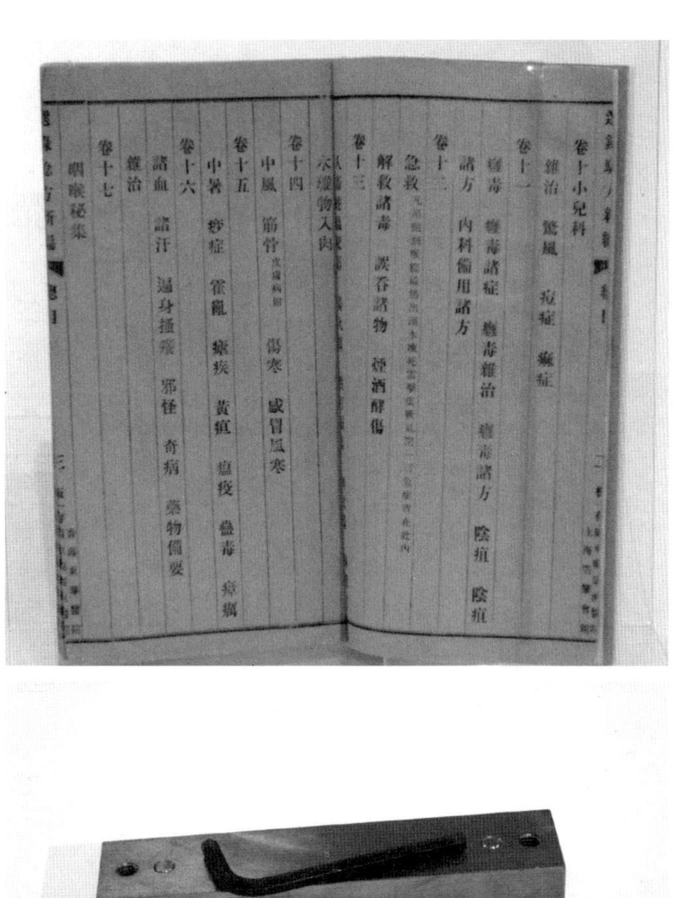

卷十小兒科　雜治　驚風　痘症　痲症
卷十一　癰毒　癰毒諸症　癰毒雜治　癰毒諸方　陰疽　陰疽
卷十二　諸方　內科備用諸方
卷十三　急救　解救諸毒　誤吞諸物　煙酒醉傷
卷十四　中風　筋骨　傷寒　感冒風寒
卷十五　中暑　痧症　霍亂　瘧疾　黃疸　瘟疫　蠱毒　痞癖
卷十六　諸血　諸汗　遍身搔癢　邪怪　奇病　藥物備要
卷十七　雜治　咽喉秘集

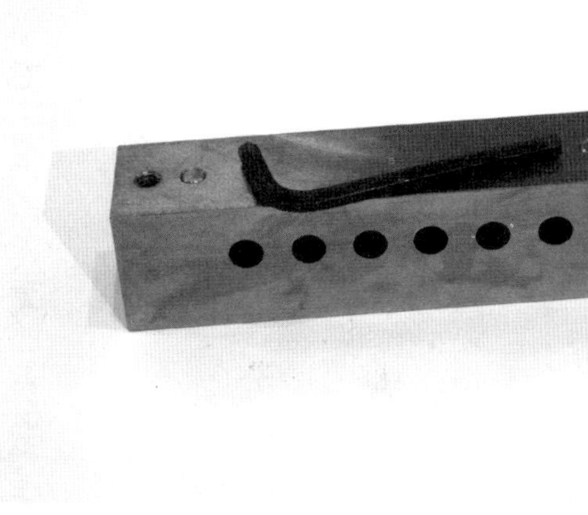

（上）一九零五年增訂驗方新編縮本

（下）一九五零至七零年代初廣華醫院西藥房製藥器具

同治癸酉十二年東華醫院徵信錄（一八七三年東華醫院徵信錄——工人規條）

【資料說明】規條說明即使聘用工人，醫院也務求做到公平。在職工人每季需面對新聘後備職工替代的挑戰，不能怠惰。

一、院內所需服役工人須由外僱，許其自行投到掛號，并詢其有無擔保，俟訪有確據，然後試用，如果勝任，方准實充，仍須每季三六九臘月初旬，出牌招僱工人二名，以備更易。倘係皆無過失，不須開除，則所招者留俟下季。此款專為避嫌起見，若工人由值事薦來，恐為情面所碍，決不若由外僱之自如也，所以每季招者，正勉其戒慎而別勤惰也。

同治癸酉十二年東華醫院徵信錄（一八七三年東華醫院徵信錄）同治十一年壬申歲附錄續增規條——院內藥局規條

【資料說明】院內有藥材總管專職煎藥，任免亦由總理負責。

一、添請一人名曰藥材總管，以專理藥材出入數目，並督理煲藥事宜，所有藥局司事及煲藥工人悉歸管轄，並局內各件及煲藥工人或有不稱職者，准該總管據實面陳，仍得與總理隨時共定去留。

同治癸酉十二年東華醫院徵信錄（一八七三年東華醫院徵信錄同治十一年壬申歲附錄續增規條——工人規條）

［資料說明］ 工人除需勤力工作外，務必尊敬及服從上司。

二、院內工人凡遇值事到院，須要起身侍立，恭敬守禮，不得傲慢輕視，倘有吩咐，仍須一一遵依，勿得口是心違，如有不遵及怠惰無禮者，即行革除。

外界來函一九二六至二七年

[東華醫院致外界來函]（日期不詳）

【**資料說明**】黃七姑為東華醫院接生婦，此信為產婦丈夫吳雪軒的投訴信，斥責黃七姑擅離職守，不顧其妻盧秀容安危，請東華予以懲處。信內詳述接生婦失職過程，反映其自主權甚大。

東華醫院列位總理先生大鑒：久欽
道範未接
光儀伏承，廣拓棠陰，益敦梓敬，為佩為慰。敬啟者，弟僑寓香江歷十餘載，向就教育職業，平
日專心職務，向不干預外事，近因內人在
貴醫院分娩，乃發生一極不滿意之事，本不欲多所論列，致貽越俎之譏，繼念知人則哲，惟帝其
難明察秋毫，雖堅猶病，縱
諸公關懷，慈善常存，整頓改革之心然
醫院用人既多，事務又至繁雜，即極聰察，豈能遍知。慈善事業人人有維持之責，弟所目擊身歷
者，若不以上聞，不特無以助
諸公之措施，抑亦未盡個人之責任，故敢就所歷，具函奉陳，冀垂察焉。倘仍有未能詳盡之處，
諸公有所諮詢，若預先按址通知，弟隨時可以到院面述也。弟于初二早三點鐘送內人到
貴院接生院，因不知
貴院慣例，以為收受產婦當係醫生之責，乃往扣霍永根醫生之門。霍醫生詢悉情由，乃令其僕人帶往接生房，并轉告當職之接生婦黃七姑驗看。弟則在譚醫生室外靜候，詎遲之又久，寂無消息，而伴送內人之敝戚尋弟，謂內人腹痛大作，接生婦久而不來，恐有意外。弟又扣霍醫生室門，霍醫生又着其僕人催黃七姑驗看，乃遲之又久，該黃七姑仍置之不理，而敝戚又來告語，謂時機已迫，萬難再待，請速行設法。於時，弟覩此怪狀，不覺憂憤交集，欲轉往別院料亦不及，惟不便逕找該黃七姑理論，只得再扣霍醫生之門，大開交涉。霍醫生以為接生乃黃七姑之責任，伊已着僕人代為轉達，彼不肯起身，伊亦無法等語，弟問若七姑不肯起床，而小兒又不能禁之暫緩出世，則將如何？霍醫生謂尚有僕婦照料，諒無大碍。弟謂僕婦可以接生則

貴院何必設接生婦？彼輩受

貴院工值，而怠其職務，其視他人之命，不啻草芥。此等行為，君為醫生理宜干涉，干之不聽，亦當代行其職務，以救目前之急。否則余婦如有意外，則君亦當負其責任。霍醫生不得已乃起身到接生房驗看，詎意一驗看而嬰兒已應手而出。苟霍醫生遲到一刻者，則其慘狀殆不堪設想。迨至次日，該黃七姑不自咎其怠慢，反遷怒於內人，指桑罵槐，喧鬧不已，內人以迫于貧困以

貴院為慈善機關，意欲藉求庇蔭，乃反受此惡氣，不禁偷自啜泣，初三日家嬸入院探視，伊乃要求出院，弟以生產之後，身體尚未復元，自不宜行動過速。然產婦神經多敏，易受外界之刺戟（激），今該七姑噪擾不已，使內子精神上日受不快之刺戟，其有礙身體，亦與行動過早不相軒輊，乃據情向霍醫生請求出院，霍醫生亦以弟所慮不差，不得已准其出院。以上所述乃當日實在情形，似此辦法不特令入院之人失望，亦大負

諸公主持善舉之初心，想

諸公胞與為懷，愛人以德，必能設法改良，以慰一般顛連貧苦欲託

貴院帲幪者之喁望也。冒瀆

清聽，尚希
鑒原，肅此，敬請
公安

弟 吳雪軒 謹上
住址乍畏街一零七號四樓

外界來函一九二六至二七年

【東華醫院致外界來函】（一九二六年十一月十六日）

【資料說明】 產婦盧秀容不滿東華董事局處理接生婦黃七姑失職一事，過於寬鬆。東華邀得投訴人吳雪軒來院商議後，只答允口頭斥責黃七姑。盧秀容認為事關人命，單單嚴斥並不足夠，若院方不嚴懲，盧秀容將繼續上訴。

東華醫院列位總理先生大鑑：竊秀容在
貴院就產，當值接生婦黃七姑放棄職守加以陵折一事，經外子吳雪軒君函訴
貴總理在案，迨本月十四日
貴院函約外子到談，外子依期到謁，得晤　伍總理于簪，畧謂
貴院同人，對于此事深為抱歉，黃七姑放棄職守，本應立予開除，但同人等交代在即，不欲為此任怨之事。現擬將其嚴加斥責，務令以後不再有此等行為，務求原諒等語。外子以如此辦法尚屬平允，當即表示滿意而還。回家後當將詳情述諸秀容，秀容之意則與外子不同。蓋不幸之事，惟身受

者乃感其苦，否則無論關係如何密切，亦難痛癢相關。如

貴總理之主張及外子之□

貴總理之主張，而滿意皆其證也。故不憚繞舌，敬為諸公一陳其苦衷焉。秀容□在貴院就產時，假令霍醫生遲到一步，胎兒出世，勢必接收無及，其危險詎可言喻。脫有不諱，則秀容母子之生命實不啻。該黃七姑扼其□，而置之死也，且男女授受不親，古有明訓，苟非橫生逆產，安能可使男醫生從事此狎褻之役。今黃七姑怠於職務，而使秀容終身抱憾，彼亦女子也，設身處地能不憤慨？彼果尚有人心，應如何愧悔自艾，盡心為秀容母子看護以贖前愆，乃反與霍醫生□意見而遷怒於秀容母子，不為洗浴，則其無悔罪之意可知，其剛愎自用也如此，其玩視人命也如彼。此等人乃欲以

貴總理一席斥責之言，而望其改過遷善，則

貴總理將與頑石點頭之道生比美矣。然而

貴總理能自信否乎？若

貴總理不能使該黃七姑盡改前非，則後此赴院留產者，將不免蹈秀容所歷之危險，而未必有秀容之幸運。倘有不測，則直接殺之者黃七姑，而間接殺之者實

貴院之丙寅年諸總理也。夫無量數之產婦之生命與黃七姑之位置孰重，彼因赴院留產而蹈危險之家屬之怨

貴總理，與黃七姑因失位置而怨

貴總理，其恨孰深？

貴總理奈何庇一黃七姑，而坐視無量數之產婦之蹈於危險而不恤乎？

貴總理況受街坊之重託，則在職一日，應盡一日之力，為醫院興利除弊，奈何因交代將近而放棄

其職責也？秀容雖一介女子，而愛護同胞之念，不敢後人。自幸已作遇救之覆車，何忍坐視他人之後循故轍？今為未來之産婦作填治泥淖之計，雖捐棄生命亦有所不恤。蓋捐一人之生命而救無量數之生命，所謂殺生成仁不過如此。而秀容以一介弱女子能之，其欣幸為何如，而復何所畏憚，況其未必至此乎？

貴總理現能身出任醫院事務，其宅心慈善可知，愛護無量數産婦之心，詎淺於一弱女子者不能當機立斷，下為貧民造福，無以繼承

貴院創始諸善士之遺志也。倘不獲命，秀容之舌未斷，必尚有力者之前，作秦庭之哭，以為未來無量數之産婦請命。想闔港中西人士熱心公益者，不乏其人，必有憫其苦心而為之，援手者未必令彼憑依□社者得長，此擅作威福也。謹布下忱，惟□卓奪。專此

敬請

公安

吳盧秀容　十一月十六日

住址　乍畏街一零七號四樓尾房

一九二六至二七年度董事局會議紀錄

（東華醫院董事局一九二七年二月廿七日會議紀錄）

【資料說明】 東華總理開會商討處理黃七姑事件，公舉四名總理查究辦理。

丁卯元月廿六禮拜日會議事宜列（一九二七年二月廿七日）

吳雪軒先生去年其夫人盧秀容在院留產被接生婦黃七姑虐待一案，經屢次來函告訴，因前任總理未曾辦妥，現又接盧秀容女士來函，告黃七姑事，如何請公定。

區灌歟翁曰：此事雖考查清楚方能定奪辦理。

遂公舉李海東翁、辛聖三翁、區灌歟翁、曾燿庭翁四位查究辦理。眾贊成通過。

一九二六至二七年度董事局會議紀錄
（東華醫院董事局一九二七年三月廿三日會議紀錄）

【資料說明】 東華總理針對黃七姑事多件次開會商討如何懲處，眾總理意見不一，人事任免規條並無具體規範與懲處方式，故無法制定懲處黃七姑的罰則。

丁卯二月二十日禮拜三特別會議（一九二七年三月廿三日）

李海東翁曰：吳雪軒先生及盧秀容女士告黃七姑接生婦事，經有數月之久，此事上任總理知之較詳，請伍于簪先生將此事詳為宣布，至如何處置，請各位討論。

伍于簪翁曰：此事之原始因吳雪軒先生熟識霍醫生，故產婦來院時，係由霍醫生着後生帶上黃七姑看驗，由女工許氏娥往叫七姑，而七姑未有與他看驗。該產婦因心急再催，然後由霍醫生代執，許氏娥亦未有再叫七姑。查產婦入院僅八個字，嬰兒出世，至翌日黃七姑不理該產婦，謂其不著本院衣服，有貧富之分，因此與霍醫生辯論。其當更不看驗產婦，女工往叫亦不起身，此係黃七姑之失職。前經請吳雪軒先生來院，弟對其解釋清楚，得吳先生滿意而退，殆後又接其夫人來函質問，似恐有人主使者，如見一信即行開除，恐全院亦有變動。弟以為責成黃七姑，嗣後小心辦事便了。

李海東翁曰：昨譚煥堂先生所言與伍先生同，弟以為記其大過一次。

區灌歟翁曰：此接生應開除之理由有三：（一）產婦入院僅八個字，嬰兒出世，如無西醫生料理，其母子必有生命危險；（二）病人入院，醫生即時診治而接生則不看驗，視產婦為兒戲。此次幸得其母子平安，亦聊以自慰而已；（三）醫生代執，至翌日，不料理該產婦而反罵於人，其驕傲氣可知。弟以為應開除，殺一以警百，而儆將來，極望各位參詳之。

辛聖三翁曰：以區灌歟翁所言理由極為充足，應將黃七姑開除為是。

隨由各位多方討論。湯信翁倡議此事緩辦，押候再定。仇博卿翁和議，多數贊成通過。

一九二六至二七年度董事局會議紀錄
（東華醫院董事局一九二七年四月三日會議紀錄）

【資料說明】 由於產婦盧秀容女士就接生婦黃七姑不盡職守一事不肯善罷甘休，故東華針對此事另訂新規，此後職員凡滿三次大過即將之開除，此次將黃七姑記一大過了事。

丁卯三月初二會議事宜列（一九二七年四月三日）

昨又接盧秀容女士來函，謂黃七姑一案尚無表示辦法，請為整頓等語。

李海東翁曰：查黃七姑當值時，有產婦來院未有起身看驗，實為失職，又復怒罵產婦，於醫院慈善性質殊屬不合，前者有謂將其開除，有謂其無意忽略，至應如何處置，請公定。

區灌歟翁提議：嗣後凡有記三次大過者即行開除，現將黃七姑接生婦記大過一次，並下期敘會由總理當面申斥以為警戒。

李海東翁和議，眾贊成通過。

一九二六至二七年度董事局會議紀錄（東華醫院董事局一九二七年三月十三日會議紀錄）

【資料說明】 儘管罪證確鑿，東華對於小職員犯錯之小事，亦須透過會議，商討處理方案。

丁卯二月初三禮拜日會議事宜列（一九二七年三月十三日）

伍于瀚翁曰：查本院炆茶工人梁生在九號房病人床上，竊取身故病人銀包一個，有銀七毛五仙，如何請公定。

公議着梁生將該款及銀包交回死者之親屬，隨將梁生立即開除，以儆效尤。

一九二六至二七年度董事局會議紀錄

（東華醫院董事局一九二七年三月廿七日會議紀錄）

【資料說明】 凡竊取醫院物品者，立即開除。

丁卯二月十七禮拜日會議事宜列（一九二七年三月廿七日）

管理外科跌打藥材人朱植楷謂：外科換藥陳禧竊取藥散已有數次，從前未執得証（證）據，曾寫有（勿謂人不知）字樣以警戒之，但仍湲如故，現在其架底執出藥散一壳（殼），查此藥非係向余取用者，且該處不應貯藏此藥散地位，乃顯然竊取云云。

李海東翁曰：凡查有竊取事，應該重辦以儆效尤。

伍于瀚翁曰：弟意以為立即開除便了。

遂公議將外科換藥陳禧立即開除。

一九三二至三三年度董事局會議紀錄

（東華醫院董事局一九三三年十月廿七日會議紀錄）

【資料說明】 東華總理的院務管理有相當傳統的人治特色，例如司理蔡俊臣虧空事件發生後，醫院寧由總理填補虧空，不致訴諸公堂，也不記錄在徵信錄內，以免損害形象，動搖公信。

癸酉九月初九禮拜五會議事宜列（一九三三年十月廿七日）

潘曉初翁曰：東院司理蔡俊臣辭職現已照准，查伊用去該院現款一千八百餘元，另各號貨項已出數，而未交款者六千一百餘元，共七千九百餘元無力償還。此事本應訴諸法律，以求正當手續解（解）決。惟查伊家徒四壁，手上確無餘款，即置之囹圄於事無補，念其任事多年，連年於沿門勸捐，工作異常出力，不無微勞可紀。現除由担保人繳回保金壹千元外，尚欠六千九百餘元，此乃醫院善款，理宜籌措填還。查本院丙午年鄧志昂公任內，元月初五日敘會議案，梁文生虧空院款六千餘元，公議由己亥年起，向各總理簽捐填還有案，現倡議由列翁簽助，俾填還所欠之數。

簡達才翁和議。眾贊成通過。

一九三二至三三年度董事局會議紀錄

（東華醫院董事局一九三三年十一月十七日會議紀錄）

癸酉九月三十日禮拜五會議事宜列（一九三三年十一月十七日）

戴東培翁曰：本院自潘主席離院後，街外人言嘖嘖，多有未知底蘊，現使街坊明瞭真相起見，擬將院內一切數目舉出數位查核，如核對無訛即行登報表明，俾外間咸知彼此數目清楚，不致懷疑等語。

羅玉堂翁曰：頃聞戴君所擬辦法甚合鄙意，查潘主席離院之翌日，弟與達才兄即將本院所有契據，分別點明，並將銀両接收清楚，毫無少欠云云。

即席公推戴東培翁、王吉兆翁兩位負責查核院內數目，並另請核數員郭佩璋先生經手核對，至郭君酬金則由總理派數。

一九三二至三三年度董事局會議紀錄（東華醫院董事局一九三三年十二月廿九日會議紀錄）

【資料說明】 東院司理蔡俊臣虧空公款一萬零九百餘元，擔保人填一千六百二十五元，餘款由各總理填補，總理每位派銀二百五十元至一千元不等。

癸酉十一月十三日禮拜五會議事宜列（一九三三年十二月廿九日）

羅玉堂翁曰：日前東院司理蔡俊臣虧空公款私逃後，當時由潘曉初先生着他回港清理。至所虧之款多少，經潘曉初先生自願担（擔）填一半，弟與達才先生兩位共担填一半。今查蔡俊臣寔（實）虧去公款銀壹萬零九百餘元，除擔保人馮作霖先生填還一千六百二十五元之外，尚欠銀九千三百餘元，但照原議，潘曉初先生，應填銀四千六百餘元。不料潘曉初先生遇事，力有未逮，現此款並無着落，今幸蒙韋少伯先生允擔任，填壹千元，葉瑞珊先生允担任填五百元，李香谷先生允担任填三百元。除以上各位担填外，仍尚欠弍千捌百餘元。此款應如何填還，請列位指示辦法，以維善款。

公議由任子卿翁、陳潤生翁、邱貴立翁、郭炎星翁、戴東培翁、羅仲華翁、蕭浩明翁、王吉兆翁、李炳超翁、羅明睿翁、郭琳弼翁十一位均派每位派銀二百五十元，以便支結各數可也。眾贊成通過。

前排左四為陳廉伯

同治癸酉十二年東華醫院徵信錄（一八七三年東華醫院徵信錄——病房規條）

【資料說明】　從一八七零年制定的病房規條可以看到東華對於醫院清潔以及衛生雖有加以規範，例如棉衣棉被每月清洗二次，衣服六天清洗一次，清潔身故病人床板或使用過之糞桶，需在水池內浸泡三日，在陽光下曝曬一週等等，可見醫院盡量將舊物清潔循環再用，節省資源。其處理方法雖和西式消毒殺菌的衛生觀念有很大差距，但以當時衛生水平未看，已屬相當嚴格[34]。

十、病人棉衣棉被必須每月十四、廿九日更晒（曬），若病人全愈（痊癒）出院，其衣被立即晒妥，該總管仍須加意驗明，然後收藏柜內，毋得苟且。

十一、病人床蓆共　鋪必須每日洗晒，　鋪倘遇天雨妨碍，候到晴時，即洗床蓆，偶有留染穢氣，不拘早晚即要洗淨，毋得怠惰。

十二、病人所着汗衫褲，每月更洗五次，每日分班輪洗，不得延擱，暑天三日更洗一次，如有穢氣隨時更洗。

十三、病人每名置白斜布汗衫二件，褲二條，白洋布雙裡被一張，白斜布蓆一張，因恐工人洗濯不淨，徒事潦草則有損於病人，故用白者所以易稽其污潔，方無苟且之弊。

十四、各病房每禮拜輪班洗淨，如有穢氣，無論某房，不拘早晚，即要速洗，不得怠惰。

十五、設有癲症房、癲人衫，如遇癲症入院，必以帆布械其手足，庶免自殘。

十六、病人枕席倘係經病人臥故者即將此枕席毀爛不得復用。

十七、病人初入院必須更換潔淨床板，倘此板係經病人臥故者，須在水池內浸三日，取起晒晾，一箇禮拜方可復用，其糞桶亦照床板例式，不得草草。……

廿、病房設有洗浴瘡疥盆數箇以昭潔淨，方有分別。

廿一、就醫係自備藥食者方准用自己被鋪，如有污穢，亦必更換。

[34] 東華對於衛生相關規條的具體執行，由於沒有其他資料，只能參考政府醫官對於東華開辦第一年（一八七二）的調查報告（出版於 *The Hong Kong Government Gazette*, 17 May 1873），裡面提及醫療設備的缺乏，以及醫療概念的落後；至於醫院的衛生並無具體說明，但該報告認為給病人的衣食不錯。對於東華開辦第二年（一八七三）的狀況，政府醫官認為與其說東華是一間醫院，不如說是難民收容所，但整體醫院清潔，依照中國人標準，已屬不錯，與一八九六年的東華醫院專案小組的意見並不相符，醫院成立初期的衛生條件較十九世紀末為佳，可能與病人人數不斷增加，有直接關係。

一九三三至三四年度改善三院院務會議錄

（東華醫院分任職理一九三三年九月廿九日會議紀錄）

【**資料說明**】　一九三三年東華召開了數次會議商討改善三院院務，內容涉及醫院衛生膳食及員工工作的分配等，顯示一九三零年代的東華，對醫院管理，已具備西式醫院重視效率的概念。

癸酉八月初十日西一九三三年九月廿九號禮拜五分任職理會議事宜列

主席潘曉初翁曰：今日召集三院掌院醫生出席敘會為改善三院院務事。茲請各醫生條陳辦法，以備研究改善之。

（1）老院潘錫華醫生條陳事列

（一）地方潔淨無負責人督率辦理之

（二）洗病人衣服不潔及應點名件數

（三）病人棉胎及衣服無人負責管理

（四）改良病人魚菜

（五）工人作工分配不匀（均）

（2）廣華鲍志成醫生條陳事列

（一）腳症及長久不願出院病人太多，令工人難於料理清潔

（二）澤房病人住至七十名，而僅得一廁，應設法加多廁所

（三）女看護畢業年期及教授應否照政府新例

（1）三年畢業，祇得接生證書

（2）四年畢業得接生及看護證書

（四）招考看護應由西醫取錄

（五）病人牛奶應用樽盛儎

（3）東院潘錫榮醫生條陳事列

（一）關於地方潔淨，雖有管事管理，但管事無開除工人之權

（二）工人犯事應有紀錄

（三）病人魚菜鹹品太多，應改多用菜蔬或豆

（四）設法安置老病

（五）看護患傳染病住自理房，請酌量免費

（六）帳房應隨時有人收自理房費

一九三三至三四年度改善三院院務會議錄

（東華醫院分任職理一九三三年十月五日會議紀錄）

癸酉八月十六日一九三三年十月五號禮拜四分任值理會議事宜列

潘曉初翁曰：茲將前期敘會三院掌院醫生，條陳改善院務辦法，分別答覆意見如下，請眾討論，眾無異議，遂通過：

（甲）老院潘錫華醫生條陳

（一）地方潔淨，無負責人督率辦理之

（答）向由正副管事負責辦理

（二）洗病人衣服不潔及應點明件數

（答）每星期洗滌兩次，逢禮拜一、四兩日則收集各病房交來衣服，逢禮拜二、三、五、六及禮拜日則專任洗滌工作，至妥當為止。

各房口交洗衣處，所洗滌之衣服，雙方於交收時，均設部登記，免有遺漏。

病人衣服，每星期更換兩次，如有遺糞溺者則隨時更換。

（三）病人棉胎及衣服無人負責管理

（答）院內病人棉胎及病人日常所用衣服，向由各病房管房人管理。

新添置者則由病房總管管理，如各病房原有之棉胎衣服或因有霉爛不敷應用，須要補充時，即向病房總管領取，其所領之數目雙方均設部登記，以備稽查。所有棉胎衣服均刻有東華醫院字樣，而杜盜賣。

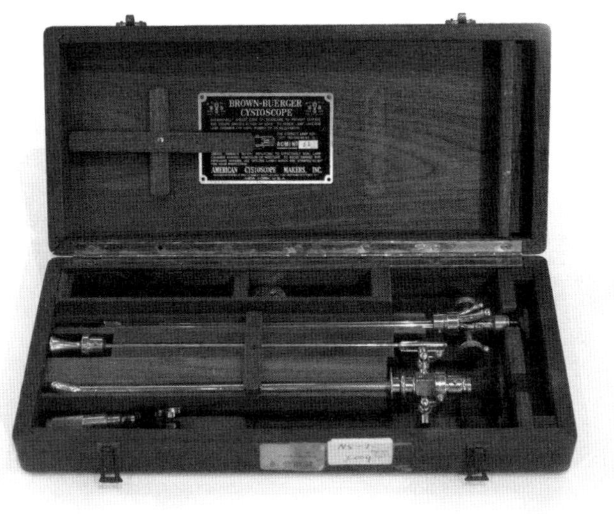

圖為盛喉管用滅菌器（上）及膀光鏡（下），以上醫療器材乃廣華醫院護士學校教材。

一九三三至三四年度改善三院院務會議錄（東華醫院分任職理一九三三年十月五日會議紀錄）

【資料說明】 病人膳食，每天兩頓，晚餐設有鮮魚或肉類。烹調多用蒸，每天早飯必具鹹蛋或鹹魚，但份量不多，可見伙食並不豐盛。

癸酉八月十六日禮拜四分任職理會議事宜列（一九三三年十月五日）

（四）改良病人魚菜

（答）本院病人所用魚菜每人定額如下

	早	晚
禮拜一	鮮旦（蛋）一只 青菜	豬肉一點五刃蒸梅菜
禮拜二	咸魚刃[35]青菜	鮮魚二刃元豉蒸
禮拜三	咸旦半只 付（腐）乳一件 青菜	豬肉一點五刃蒸梅菜
禮拜四	咸魚刃 青菜	鮮魚二刃元豉蒸
禮拜五	咸旦半只 付乳一件 青菜	豬肉一點五刃蒸梅菜
禮拜六	咸魚刃 青菜	鮮魚二刃元豉蒸
禮拜日	咸旦半只 付乳一件 青菜	牛肉二刃蒸梅菜

如食什粮者，則由醫生指定或牛肉粥、豬肉粥、牛肉豬肉米粉之屬，如食牛奶者，則牛奶一樽，麵飽三個或牛奶、番薯、眉豆、麥皮等類，總之醫生指定食某種食品悉照給與也。

（乙）廣華鮑志成醫生條陳

（五）病人牛奶應用樽盛載

（答）查廣華病人牛奶所以用罐裝載者，因樽頭牛奶每樽重量規定七一點五錢，其用樽者往往重數不足，是以用罐明秤以免稍有損失耳，查法國醫院亦係用罐裝鐵（載），如牛奶質份或有不妥之處，應由西醫生隨時檢驗之。

[35] 刃，即兩；鹹魚並無標明重量，推測可能因為難以計算所食用鹹魚的重量，故未能列出。

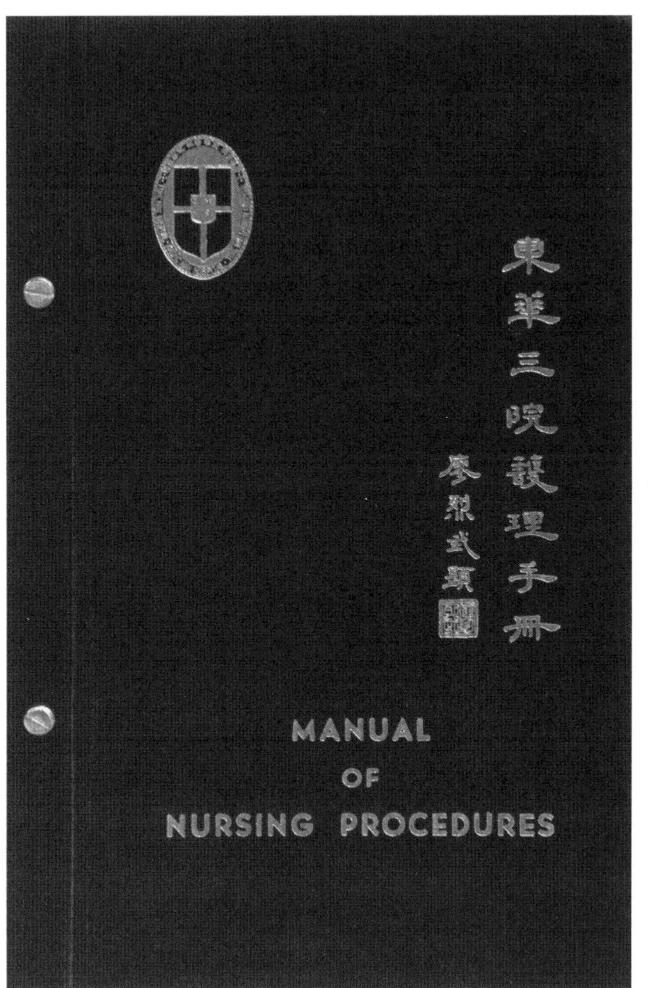

圖為東華三院護理手冊

一九零九至一零年度董事局會議紀錄

（東華醫院董事局一九一零年六月廿五日會議紀錄）

【資料說明】 牛奶作為病人的營養品，可說是戰後才普遍被接受的觀念。從東華醫院供應牛奶的過程，可以看出東華醫院膳食的演進。一八七四年東華醫院徵信錄記載了東華最早的牛奶消費紀錄，花費只有七點二一八兩，佔病房食用百分之零點七，並無重要性，到了一九一零年，牛奶的支出達一千四百一十一元，佔所有病房膳食的百分之十七，及至一九三零年代，牛奶佔膳食支出比例的百分之十左右。東華圍繞著牛奶供應作一系列討論，例如牛奶衛生問題等等，不斷增加。一九三三年改善三院院務會議中，曾討論病人飲用的牛奶需用玻璃瓶還是用鐵瓶盛載，經公議決定用鐵瓶盛載，為免鐵瓶盛載影響牛奶品質，醫院遂命西醫隨時檢驗，反應了醫院日漸重視衛生。資料更顯示自一八八零年代開始，同興號已向東華供應牛奶。

庚戌五月十九日禮拜六日會議事宜列左（一九一零年六月廿五日）

同興來函謂所交之牛奶來院計有二十餘年之久，每罇比別處多有六両，向無別恙，今夫妻年老子幼，家道貧難並無所靠，買下滿欄牛隻無人頂受，乞求　列翁憐憫將牛奶恩准撥回，俾得捱此餘生，則家人恩沾靡既，請公定。公議本院所用牛奶將一半撥歸同興交來。

一九一一至一二年度董事局會議紀錄

（東華醫院董事局一九一二年四月六日會議紀錄）

【資料說明】一九一二年東華總理將同興牛奶交由化驗師化驗，結果未明。此為東華醫院最早將牛奶送交化驗所檢驗的紀錄。

壬子二月十九日禮拜六日會議事宜列左（一九一二年四月六日）

傅翼鵬翁、吳惠池翁將同興牛奶交化學師察驗，茲接到化學師來函，請為荃照察，公議將函存下。

一九二九至三零年度董事局會議紀錄（東華醫院董事局一九三零年八月廿二日會議紀錄）

【資料說明】一九三零年，病人謂牛奶質劣，不能食用，總理將牛奶交西醫化驗，驗出牛奶含有微生物，醫院遂責成牛奶供應商改善衛生。

庚午閏六月廿八日禮拜五會議事宜列（一九三零年八月廿二日）

趙贊虞翁曰：日前據留醫病人謂本院之牛奶質劣不能食，弟經着林管事請西醫交往化驗初時，西醫錯交微生物院化驗，該院驗畢回复祇云奶質不好，有微生物云云，似未合手續，遂着西醫再送往國家醫院化驗，但延至十餘天，屢催尚不交去，料該牛奶號經已知悉，據病人云，現時之牛奶大勝從前云云，若今化驗難得真相矣。

郭贊翁倡議應致函責成該號嗣後需交好奶為要，眾贊成通過。[36]

[36] 一九三零年三月開始，東華的牛奶供應商由同興轉交新同合，直到一九三四年皆與之交易。

東華醫院函件［東華致外界函件］一九三零至三一年（東華醫院致外界函件一九三零年八月廿九日）

［資料說明］ 一九三零年東華去信牛奶供應商新同合，指出皇家化驗發現該公司出品牛奶奶質差劣，如不加以改進東華將停止交易，顯示東華關注牛奶品質。

新同合寶號大鑑：查

寶號所供敝院病人用之牛奶，經皇家化驗該奶質極劣，對於病人衛生殊多窒碍，嗣後交來敝院之牛奶務須以上等貨，否則停止交易，特此函達希為

知照，是荷。此候

台安

東華醫院謹

庚 七 初六

一九三五至三六年度董事局會議紀錄

（東華醫院董事局一九三五年四月五日、四月十二日會議紀錄）

［資料說明］ 一九三五年東華董事局討論是否應該向大公司訂購牛奶，儘管價格較貴，但西醫認為牛奶所耗數量不多，宜注重奶質，故建議向大公司訂購。

乙亥年三月初三日禮拜五會議事宜列（一九三五年四月五日）

冼主席曰：三院病人牛奶擬改用大公司牛奶，於病人極有益，惟重量得八安士比原日之牛奶輕半安士，未知於病人食量有無窒碍，應請潘錫華醫生出席磋商，現據潘錫華醫生謂，若用大公司八安士牛奶，比原日少半安士絕無問題，因牛奶貴精不貴多云云。

吳澤華翁宣布：現牛奶公司列來十安士樽牛奶取價一點二毛，又八安士樽牛奶面允九點五仙，至華人公司新同合九先，大東一點零五毛，新義合九點五先，江利一毛，人與一點一毛，安利九點八先，公議仍取大公司牛奶交托冼主席再與大公司商酌核減，然後定奪。

乙亥年三月初十日禮拜五會議事宜列（一九三五年四月十二日）

冼主席宣布：前委與牛奶公司磋商價格事，現接該公司函復允交牛奶，每樽重八安士，價銀九仙算，並有條件五款：（一）如定用牛奶須遲由四月廿二號起；（二）至少訂以一年為期；（三）三院須向該公司取牛奶；（四）該牛奶衹可三院用，不能轉給外人；（五）該牛奶樽如有損失須由院負責。並謂本公司之牛奶價格向未有如此之低跌，因素仰貴院辦理妥善，故特別減平，請將價格守秘密云云。冼主席：如向牛奶公司交易並訂明如查出有作弊事情，即行取銷交易。

吳澤華翁曰：現新同合屢次要求承交，並謂該牛奶勝過大公司牛奶為正式。他又謂：三院乃中國人辦理，應向中國人取貨云。昨見華民司憲時曾將此事談及據史司憲亦謂大公司牛奶於衛生上極為有益云，又據掌院潘錫華醫生亦贊同此舉，各位以為如何，請公定。

公議三院應向牛奶公司取牛奶，由四月十六號起，並通知三院原日交易之牛奶號交至十五號晚止。眾贊成通過。

[37] 一九三一年維記開始向廣華供應牛奶；一九三五年，自東華醫院向牛奶公司購買牛奶後，廣華醫院亦轉用牛奶公司牛奶。

廣華醫院用的蒸氣煲

1952—1953

通知單號數 No. 001362

Messrs. 呂伙娣 4114

日期 Hong Kong 2/11/1952

東華東院單

Dr. to TUNG WAH EASTERN HOSPITAL.

日期 Date	摘要 Particulars	金額 Amount
31/10/52 to 1/11/52	三等房費二天@$4.	$8.00
	伙食@$2.	4.00
		$12.00

(Dollars Twelve only)

付款時發正式收條
A formal receipt will be given upon payment of this bill.

列單人
Bill Maker

圖為一九五二年東華東院私家病房收費單

一九二五至二六年度董事局會議紀錄（東華醫院董事局一九二六年十月十六日會議紀錄）

【資料說明】 一九二零年代中期，東華醫院開始大刀闊斧進行院務整頓、擴建醫院規模、擴充醫院設備、增設醫療服務等，其中，加設水廁便是一個主要措施。早期東華處理病人排泄皆以糞桶盛載，不但污穢，且容易滋生蚊蠅以及病菌，傳染疾病，增設水廁可以改善衛生狀況。然而，增設水廁經費龐大，直到一九二六年東華總理才有具體行動，水廁增建之後，亦有水費過高的問題。

丙寅年九月初十日禮拜六會議事宜列左（一九二六年十月十六日）

譚煥堂翁曰：本院病房廁所，經歷任總理提議改為水廁，因需款過多是以不成。弟等接任時，卓大人曾對各位總理謂，舉辦水廁於衛生極有益云。當時因辦各事不及，刻下院務略為整頓，可以舉辦水廁。該款可否由當年總理緣部，每位以至少勸捐足壹千元為限，以多多益善，至所餘之款，撥作增建大口環義庄之用，各位以為如何？伍于簪翁曰：查上年總理緣部所捐之款，俱撥入大部，惟今年總理將所捐之款舉辦一事，免致動用公款。現由李基號列來造水廁價單，約銀九千餘元，如每位能捐足一千元，則除造水廁之外，尚有數千元撥入大部，便可以彌補是年用多之款。弟甚願各位竭力勸捐以成此美舉，並請主席先生與則師商妥，及與李基號訂實價單也。眾贊成通過。

一九二六至二七年度董事局會議紀錄

（東華醫院董事局一九二七年十月五日會議紀錄）

丁卯七月廿四日禮拜會議事宜列（一九二七年十月五日）

李海東翁曰：本院未設水廁以前，水費免納祇收水表費，每個銀一元。自設水廁之後，時常水力不敷所用，且每季收水費二百餘元，似此本院每年未免損失千餘元之數。弟以為應設法整頓，擬求皇家准給山坑水應用為合。伍于瀚翁曰，皇家給山坑水恐有更變，若在本院開井，雖費用多數百元，亦勝於用山坑水。遂公議，無論如何即速進行整頓，免至用水過額而受損失也。

東華東院

〔第三章〕

－擴張－

前言

擴建

二十世紀初，中國政局的不穩定，加強了香港作為政治避難所的角色，一批新的社會精英因而冒起，東華醫院的治院方針在改革派的大力推動下日趨現代化。二十世紀首三十年，東華醫院規模不斷擴張：一九一一年、一九二九年廣華醫院與東華東院相繼成立，一九三一年，三院統一。三院不同的成立背景和功能，反映香港社會新舊理念的共融。第三章將透過廣華醫院和東華東院的創建、各院特色和彼此的互動關係，觀察新管理文化在東華紮根的過程。

廣華醫院的創立

有關廣華醫院的緣起，徵信錄、函件和董事局會議紀錄均沒有詳細記載，目前可供參考的文獻，只有一九一一年的廣華徵信錄。其序言指出二十世紀初期，九龍油麻地一帶人口增加，醫療服務供不應求，病者需往港島就醫，十分不便。根據序言所説，廣華醫院是因應九龍居民的訴求而成立的。其實，九龍半島的人口，自一八六零年割讓與英國後，不斷增長，華人社群對醫療服務的需求，要到十九世紀末才受到關注，這與一八九四年香港爆發的瘟疫，不無關係。

瘟疫前，無論是醫院總理抑或是病者對疾病能否痊癒，均不敢抱有太大的期望，十九世紀的醫院被視作臨終病人的庇護所，而不是治病的地方，並不足為奇。從病人到東華醫院求醫，採用抽籤方法選擇醫師，而不是以醫師的專長作取捨，可見一斑；而病者死後會否被解剖反而是華人所關注的問題。十九世紀末香港爆發瘟疫，政府希望東華醫院能採取西醫按病症分流的方法，接收病人，減低疫病蔓延，可惜東華醫院處理病人的方法及醫院的衛生環境，均未能達到政府的要求，遂觸發了政府整頓醫院的念頭[1]。

由於東華醫院只有兼任的巡院西醫，沒有駐院西醫負責將病人按病症分流，一八九六年，政府改革東華醫院的第一步是增設華人西醫駐院，而當時的董事局願接受華人西醫駐院，主要是認為該名西醫可確定死因，簽發死亡證，免除死者被剖屍的程序。一八九六年，政府更在東華既有的組織架構上，增設顧問總理，一九零七年政府委任了十七名顧問總理，其中八位為東華醫院前總理，五位是香港華人議員，顧問總理不少後來更成為東華總理，對政府推行新政，有一定的幫助。二十世紀初，東華的新力軍為興建廣華醫院，積極籌募經費。

廣華醫院獲政府撥地十二點三五萬平方呎，一九一一年在九龍油麻地正式落成啟用，廣華較東華的三萬四千九百平方呎（後增至六萬二千八百平方呎）廣闊，其建築費達十三萬元[2]。廣華的外貌雖與東華相似，保留着中國庭園三進式，然而設備卻較西化，甫開幕即設有割症房（外科手術房）、西藥房、西醫生房，以及多間浴房和水廁。同時，政府在「一九一一年東華醫院新增規條[3]」中規定設有華人西醫駐院[4]。為推廣西醫，政府更資助西醫贈醫施藥，中醫卻只是贈醫而不施藥[5]，以上措施就好像是專為解決十九世紀末東華醫院的種種問題而推行。

一九一一年，廣華醫院落成這一年，也是清朝覆亡的一年，總理不能再借助清朝官銜，產生管治威信，傳統的價值觀念，顯得不合時宜。廣華的管理層，已不像東華醫院由行頭領導，十九世紀末二十世紀初，香港的商貿發展，造就了一班活躍於九龍的實業家和律師、醫生、工程師等專業人士，他們不但熟悉華人社會習俗，又經常與洋人接觸，對西式醫院的觀念並不完全抗拒，在他們的領導及督促下，廣華不斷引入西式醫療體制：如針對東華地方不足和衛生不佳問題，銳意改善；在一九二五年，增設接生房，引入護士制度。新的醫療體制在一九三零年東華東院成立以後，更積極被推行。

東華東院的創建

一九二九年落成的東華東院與灣仔「集善醫所」有深厚的淵源。二十世紀初，下環（今灣仔）人口激增，醫療服務需求與日俱長。該區雖已有不少西式醫院，如聖方濟各醫院、灣仔公立醫院等，但提供中醫服務的醫院則闕如。一九二一年，下環街坊代表李鏡波、孫泰等人籌建集善醫所，並獲政府批准立案成立，惟創立不久，集善醫所即發生人事糾紛，且一直未能解決，於是一九二四年政府決定另覓人選接管集善醫所。年輕才俊鄧肇堅（一九二四及一九二八年總理），以及歐亞混血兒羅文錦（何東女婿，一九二九年首總理）等在社會上嶄露頭角。他們年輕有魄力，與殖民地政府關係良好，給予政府一定的信心，因此，東華被委托接管集善醫所，不單是繼續營運，而是選擇在廣闊的掃捍埔建立一間規模龐大的新式醫院。

三院中，以東華東院的規模最大，佔地十五萬六千平方呎。一九三零年代初兩度擴建後，全院共設四百多張病床。建築沒有中式庭園痕跡，而是採用西式風格，共有四層六翼，配備最新式設施，包括割症房、叉光鏡房、升降機、食物傳送機、救火設備、冷熱水喉、煤氣等。為了環境衛生，洗衣房及厨房設於大樓以外；樓宇設計強調空氣流通和充足的光線，為分流病人，更設有肺癆病房、產房、兒科病房、愛生房、戒煙室等專科病房，並有兩位西醫長駐醫院，提供西醫治療。

院際關係

廣華醫院由東華醫院總理籌建，來自港島紳商的捐獻佔善款的八成。廣華本身沒有獨立的總例或規條，醫院的日常運作、人事管理等仍沿用東華既有制度。首任六位主管的職稱為「值理」，於徵信錄的排名稍遜於東華總理。政府在「一九一一年東華醫院新增規條」[6]中，也明確規定廣華由東華管轄。

東華對廣華資金的運用有完全的操控權。廣華的日常開支主要由東華和政府撥助[7]，廣華沿門勸捐、油麻地公立醫局撥款，及演戲所籌得的善款，並非由廣華值理直接管轄，而是存放於東華，廣華每月需派遣司理到老院借取，再從當年總帳目中扣除。在一九一零年代中期，鑑於盜竊眾多，廣華只留三百元左右於院內備用，其餘現金全部存放於老院，負責管理廣華日常帳目的帳房也是由老院調來。

東華掌管廣華的情況到了一九二零年代受到挑戰。在一九二零年八月，廣華值理向東華董事局要求改變最高層的稱謂，由「值理」改為「總理」。廣華領導層並認為廣華只設六名值理，人手不敷日常醫院管理，要求將值理人數增至十二名[8]。雖然東華反對，而廣華也未立刻獲華司批准，但最後廣華仍爭取到每年遞增值理一至二名。一九二二年六月，廣華值理勢力漸長，欲與東華總理平起平坐，建議東華總理出席廣華會議時，廣華主席列於東華主席之右，議案雖最後被否決，但仍可看到廣華總理積極追求獨立[9]。追溯廣華的徵信錄，由一九二二年起，廣華值理已改稱「總理」，而一九二五年，廣華「總理」增至十二名[10]。一九二六年，東華三院董事局成員，規定二十多名的總理中，必須預留席位與油麻地、旺角、紅磡、尖沙咀、九龍城、深水埗、長沙灣等地區的紳商。

一九二二年，一位署名小婦人的善長，針對廣華只贈西藥而不施中藥，特意捐助廣華四萬元作施贈中藥之用，此事給予廣華爭取財政獨立的機會。小婦人的捐款引起東華總理及坊間熱烈響應，施中藥款最後籌得十二萬七千元。該筆善款照例存於老院，由東華總理決定以定存方式收取利息，每年撥助數千元與廣華作施贈中藥用。一九二六年，廣華總理多次要求老院將施中藥款交還廣華置業生息，最後東華總理逼於無奈，順應廣華總理要求，將一半款項購買油麻地新填地街嘗舖，出租圖利，一半放款收息，所得利潤仍存於東華，廣華總理要求自治之意圖，十分明顯。一九二九年東華首總理羅文錦曾謂：「廣華已經脫離東華，漸成一獨立機構。」

東華與廣華的關係，為東華醫院管理東華東院提供了借鑑。東華東院成立後，不再另設東華東院總理，直接將該院歸東華董事局管轄，以免重蹈廣華覆轍。董事局輪流派總理巡視東院，一切人手調配、資金運用均由老院負責。與廣華情形相似，東華東院籌建經費主要由東華總理捐募，開幕前籌得的儲備金達十萬元，存放於老院，由東華總理決定如何運用；此外，東華總理每年也為東華東院開闢財源，如沿門勸捐、演戲籌款等。

無論東華醫院對其他兩院統領的權力有多大，一九三一年，三院合併後，董事局改組並加入了新的規章，成立近六十年的老院的領導地位受到挑戰，必須作相應調適。合併後較重要的改革是東華三院董事局，規定有六名總理及一名顧問來自九龍，他們的加入為東華的選舉帶來新的景象。廣華總理勢力的冒升更不可逆轉，一九三零年代，不少廣華總理出任東華三院的首總理，統一後首屆主席顏成坤亦為九龍代表。九龍總理的選舉，不像東華以行業為基礎，而是採取分區推選，因此行業勢力很難獨大，地緣、血緣關係逐漸變得重要。

另一項影響較深遠的改革是將一八九六年開始實施的顧問總理制度化，顧問總理改稱為永遠顧問總理。早期由顧問總理低調擔任政府與醫院間的橋樑，為院出謀獻策，到一九二零年代中期起顧問總理經常主動召開董事局會議，為董事局制定政策，調解董事局內部新舊勢力的紛爭，東華與廣華總理之間的糾紛，位高權重的顧問總理到了一九三一年更直接主導醫院的運作。在新制度的推動下，廣華和東院由於面積遼闊、設施新穎，逐漸擺脫附屬於老院的成規。

三院設施增建

新勢力所推動的改革，以改善醫院設施和環境，成效最為顯著。從一九二八至一九三四年的短短六年間，東華醫院耗資九十多萬元，開展九大工程。除籌措經費給予總理相當大的壓力外，一九二零年代末，增建設施在行政上也遇到不少阻力，由於擴建不符合創院初期穩健理財的方針，故議案曾多次不為院內保守勢力接納。一九二八年，首總理鄧肇堅（一九零五年首總理鄧志昂之子）提議將殘舊的仁恩病房拆建，並將地下改建為當舖出租，擴大醫院的投資。董事局以忙於籌建東華東院為由，無暇兼顧仁恩房改建，否決議案，同時也反對以街坊捐款投資嘗舖。一九三零年，首總理梁弼予（一九一八至一九一九年廣華總理）重提改建仁恩房一事，議案卻順利獲得通過。同年，增建東院兩翼工程動工，董事局同時為老院加設病房而積極籌款，更決定以儲備墊支仁恩房建築費四萬元。短短兩年內，東華董事局成員思維出現大幅度改變，不但主張老院擴建，並接受投資嘗舖出租圖利的建議，可見新興力量在一九三零年代已佔主導地位。

三院統一後，改建和擴建更成為每屆總理的首要任務。一九三一年，三院統一後首屆總理顏成坤及黃錦培力爭改建廣華傳染病房及割症房，此議案曾在一九三零年由廣華總理提出，然以籌款不足作罷。一九三一年，工程由東華總理合力籌集三萬多元建築費而得以開展，同年十月竣工。一九二九年落成的東華東院，投資四十萬，卻只能提供百多張病床，為了提高醫院效能，一九三零年董事局再籌集五萬元增建兩翼。一九三二年，首總理陳廉伯，以方便日後老院病人遷入為由，再籌集六萬元，多增兩翼，至此東院成為一所樓高四層，設有六翼的醫院。

廣華、東院佔地面積比老院廣闊，建院初始即配備先進的設施。相形之下，位於上環的老院擴展的空間不多。一九三零年的老院除一九二五年建成的五十週年紀念大樓及一九三零年改建的仁恩房外，其他大樓均非常殘舊，包括一八七三年建成的大堂、主樓、平安樓、福壽樓，一九零二年建成的新院，各座院舍都有幾十年樓齡，設施、樓宇均已不符合社會需求。自廣華和東院建成後，老院的主導地位受到置疑。港督和華司認為東華應該放棄以老院為主導的政策，將三院工作重心遷往東華東院。由於東華總理皆反對將重心遷移，為繼續維持醫院六十年的傳統，董事局選擇改建老院。

一九三二至三五年，東華陸續進行改建老院及其附近的物業。首先着手改建的是保良局舊址。一九三一年保良局遷往銅鑼灣，並交還早年借用東華地段。根據政府當初撥地條款，地段需作醫院用途，後港督為改善東華經濟狀況，接納建議將該地改為當舖收租，並徵得理藩院批准。一九三三年，東華動用八萬元儲備，將保良局舊址改建為八間四層樓的當舖，每年為東華增加收入一萬多元。同年，改建主樓，只保留一八七零年建成的大堂及前門，加建六層，老院只保留仁恩房及五十週年紀念大樓，一九三四年五月竣工，耗資達二十一萬元。老院改建後，一九零二年落成的新院已無存在之必要，故東華在理藩院批准下，將新院改建當舖，前後動用公款七萬多元，將老院對面的新院病人遷往東院，拆除改建為當舖二十多間，再為東華添置物業，增加收入。一九三七年老院後座加建兩翼，至此，改建老院大計劃告成，加上原有病房，新院可容納五百名病人，堪與廣華醫院、東華東院媲美。

三院創立的時代背景不同，功能亦有差異。一九一零年代，針對十九世紀華人醫院的種種問題，廣華首先引入西醫體制，新措施的推行，無論在董事局抑或在民間，均遇到不少阻力；一九三零年代，隨着社會轉型，作為新式醫院的典範，東華東院卻被社會接受；三院統一管理後，新興力量更積極推動改善醫院服務質素，老院因而必須回應各方面訴求，走向現代化。新體制致力以西醫的理念，為病人提供衛生、舒適的養病環境，立志改變十九世紀下半期華人醫院的垢病，而西式醫療理念在東華三院的提倡下，也逐漸在香港普及。

[1] The Honourable T. H. Whitehead, "Commissioner's Report on the Tung Wa Hospital", Hong Kong, 17 October, 1896, *Hong Kong Sessional Papers*, Appendix III.

[2] 徵信錄（歲次辛亥創建油麻地廣華醫院發刊）「一九一一年倡建廣華醫院徵信錄」。

[3] 'No. 38 of 1911' The Tung Wa Hospital Extension Ordinance, 一九一一年。

[4] 出任廣華第一位駐院西醫是李賢仕。

[5] 一九二二年一名小婦人為施中藥捐贈善款，彌補了中醫全面贈醫施藥的缺憾。外界來函一九二二年五月十五日。

[6] *The Tung Wa Hospital Extension Ordinance* 'No. 38 of 1911'，一九一一年八月二十五日。

[7] 請參考歷年徵信錄。

[8] 一九一八至二一年度廣華醫院會議紀錄（一九二零年八月二十九日）。

[9] 一九二一至二二年度「東華醫院董事局會議紀錄」，一九二二年閏五月初一、六月十三日。

[10] 致政府書函一九二四至二六年（一九二六年一月十五日）。

一九一一年倡建廣華醫院徵信錄——地點考慮

【資料說明】 序文描述二十世紀初九龍的發展狀況。廣華的創立是因應九龍半島人口不斷增長，對醫療的需求不絕，而醫院設在油蔴地，與該地點人煙稠密、交通便捷亦有一定關係。

油蔴地，居香港之北，相隔一水。其地為新安土股之極端，而廣九鐵路之起點也。居民繁庶不亞於香港，而是地向無醫院。其有疾病，皆來港就醫。時或疾風暴雨，驚濤駭浪，欲濟無舟，嚴寒酷暑，中途阻滯者，不知凡幾。同人等怒焉傷之，均以為是地醫院之設，較之港埠，尤刻不容緩云。

一九一一年倡建廣華醫院徵信錄——常年經費

【資料說明】 政府對興辦廣華醫院所提供的物資，包括撥地十二萬三千五百平方呎、資助建院經費及提供常年資助等，廣華的地積較東華醫院為大，創院的資助基金則較東華為少，但自成立以來，政府每年均有提供營運經費。

然茲華體大，未可叱吒立辦也，乃本港華民政務司蒲公[11]聞之，以為先得我心，引為同志，極力贊助。爰稟蒙大英政府允准，撥給荒地一段，以為醫院基址。並撥款三萬員[12]，為開辦經費，又歲撥六千五百員[13]，為常年經費。餘由同人等勉力擔任，共籌巨款以卒，底於成是院也。基址廣袤共十餘方畝[14]，建築經費靡十三萬金。計經始於丁未年　月　日，落成於辛亥年八月十八日。顏曰廣華醫院，開幕以來於今　載規模觕備、善舉倏興，使貧民就醫，無寒暑風濤之阻，羈旅疾困，有養生送死之安。此固由　政府之一視同仁而尤賴蒲公之樂為勷助，然後我同人等得以各盡綿力，共觀厥成，亦云幸矣。然而山雖九仞敢謂崇高，海縱千尋不自滿。假況茲小就詎謂大成，所冀四海仁人，勗其不逮。同堂善友日益擴充，使施濟之願日宏，推解之仁愈廣，則同人等所共深馨祝者矣。是為引。

[11] 華民政務司蒲公英文全名為 BREWIN, Arthur Winbolt，任期由一九零一至一二年。

[12] 東華醫院創院時，政府撥建築費一萬五千員，另撥醫院日後營運基金二萬英鎊。（一八七四年東華醫院徵信錄）

[13] 實際上，政府撥予廣華醫院一九一一年資助費用為二千一百元，其後不斷增加，一九一二至一八年為八千五百元，一九一九至二五年為三萬二千多元，一九二九年增至四萬元。

[14] 當時的紀錄為「尺」，實際是指「呎」，即十二萬三千五百平方呎，而政府撥與東華醫院的用地只有三萬四千九百五十平方呎。（東華醫院徵信錄：地圖）

一九一一年倡建廣華醫院徵信錄——創建經費

［資料說明］ 自一九零七年東華總理倡建廣華醫院，到一九一一年十月九日醫院落成開幕，其創建開支共十五萬二千九百多元，較東華醫院建成的五萬五千元為多。[15]

[15] 當中六千七百六十元為傢俬費，三千三百四十元用以平整地基，其餘四萬五千元則為醫院大樓建築費。

表 I-3-1 廣華醫院興建費用細目（1911 年）

支出	金額（元）	百分比
建造裝修項	124,794	81.6%
傢俬項	3,322	2.2%
雜項	2,818	1.8%
還借項	22,000	14.4%
總數	**152,934**	**100%**

一九一一年倡建廣華醫院徵信錄——經費來源

【資料說明】 廣華醫院成立的最大經費是由東華總理籌集。四成的捐款來自「香港官紳商各界善士題捐」，共有四百八十三柱，捐款最多的二十三柱為東華歷屆總理，他們的捐款佔該項題捐的百分之五十七，由撫華道（華民政務司）協助募捐的善款佔百分之十，其餘的善款均來自民間。

表 I-3-2　**籌建廣華醫院經費來源**（1911 年）

收入	金額（元）	百分比
香港官紳商各界善士題捐	70,706	41%
辛亥年香港紳商各界善士再題捐	30,037	17%
李鳳山經手勸捐香港各行、蘇地五約各善士題捐	6,583	4%
蘇地五約暨紅磡深水埗等地善士	9,849	6%
官紳各緣簿	7,349	4%
撫華道署經手各善士題捐	17,757	10%
香港各紳商贈傢俬	2,302	1%
蘇地五約各行號題捐助置傢俬	657	0%
息項	6,904	4%
雜項	28	0%
借項	22,000	13%
總數	**174,172**	**100%**
除支存銀	**21,238**	

進支總數列

一進香港官紳商各界善士題捐　銀七萬零七百零六員

一進香港紳商各界善士再題捐　銀三萬零零三十七員

一進李鳳山翁經手勸捐香港各行號題捐　銀三千五百四十三員五毫

一進蔴地五約暨紅磡深水埗等處各善士題捐　銀九千八百四十九員

一進李鳳山翁經手勸捐蔴地五約各善士題捐　銀三千零三十九員二毫五仙

一進香港官紳各緣簿題捐　銀七千三百四十九員

一進撫華道署經手各善士題捐　銀一萬七千七百五十七員四毫

一進香港各紳商題捐助置傢私（俬）　銀二千三百零一員六毫五仙

一進油蔴五約各行號題捐助置傢私（俬）　銀六百五十七員

一進息項　銀六千九百零四員三毫二仙六文

一進雜項　銀二十七員七毫三仙

一進借項　銀二萬二千員

共進銀壹拾柒萬肆仟壹百柒拾壹員捌毫五仙六文

一支建造裝修項　銀一十二萬四千七百九十四員四毫

一支傢私（俬）項　銀三千三百二十一員五毫七仙

一支雜項　銀二千八百一十八員零四仙

一支還借項　銀二萬二千員

共支銀壹拾伍萬弍仟玖百叁拾肆員零壹仙

除支存銀式萬壹仟式百叁拾柒員捌毫肆仙陸文

一九一零至一九一一年度董事局會議紀錄

（東華醫院董事局一九一零年十一月九日會議紀錄）

【資料說明】 廣華醫院經費主要由東華醫院各總理籌措，創院經費籌集困難，需經多次勸捐，仍未籌足所需善款，一九一零年十一月九日東華董事局決定向各行商勸捐，共籌得款項一千二百六十六元。

庚戌十月初八晚會議事宜列左（一九一零年十一月九日）

主席劉鑄伯翁

在座周少岐翁、黃德秦翁、劉伴樵翁、陳説巖翁、李瑞琴翁、潘維宣翁、李榮光翁、陳雲繡翁、胡蘊初翁

一、將前次所議事宜當眾宣讀批准施行

主席劉鑄伯翁曰：初一日，撫華道為廣華醫院事，請列翁會議，弟未曾有到。前敝院會議，僉以此事非本院應辦，且聞有閒言，故欲交回撫華道辦理，今撫華道不欲以官力強人捐助。計各行已交銀有十二行，未收銀者尚有二十行。今請聚會，再為設法。公議分任向各行勸募：金鋪行五十五元，洋參行一百六十八元，公白行[16]七十元，推舉余道生翁勸募。生猪欄行五十元，推舉陳綽卿翁勸募。酒館行一百元，辦館一百元，推舉何棣生翁勸募。咸魚欄行二百元，推舉

周少歧翁勸募。茶居行五十元，客棧行八十元，推舉李榮光翁勸募。棚廠行（六十五）元，推舉李瑞琴翁辦勸募。沙藤東家行三十元，推舉李右泉勸募。生藥行八十元，請萬和昌勸募。洋衣行一百六十八元，請德祥號勸募。鋼鐵行五十元，請成安號勸募。眾贊成。

[16] 公白行是指鴉片煙行。

一九一零至一九一一年度董事局會議紀錄
（東華醫院董事局一九一一年十月廿三日會議紀錄）

【資料說明】 廣華醫院的日常運作經費在開幕前尚未籌足，東華總理需商議籌集善款方法，是次會議邀得華民政務司出席。綜合來說，經費主要來自英國每年撥助八千元、油蔴地公立局捐款五千元，其餘由值理在九龍各地勸捐，及仿效東華醫院做法，由各盛行及殷商認捐。是次會議各前總理、現屆總理及廣華值理答應每年資助廣華經費五十至一百元，合共七百元。

辛亥九月初二日會議事宜列左（一九一一年十月廿三日）

陳啟明翁曰：……如無或捐多少，亦可約算廣華醫院費用，至少亦要弍萬元，方足支用。除皇家每年撥給捌千元外[17]，尚欠一萬兩千元。若太平戲園之稟，可能恩准，即多得經費銀三千元。公立醫局至年尾繳消，可將街坊每年所捐公立醫局款撥入，約有銀五千元，若設法再籌數千，便可足用。

蒲大人[18]曰：有力者，固要樂為佽助。倘有捐助銀拾元，便可有公舉人之權。計油蔴地公立局街坊每年捐款約有五千元。如紅磡一帶，倘得有力幫助，儘可籌捐數百元至妙。推舉一班勸捐值理，與廣華醫院現年就近值理數位，商辦此事。區君鳳墀亦要幫助一切，今日街正到會甚少，不如就近在廣華醫院聚會，商議勸捐善法，更為易辦也。……

劉鑄伯翁曰：廣華經費，今計尚欠數千元，須仿照東華醫院行捐及殷商年捐之法，然所謂殷商年捐者，非係專指大商家而言，如每年能捐壹百元及五十元固屬善舉。若捐二十五元亦可。至于演戲及火船仔所籌所抽之款，能係實濟須求。各位在該處設法籌年捐，及舉定各位擔任勸捐，方為實濟也

公議推舉陳百朋翁每年捐銀壹百元，李右泉每年捐銀壹百元，黃麗川翁每年捐銀壹百元，周熾卿翁或當押行每年捐銀壹百元，香文翁每年捐銀壹百元，尤瑞芝翁每年捐銀伍拾元，李煒堂翁每年捐銀伍拾元，濟隆號每年捐銀伍拾元，萬隆號每年捐銀伍拾元。

劉鑄伯翁倡議推舉黃麗川翁、李右泉翁、周熾卿翁 、梁植初翁、香文翁、尤瑞之、陳百朋翁、李煒堂翁、濟隆號、萬隆號，并廣華醫院現年就近值理數位為籌款值理，并有權加添新值理，協助一切。韋寶珊翁和議，眾贊成。

[17] 日後有改變，政府實際撥予廣華醫院一九一一年資助費用為二千一百元，其後不斷增加，一九一二至一八年為八千五百元，一九一九至二五年為三萬二千多元，一九二九年增至四萬元。

[18] 蒲大人為當時華民政務司，全名為蒲魯賢（BREWIN, Arthur Winbolt），任期一九零一至一二年。

廣華醫院佔地較東華醫院大得多，圖為廣華隔壁的曠地。

廣華醫院典禮，估計是開幕或奠基禮。

一九一一年倡建廣華醫院徵信錄（倡辦廣華醫院總理芳名錄）

【資料說明】 一九一一年東華醫院的各總理，同時也是廣華醫院的倡辦總理，各總理的排名次序亦按照東華醫院一樣，以陳啟明、梅介南、鄧仲澤為首總理，說明廣華醫院最高決策由東華醫院總理掌管。

倡辦廣華醫院總理

雷翊屏　黎秋潭　郭曦垣

梅介南　徐禮珍　李亦梅

陳啟明　黃屏蓀　李煒堂

鄧仲澤　周熾卿　許藉華

張緝三　劉廉讓　梁澍泉

廣華醫院徵信錄（東華醫院辛亥年總理芳名錄、廣華醫院第一任值理芳名錄）

【資料說明】 廣華醫院的管理層稱為「值理」，稱謂與東華醫院「總理」不同，在徵信錄內排名亦在東華總理名單之後，刻意彰顯廣華附屬於東華。

東華醫院辛亥年總理芳名錄

陳啟明　徐禮珍　張緝三　劉廉讓　李煒堂
梅介南　黃屏蓀　雷翊屏　郭曦垣　許藉華
鄧仲澤　周熾卿　黎秋潭　李亦梅　梁澍泉

廣華醫院第一任值理芳名錄[19]

陳柏朋　方建初　崔秩山
梁植初　余植卿　香　文

[19] 陳柏朋及香文皆為九龍蔴地五約暨紅磡深水埗商人。（一九一一年倡建廣華醫院徵信錄）

東華醫院函件［東華致外界函件］一九二八至三三年（東華致外函件一九三零年十一月廿五日）

【**資料說明**】　東華醫院因應華民政務司要求，籌建東華東院，由選址、建成及擴建的過程，均有書信往來。現按時間先後列出各相關資料，目的在於點出東華東院的源起與集善醫院的相互關係，東院的兩次選址過程及東華東院興建年份等。

活大人[20]鈞鑒：敬稟者承

命將東華東院事實開列奉上，乞求大人代轉呈

督憲大人察核是荷。專此。敬請

勛安

東華醫院主席梁弼予頓

庚十月初六日

一九三零年十一月廿五號

附呈東院事實一紙

東華東院由前者好善諸公，于民國十年（即一九二一年[21]），暫在下環設立集善醫院。至

一九二四年馬持隆君任內開會討論，將集善醫院名目改為東華東院，併歸東華醫院管理；

一九二五年馬敘朝君任內，曾蒙　政府給出銅鑼環地段，旋因該處居民投訴，求請遷地建築，殆

至

一九二六年譚煥堂君任內，請求　政府在掃稈埔處，覓得現時東院之地址。蒙　華民政務司夏大人[22]，暨華人代表周壽臣君、羅旭龢君鼎力，及東華醫院顧問勷助，遂蒙　政府允准給出，掃稈埔第二千六百八十六號地段，共十五萬六千五百尺為建築地址；

一九二七年李海東君任內，提議勸捐，及請怕馬丹拿則師，繪則建築；

一九二八年鄧肇堅君任內，蒙　督憲金文泰大人[23]，于五月四號，行奠基典禮；

一九二九年羅文錦君任內，蒙　督憲金文泰大人，于十一月七號，行開幕典禮；

一九三零年梁弼予君等接事後，每至東院巡視，見留醫日眾，額滿見遺，求醫者每有望門之嘆。是以召集顧問，及上任總理敘會，議決由當年總理，擔任籌捐建築，不動公款。現已落成。

[20] 華民政務司活大人英文全名為 WOOD, Alan Eustace，任期由一九三三至三四年。一九三零年，為署理華民政務司。

[21] 所有年份，原件為花碼，花碼是中國民間使用的數字，不少港澳地區的街市、舊式茶餐廳及中藥房仍然採用。

[22] 華民政務司夏大人英文全名為 HALLIFAX, Edwin Richard，任期由一九一三至三三年。

[23] 金文泰（CLEMENTI, Cecil）（一八七五——一九四七），於一九二五年十一月一日至三零年五月九日出任港督。

華字日報（一九二一年七月廿八日）

【資料說明】《華字日報》刊載有關灣仔集善醫所開幕的報導。資料說明集善醫所的開幕時間為一九二一年七月廿七日，地點在大道東九十八號地下，是一所設有兩位中醫師的贈診施藥的醫療機構。

下環醫所開辦有期　灣仔集善醫所，業經華民政務司批准開辦在案。茲聞該醫院現擇定大道東九十八號地下（即進教圍口）為地點，準期本月廿三日（按：農曆）禮拜五開辦。經已延請劉懷德、盧香林兩中醫生駐所贈診，不受分文，貧者兼施藥。又聞得此醫所現已由熱心街坊認捐，得七、八千金，刻仍擬演戲籌款，俾善款多集，而下環一帶貧民將受惠不少矣。

一九二一至二三年度院務會議錄
（集善醫院一九二一年九月廿四日院務會議紀錄）

【資料說明】　此為集善醫所發予捐款人的函件，報告開業首三個月醫所的服務數字。在短短的三個月，診症病人已達一萬多人，甚為可觀，可見灣仔區對中醫的需求甚殷，而集善醫所的成立對灣仔的貢獻甚大。

先生大鑒：公啟者本所幸蒙

鼎助，今頗有成業，經開辦三個月，共診症男界四千零八十五名，女界四千一百八十五名，小童二千二百五十七名，合共診者一萬零五百二十七名，共施出藥八千七百四十一劑，故而佈知，尚

祈

惠臨指示 一切幸勿吝　　不要藥者一千七百八十二名

玉為禱耑此，敬請并候

台安

十年九月廿四日

主席　謹上

下環集善醫所敬啟

外界來函一九二零至二一年（東華醫院外界來函一九二零年十二月十三日）

【資料說明】 在集善醫所成立前，東華醫院接到集善醫所主管龍玉田來信，投訴另一主管李鏡波，說明醫所雖未開幕，但管理層已存在分歧。

榮光

世光[24]大善長鈞鑑：寅啟者灣仔地面遼濶，貧民稍多，創設醫院一事，本不容緩，但以發起人中，有一李鏡波者。此人乃敗類也，灣仔街坊多能知之，即如有來往灣仔蕭秩如先生及莫二廉先生，讀書數年，均撻東修文被羞辱，即此可見。如果此醫院落在他手，似乎為善實乃為惡也。如　大善長有意助成灣仔醫院，此千祈勿與他接洽。如與他接洽，實乃助紂為虐也　。鄙人非與他有惡感，特因乎關公益防範收來耳。耑此佈達，並請

善安

十一月初四日下環龍玉田鞠躬上書

（一九二零年十二月十三日）

[24] 榮光為李榮光，為一九一九至二零年度東華首總理。世光，即何世光，為何東之姪、何福之第四子，一九一八至一九年度東華首總理。

一九二零至二一年度董事局會議紀錄
（東華醫院董事局一九二一年十月十六日會議紀錄）

【資料說明】 集善醫所開幕不足四個月，東華醫院就收到醫所來信要求收歸東華醫院管轄。而東華總理因考慮經費問題，不欲接收集善醫所，說明當時的總理對擴充東華，態度謹慎。

辛酉九月十六日禮拜日會議事宜列左（一九二一年十月十六日）

……

一、李亦梅翁曰：昨接下環集善醫院同人來函，欲與同事各位接洽，擬將集善醫院附入本院辦理。查廣華醫院已歸本院管理，若再兼理一間，負擔過重，如集善醫院未有籌備數十萬元，極難辦理。各位以為何如，請公定。公議請主席將此意達明，倘非籌有十餘萬款項，斷不能當此專責也。

一九二零至廿一年度董事局會議紀錄
（東華醫院董事局一九二一年十二月十八日會議紀錄）

【資料說明】政府答允集善醫所經費不需由東華撥助，加上華民政務司面諭，東華遂願意接收，不過董事局卻藉詞新舊總理交接期近，不能馬上接管，而下年亦未見就此事再作討論，可見對接收集善醫所，董事局尚未達成共識。

辛酉十一月廿日東華會議（一九二一年十二月十八日）

十、下環集善醫院來函，謂欲附屬本院統一辦理，將來用途不用本院捐助經費分文，請公定。公議，謂彼此皆為慈善機關，互相補助，以匡不逮，本屬甚善，且奉華民政務司面諭，將來用途視籌款之多少為衡，可致函贊成。但交代日期甚邇，至所有種種條件一時不能妥訂，擬將此事留為明年新任總理，妥為商定，以圖久遠，而利寔行。

外界來函一九二四年

（東華醫院外界來函一九二四年五月廿五日）

【資料說明】由一九二一至二四年間，董事局並未就接管集善醫所作詳細討論。直到一九二四年五月，才有資料顯示集善醫所正式撥入東華醫院管理，由督憲批准在灣仔撥地興建東華東院。

東華醫院

列位大總理先生大鑒：敬啟者下環集善醫院，發起組織，經已有年。茲蒙　史督憲[25]允准，在灣仔撥地建築，同人並公決，改名為東華東院，附入東華醫院經理。今擬於陽曆六月一日／夏曆四月廿九日下午兩點鐘假　貴醫院開大敘會，商議籌策，進行一切事宜。諒事關善舉，定邀俞允也。專泐順頌

善祺。唯

照不宣

創辦同人拜啟　甲子四月廿二日

（一九二四年五月廿五日）

[25] 即為港督司徒拔，STUBBS, Reginald Edward（一八七六—一九四七），舊譯史塔士。在一九一九年九月三十日至二五年十一月一日期間出任港督。

一九二九年剛落成的東華東院，只有兩翼四層，各層均設寬敞的迴廊，房間的木製百頁門與走廊相連，設計上重視光線及空氣流通。

一九二四至二九年度東華東院誌事錄（創辦東華東院值理一九二四年五月三十日所召開會議紀錄）

【資料說明】羅旭龢（KOTEWALL, Robert Hormus）簡述東華接收集善醫院的經過，其中出力最多者有何世光、霍桃溪[26]等，力請政府撥地建院。東華東院首次選址為灣仔街市附近，目的在繼承集善醫所的職能，服務灣仔市民。

甲子四月廿九日禮拜日會議事宜列左（一九二四年五月三十日）

……

是日下環集善醫院，假座東華醫院大敘會，商議將集善醫院名目改為東華東院，併歸東華醫院管理。先由何世光翁倡議，推舉馬持隆翁為臨時主席，羅旭和翁和議，馬持隆翁就座。宣言曰：弟對於集善醫院事務，不甚了了，請羅旭和翁對眾宣佈。

羅旭和翁起言曰：查下環集善醫院，係由各善士組織而成。因下環一帶居民日多，若不增設一留醫機關，殊覺下環貧病者，諸多不便。集善醫院之宗旨，專為施醫施藥者，辦理以來成績甚優。何君世光，亦極為出力。因此事而引見華民政務司者，亦不下十數次。且何君曾允擔任籌一鉅款，以利此院之進行。又去年霍君桃溪桂兆諸君，因此事著弟稟請督憲撥地建築。當時鄙見以為應撰一稟詞，得多數人簽名，則事可易成。不上七天而簽名稟內者七、八十人。該稟由弟轉呈華民政務司夏君，譯為英文，未及遞呈。督憲乃離港赴英賽會，交下華民政務司活君。後周君壽臣同弟入見，詢及此事。活君亦極喜幫忙，後舉出李右泉、梁弼予、霍桃溪、李炳諸君及弟為分任值理，專任察視地段。曾經閱過數處地段，未有成議。

十日前，分任值理再見工務司，政府擬在灣仔街市上便，即公立醫局附近處，探出一地。惟只得數千尺，若連前便之洗衣房一併取得，約有二萬尺[27]之譜。惟現時尚未有實在答應，今政府將詞批回問：該醫院擬定床位若干，每年經費若干，欲求政府每年津貼若干。現擬答覆：擬定床位一百張，每年經費三萬金，求政府每年津貼至少一萬元。未知各位以此種答覆為合否耳？眾一致舉手贊成通過。並將集善醫院改名東華東院，併歸東華醫院管理之議，附表決。眾亦一致舉手贊成通過。

何世光翁曰：吾人之設醫院，不外為貧民計耳。若取回洗衣房之地改作醫院，未知洗衣房另有別處地方遷移否？否則因醫院建築，而令工人失業，大失慈善本旨，應否由分任值理再行採擇。討論良久，由霍桃溪翁倡議，以此處地方為合，但須向政府聲明，吾人非強要洗衣房地方。如政府能給回洗衣房以相當位置，則請將此地給與吾人建築醫院。余偉賓翁和議，眾贊成通過。……

[26] 霍桃溪，即霍桃兆，為一九二二至二三年度東華總理。

[27] 廣華面積為十二萬三千五百平方呎，而初建時東華醫院的面積是三萬四千九百五十平方呎。

一九二五年外界來函

【資料說明】 政府致函東華顧問總理羅旭龢，希望在銅鑼環（今銅鑼灣）撥地興建東華東院。此與前次東華會議的選址不同，此為第二個選址。然未有資料顯示政府為何建議撥此地與東華。

Secretariat for Chinese Affairs,

Hong Kong, 16th May, 1925

Dear Mr. Kotewall,

Hospital, Causeway Bay

With reference to your letter of 9th April, I wish to confirm my verbal statement to the effort that the Secretary of State has approved the grant of the site without premium and at a nominal Crown Rent. There are of course a number of other conditions, the most important of which are :

(1) That within 3 years from the date on which P.W.D. notify us that we can take the site, we have to spent $70,000 on hospital buildings.
(2) Within 18 months from the same date, we have to form the site and half the contiguous roadways (2).

I will ask for a copy of the site-plan and conditions to be filed here for reference. In the meantime would you be so good as to pass this letter round to those concerned.

Yours sincerely,

(Sd). D. W. Tzatman

一九二四至二九年度東華東院誌事錄

（東華東院一九二五年九月廿六日會議紀錄）

【資料說明】 銅羅環街坊以衛生為由反對在附近興建醫院，故東華需另覓地建院。銅羅環街坊建議於亞細亞火油公司後面，眾總理商議後認為該處有瘴氣，且地形不佳。譚煥堂總理在法國醫院背後覓得一地，建議各總理實地考察，此為第三個選址。

乙丑八月初九禮拜六日（一九二五年九月廿六日）會議事宜列左

（一）馬敍朝翁曰：今日敍會係再商議東華東院地址事宜。但前六月間，接到銅鑼環天后廟馮仙姑廟保、街坊、居民、業主等訴詞，請擇遷東華東院基址，以重民居而保衛生等語，並于詞內聲明代為覓得新地點一處。此係在亞細亞火油公司之後，經于前數日會仝李右泉、李葆葵、李亦梅、林護、霍桃溪、莫晴江、余偉賓君等，同往察看。惟事關重大，不得不從長計議，究應如何辦理之處，請舒偉論。

李葆葵翁曰：聞霍桃溪先生曾往該地看過，且又熟識工程，今請霍君將該地情形宣佈。

霍桃溪曰：亞細亞火油公司背後之地址，于前數日曾同數位前往察看。當時亦不過大約看過而已。第一恐該處有瘴氣，第二工程浩大，須要掘山開路。將來如係建築醫院，由路邊用摩打上地盆，須七八百尺長之多。掘山亦要一百尺或九十尺之譜。在弟鄙見。此地不適于用，仍請各位討論。

李右泉翁曰：弟意亦以此地為不合，工程浩大，非十年不能成功。

于是即席由譚煥堂翁提議，並送上圖則一張，謂另有一地在法國醫院之後約□萬尺，空氣充足，來往利便，適合醫院基址之用，可否即席約同各位前往察看，然後定奪。

馬敘朝翁曰：創設醫院為公眾謀幸福，今各位既不贊成亞細亞火油公司後便之地，今蒙譚煥堂君在法國醫院背後覓得一地。頃間，譚君所提之議並呈上之圖則，約各位先往一看，然後再定。未知各位贊成否，黃廣田翁和議，在座一致贊成通過。

一九二四至二九年東華東院誌事錄

（一九二六年三月廿五日東華東院誌事錄）

【資料說明】 東華總理實地考察後，認為掃稈埔，即法國醫院背後之地為最好，坐山向海、空氣充足，亦未有批出予他人，眾總理決定向政府要求於掃捍埔撥地興建東華東院。

丙寅二月十二禮拜四日會議事宜列左（一九二六年三月廿五日）

（一）譚煥堂翁曰：今日請各位到院敘會，為商議東華東院地點事宜。因前所定之地址，經暫取銷。今再覓得掃稈埔，即法國醫院後便，近山邊，坐山向海。經在座諸君有多位前後看過，皆稱滿意。今請各位再行討論，遂將圖則呈出列位參觀。

李葆葵翁曰：此地經弟與譚煥堂君往看過。該處地方通爽，空氣充足，將來可以發展。弟甚贊成也。

馬敘朝翁曰：譚主席經往工務局按圖查問。據云，此地段未有批出與人，或可易於領取。

李右泉翁曰：如各位皆以此地為合適者，趁華人代表在座，可請周羅兩君代向　政府稟求也。

梁弼予翁曰：前數天，弟亦有同往參觀。以弟愚見，此地勝過天后廟與亞細亞油公司後便之地。蒙譚煥堂君覓出此地，想已費許多心力。請兩位華人代表先向　政府稟求，如政府未批准此地以前，不可遽然取消前一段，俾有採擇也。

羅旭和翁曰：此地弟亦曾經看過，似甚適用，但未有路通行。如各位贊成此地點，弟與周壽臣君求　政府給地段並築路。

梁弼予翁又曰：今早弟見霍桃溪君。彼謂有要事未暇到敘會，但霍君亦極贊成□□□何華堂翁命弟按敘會信□亦親往□察□看見山頭有雨前草，恐附近不無瘴氣。如將所有之水池小孔填平，則無蚊虫。此亦易事耳。

譚煥堂翁曰：各位皆贊成此地，請表決之，遂由李葆葵倡議，馬敘朝翁和議，眾贊成通過。

一九二五至二六年度董事局會議紀錄
（東華醫院董事局一九二六年十二月十一日會議紀錄）

【資料說明】 資料顯示東華東院的規模。政府初步撥地只有十萬平方呎，經東華總理要求，最後撥地十五萬六千五百平方呎。

丙寅十一月初七禮拜六會議事宜列左（一九二六年十二月十一日）

……

（二）主席譚煥堂翁曰：今日請各位到敝院敘會，為東華東院預備計劃及籌款事宜。謹將求領地經過情形略為宣佈。因初時政府欲給掃桿埔地一段，僅得十萬尺左右。弟恐不敷所用，是以弟約同伍于簪君、郭泉翁君等會同華民政務司夏大人及工務司等親到該地察看。經面稟　夏大人謂，料將來人煙稠密，恐不能發展，求轉達　政府，現蒙　允准給出掃桿埔地一段，共計一十五萬六千五百尺[28]，俾作建築東華東院之用，皆蒙　夏大人暨華人代表周壽臣君、羅旭和君[29]協力勸助，方得成此効果。但仍候理藩院同意，然後興工建築也。現擬先行印發緣部，附寄外洋各埠籌捐建築，俟遲數月，再行在港地勸捐也。又經託帕馬丹拿則師劃則，茲將建築東院圖則，草稿呈出。此則預備約有二百餘張床位，又將舉出各埠勸捐員表一紙，請各位察閱。……

[28] 三院中東華東院面積最大。

[29] 力主開辦東院的華人代表包括周壽臣、羅旭龢、周峻年。

一九二八年五月四日東華東院奠基典禮上，金文泰總督與官紳合照。

一九二四至二九年度東華東院誌事錄（東華東院一九二七年八月六日、十月十五日會議紀錄）

【**資料說明**】　東華東院最大的特徵是採用西方醫療設備，如割症房（外科手術室）、叉光鏡房等。醫院相當重視空氣流通、光線充足及衛生環境（洗衣房、廚房遠離病房），具新式醫療概念。

丁卯年七月初九日（一九二七年八月六日）

（二）李海東翁曰今日敘會為表決圖則事，遂將現定之圖則與前定之圖則不同之處，逐款宣佈：

（一）擬將兩翼之三樓改作自理房。

（二）左右兩翼加大騎樓及加長約二十尺。

（三）將廁所、浴房移在兩翼之後。

（四）將厨房移置大樓之外

（五）梯後浴房減去兩翼，以留光線。

譚煥堂翁曰：此圖則已由圖工部專員商酌更改妥，惟弟意擬在正座後便加多一樓梯為抴已故病人往殮房之用。據則師謂，亦為合理，否則亦須設有工人梯為合。李右泉翁曰：此梯實不能免，並謂現時最要表決者，為將後便各翼暫緩籌劃，俟籌有款項然後再定，眾以為合。

丁卯年九月廿日禮拜六會議事宜列（一九二七年十月十五日）

（四）李海東翁曰：前定之東院圖則，畧有更改之處，因皇家醫生以為現定之割症房及乂光鏡房，須要更改並擬將全樓向北，醫生住房與看護房對調，洗衣房、厨房另築於大樓之外。

伍于瀚翁曰：如全樓向北，因與地盆不合，惟有將割症房向北，此事俟圖工部研究再行報告。

一九二七至二八年度董事局會議紀錄
（東華醫院董事局一九二八年六月十五日會議紀錄）

【資料說明】 在東華東院的額外工程各條款中，見到很多新式的硬件設備，如升降機、冷熱水系統、救火增力機（電動摩打）等，說明東華東院的設施已具備現代建築特色。

戊辰四月廿八日禮拜五會議事宜列（一九二八年六月十五日）

（二）鄧肇堅翁曰：東華東院額外工程，經上期敘會通過。請則師將價單交來定奪。現由則師列來額外工程共十三款，計開：

(1)、客升降機　(2)、餸機　(3)、冷熱水務　(4)、潔淨器具　(5)、鋼窗框　(6)、紅膠樓面及墻腳綫　(7)、先士間墻　(8)、內墻批檔　(9)、腊青天面　(10)、電綫　(11)、救火器　(12)、門鎖　(13)、打把場渠工程

現據則師謂，有六款須早日定貨。已由各號格價為最平者，開列於下

(1)、客升降機九千五百五十元　(2)、餸機　二千八百七十八元　以上二款由天祥洋行定

(6)、紅膠樓面及牆腳綫一萬一千一百二十元五毫　以上一款由要尼地鴨巴士陀號定

(7)、先士間墻三千七百二十元三毫三仙　(8)、內墻批檔一千七百六十七元五仙以上二款由公益建築有限公司定

(11)、救火器具（甲）士兵架號救火增力機二千九百元。（乙）咩利域架號一切救火喉由街喉較至樓內及配連十二條五十尺長帆布喉二千五百一十五元（丙）咩利域架號八個火救筒及沙兩桶四百一十五元，以上三柱共銀五千八百三十元減三個八先伸銀一百七十五元實銀五千六五十五元，以上六款之價單，為最平各位以為合否，有無更改，請公定。惟尚有較貴之價單存在則師處，如各位欲往察看，可隨時約弟同往。

李右泉翁曰：該六款額外工程經由則師將預算表比較為平，弟提議以上六款額外工程應即照定。譚煥堂翁和議，眾贊成通過。

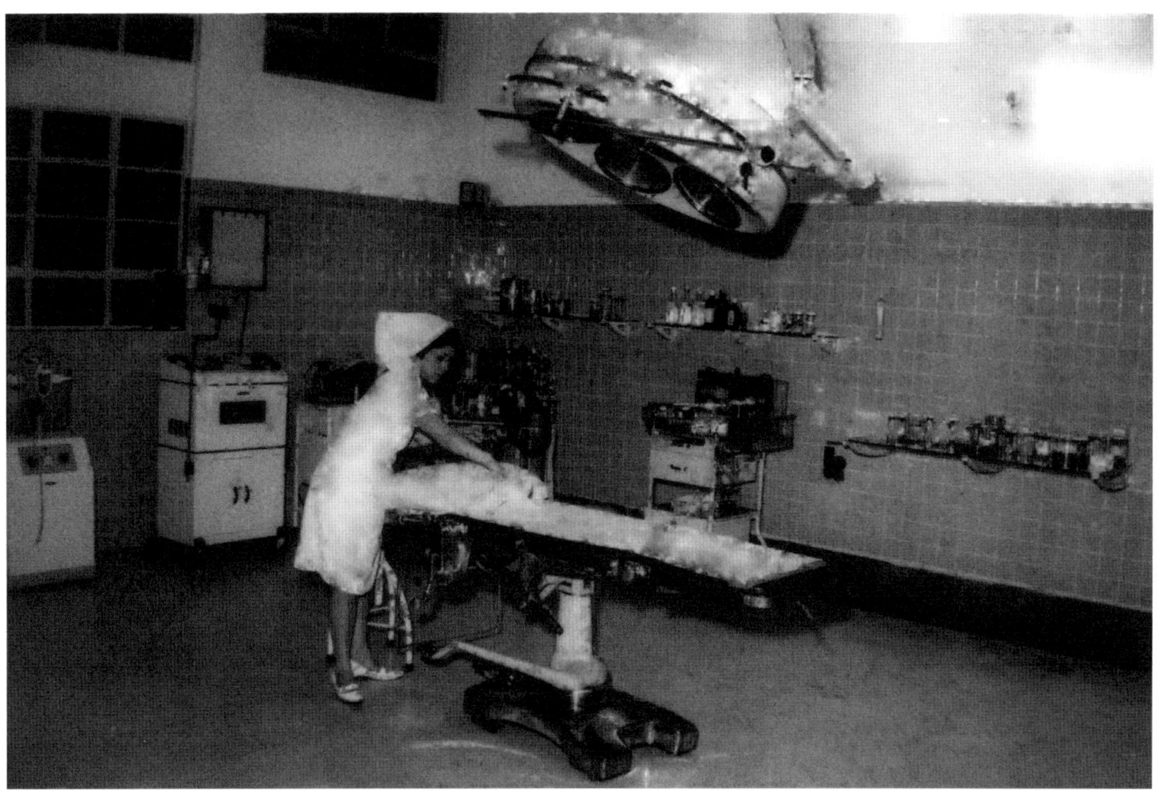

東華東院擁有的先進器材

一九二九年東華醫院及東華東院報告書

【**資料說明**】此為倡建東華東院收支表。因東華東院的規模較大，各醫療、建築設備俱較新式，故倡建東華東院的總支出高達四十萬元，為三院最多者。支出大部份用於建築工程，其中內外科儀器佔百分之七。歷年東華東院籌得的捐款總數為五十六萬元，扣除支出後，剩餘的十餘萬元用作未支的工程費用及日後的營運經費。

一千九百二十九年五月，總理曾刊發本院中西文勸捐廣告一本，兩月之後，復蒙　金督大人俯允總理之請，發出勸諭居民捐助本院一書，總理深蒙此書之助力不淺也。開幕之日，僕[30]在演說詞中，曾將計至一千九百二十九年十一月廿日之財政情形述及一切。而計至一千九百二十九年年尾，則其情形乃如下列：

進數

每年實收得之捐款

一千九百二十四年	一千三百零二元二毫三仙
一千九百二十五年	九十五　元七毫正
一千九百二十六年	無
一千九百二十七年	二十五萬五千二百七十九元一毫二仙
一千九百二十八年	一十二萬四千一百零七元三毫二仙
一千九百二十九年	一十六萬一千七百零一元三毫正

共收利銀　二萬一千二百七十九元七毫正

接收集善醫社撥來數　一千四百八十七元八毫五仙

收雜項　四百七十九元三毫九仙

共銀五十六萬五千七百三十二元六毫一仙

開幕後收入自理房費用及藥費共銀五百二十八元零八仙

以上共進銀五十六萬六千二百六十元零六毫九仙

支數

建築費、額外工程費、管工薪金、則師費用、共銀三十一萬五千三百九十九元二毫三仙

内外科儀器支銀二萬八千一百五十七元一毫正

告白費、捐款人及籌款專員磁相費、紀念碑、及文房用品等費、與及開幕前之職員薪金、共銀一萬九千一百零四元八毫一仙。

支辦理灣仔集善醫社費用一萬九千八百零三元四毫一仙

支本院自開辦至一千九百二十九年十二月三十日之經費共銀一萬零六百八十一元七毫一仙

以上共支銀三十九萬三千一百四十六元二毫六仙

除支尚存銀一十七萬三千一百一十四元四毫三仙

尚須待支之數

欠建造人數尾銀五千八百七十五元二毫二仙

欠公益建築有限公司數尾銀一千三百九十二元四毫一仙

由一千九百三十年元月一日至二十日預算支經費共銀五千八百四十六元八毫正

尚須待支共銀一萬三千一百一十四元四毫三仙

比對除已支及待支數目尚存淨銀一十六萬元正

觀於上列數目，可知僕等交代時交出之餘款，乃為十六萬元也。至於由開幕至十二月卅一日，其經費之所以達至一萬餘元者，乃因內連積買藥料煤炭伙食等等，而此種積買藥物，乃可用過此期之外。故由此計算，是月經費淨用銀僅過六千元而已。須知倘若此院人多至滿，則每月經費定必循自增加，而僕等預算東院每年經費，為數約需九萬元，雖不中不遠矣。

[30] 即為此報告書的撰寫人，一九二八至二九年度東華醫院主席羅文錦。

表 I-3-3 **倡建東華東院收支狀況**

收入	金額（元）
1924	1,302
1925	96
1926	不詳
1927	255,279
1928	124,107
1929	161,701
利銀	21,280
集善撥來	1,488
雜項	479
自理房及藥費	528
總數	**566,260**

支出	金額（元）
欠建造尾銀	5,875
欠建築公司	1,392
歷年預支經費	5,847
總數	**13,114**
除支存銀	**160,000**

應支未支	金額（元）
建築工程等費	315,399
內外科儀器	28,157
宣傳費	19,105
辦理集善費用	19,803
日常經費等	10,682
總數	**393,146**
除支存銀	**173,114**

擴建後的東華東院，共設六翼四層，五百張病床。

廣華醫院徵信錄（一九一一年至三五年歷年收入表）

〔資料說明〕 一九一一至三五年廣華的收入，來自政府撥款平均達百分之三十九點六，其次為善士捐平均達百分之二十四點二，東華撥助平均為百分之二點四。政府撥款包括大英政府捐助、大英政府津貼施棺、大英政府特別津貼經費、大英政府津貼西藥、蘇地舊公立醫局撥來經費經等。善士捐助包括殷戶年捐、各善士捐、各緣部捐款，以及施壽衣、施棉衣等。經常性收入為醫院的日常收入，如就醫費、收藥費、沽糟水，以及自理房租（私家病房房租）、分娩就醫費、女看護膳費、十字車等。籌款包括演戲籌款及沿門捐款。非經常性收入指倡建餘款項、蘇地痘局租項、改建千里亭項銀、廟宇租項等。

表 I-3-4　廣華醫院歷年收入分佈綜覽（1911-1935）　（單位：元）

年份	政府	善士	施中藥	東華捐助	籌款	經常性收入	非經常性收入	總數
1911	2,100	339	0	0	0	452	8,831	11,722
1912	8,500	3,628	0	2,000	482	1,317	8,603	24,530
1913	8,500	3,507	0	2,000	3,452	1,564	3,804	22,827
1914	8,500	4,550	0	2,000	266	2,531	0	17,847
1915	8,500	5,415	0	2,000	16,200	1,766	0	33,881
1916	16,565	12,192	0	2,000	2,713	2,837	0	36,307
1917	13,850	9,478	0	2,000	0	2,201	0	27,529
1918	13,266	9,339	0	2,000	0	2,671	0	27,276
1919	33,388	6,699	0	12,000	2,920	2,376	0	57,383
1920	33,890	10,539	0	2,000	0	2,668	150	49,247
1921	34,200	34,602	0	2,000	4,239	3,457	150	78,648
1922	34,587	20,048	127,757	2,500	2,286	6,147	0	193,325
1923	30,449	20,063	10,596	2,000	3,331	8,753	0	75,192
1924	30,742	18,803	11,466	2,000	10,537	4,814	0	78,362
1925	39,593	19,378	13,367	2,000	2,669	4,007	0	81,014
1926	40,177	17,371	13,922	2,000	1,754	5,878	0	81,102
1927	45,062	38,566	10,137	2,000	3,212	7,124	0	106,101
1928	51,172	39,571	10,826	2,000	3,835	10,447	0	117,851
1929	48,336	51,657	13,338	2,000	3,996	21,854	3,237	144,418
1930	48,141	15,929	13,518	2,000	4,090	24,909	1,837	110,424
1931	48,635	10,356	13,404	0	8,829	26,670	9,990	117,884
1932	48,070	31,590	12,362	0	6,097	28,500	6,790	133,409
1933	46,774	30,379	11,372	0	8,911	25,491	0	122,927
1934	46,765	31,620	9,005	0	8,728	23,325	0	11,943
1935	46,664	34,928	6,785	0	6,555	22,958	0	117,890
總數	**786,426**	**480,547**	**277,855**	**48,500**	**105,102**	**244,717**	**43,392**	**1,986,539**
百分比	**39.60%**	**24.20%**	**14.00%**	**2.40%**	**5.30%**	**12.30%**	**2.20%**	**100.00%**

一九一八至二一年廣華醫院會議紀錄（廣華醫院一九一八年十二月五日、廿一日會議紀錄）

【資料說明】 廣華醫院自創院以來，一直沿用東華醫院的籌款方式，透過總理或值理的商業網絡，設立緣部勸捐，惟廣華以分區形式向九龍各區募捐，所籌的款項並不多，只佔百分之五點三（見廣華歷年收入表）。

戊午一九一八年十一月初三禮拜六在廣華醫院敘會（一九一八年十二月五日）

二、東華醫院來函云：本院經費歷年不敷，本年留醫甚眾，苟不開捐，則實難支持等語。

廖奕祥翁云：以本年用費浩繁，已入不敷出。請眾位磋商，如何辦法。

李棪伯先生[31]云：本院向係每年舉行沿門勸捐一次。因歐戰開始，自甲寅年至今五載，於茲未有捐募，可否沿門勸捐一事，并發緣部送各善士捐簽照舊□仿。

徐炳南翁和議。眾贊成。

戊午一九一八年十一月十九日會議紀錄（一九一八年十二月廿一日）

五、徐炳南翁云：本院沿門勸捐，向係分編油蔴地、尖沙咀、紅磡各約緣部一本。可否於各約緣部首二篇，書明其捐助百元或數十元者。使各鋪戶觸目，有所觀感，則捐輸定較為踴躍。請公定。

廖奕祥翁和議。眾贊成。

[31] 自廣華開幕伊始，李棪伯即任職司理，至一九二零年時因家事請辭。

廣華致東華函件一九一六至二一年

（廣華致東華函件一九一七年八月十二日）

［資料說明］ 廣華每月開支，均需往東華醫院提取，廣華本身並無應付日常支出的儲備，可見廣華醫院的財政，仰仗東華醫院，不能獨立自主。

東華醫院

列位善長先生台鑒：敬啟者敝院六月份月結預算，支結各數共約需銀二千零五十元*[32]，內米銀一百九十五元五毫四仙，油銀十八元，柴銀二十八元七毫八仙，中藥約銀二□□元，西藥銀五百六十一元七毫五仙。七分板約銀七十元，葬費銀四十元，病人伙食及牛奶約銀二百四十元，各等雜用約銀二百元，西醫生酧金及車費銀一百六十二元，總司理及唐醫師各伴下半月酧銀二百零一元七毫，共約需銀二千零伍拾元之譜，除現存及蔴地舊公立醫局撥來款外，擬於廿九日由李棪伯先生（手）親到　貴院借領港紙銀壹仟柒佰伍拾元，俾應支用。專此奉達，并請

善安

廣華醫院啟　丁巳六月廿六日

（一九一七年八月十二日）

[32] 有「*」標誌即表示原件中為花碼，全書皆如此。

一九一六至一七年度廣華醫院會議紀錄

（廣華醫院一九一六年十月廿一日會議紀錄）

【資料說明】 廣華醫院創建經費盈餘及各收入一直存放於東華醫院，故廣華每月開支需向東華提取，東華會將有關收支記帳，再於廣華的收入中扣除，可見廣華的資金運用由東華醫院控制。

丙辰九月廿五日禮拜六日在廣華醫院敘會（一九一六年十月廿一日）

主席黃卓卿翁

七、乙卯年本院與東華醫院來往數應如何造法，附入徵信錄，請公定。公議照乙卯年結造，將本院與東華醫院全年來往進支總數，附入徵信錄。并照乙卯年結所批。謹查，廣華醫院於甲寅年借過東華醫院銀壹萬壹千弍佰九拾四元。乙卯年借東華醫院來銀弍萬零壹百八拾叁元弍毫壹仙。兩年共借銀叁萬壹仟四百七拾七元弍毫壹仙。除回乙卯年，附貯東華醫院銀叁萬壹千弍佰八拾四元叁毫八仙外，仍借過東華醫院銀壹百九十二元八毫三仙。在乙卯年徵信錄內□□。

□眾贊成。

一九一六至一七年度廣華醫院會議紀錄

（廣華醫院一九一六年七月八日會議紀錄）

【資料說明】 一九一零年代，香港盜竊案件頗多，廣華值理遂決定廣華日常儲存現款不應超過三百元，餘款皆存於東華處。廣華值理亦認同廣華的資金應由大院（即東華醫院）保管。

丙辰六月初九禮拜六日在廣華醫院敘會（一九一六年七月八日）

四、楊惠言翁提議：近日盜風猖獗，搶劫之事，時有所聞。嗣後本院存貯銀兩，不得過叁佰元左右，餘存過多，則交東華醫院存貯。此為慎重公款起見。

眾和議。

外界來函一九二二年

（東華醫院外界來函一九二二年六月十日）

【資料說明】 一九二二年署名小婦人的善長，有鑒於門診中醫不設施贈中藥，遂將個人積蓄四萬多元，捐助廣華門診作施贈中藥用，希望能喚起各界關注，協助廣華籌募中藥經費。

謹啟者：氏見得近日世界艱難，困苦日眾，至有貧而無告者，稍染病時，雖有贈醫而想調理身體，自忖無錢買藥，由此失治者不知凡幾。以此而論，雖有贈醫儼若無也。氏又鑑於庚申年　貴院諸大總理藉　貴醫院五十週紀念自解善囊，全體捐出巨款，首為之倡兼之奮力勸捐，竟籌得破天荒之巨款二十餘萬員，擴增新院，使將來貧苦者到院留醫，不至不得其門而入，而死於道路矣！當其時諸大總理，可謂苦心遠慮，恤憐之心，廣大無涯。氏感於此，特於前兩月，行將一生之積蓄，以匿名「有名氏」三字捐出，微款共港艮四萬零伍佰八十員，交與東華醫院點收，交廣華醫院施贈中藥。據當日　貴院總理對氏云，需拾萬員以上的款，可以收息辦到完全施贈中藥。氏當時即云有殷富如　列位貴總理者，無難籌達其數。倘　貴總理先行捐筆大款，(首)為之倡。氏可信能達過於貴總理之預算表也。氏乃女流，盡足良心，及盡天道，以微力惠及人羣困苦者。望男界諸大善長出乎氏之頭者，解囊施捨，濟濟有眾，及我女界節些虛耗，捐出惠羣，則事成矣。氏夙聞本月十六下午兩點鐘，在　貴院開第幾次敍會，商及此事。得聞之下，多感多勞，列位之至函時，請將氏之潦草不成文之信，當眾宣佈，併登請報紙，是所厚望。氏可決事必成矣！所謂，有志事竟成也。氏恳

列位善翁鼎力，小婦人感激無限，貧苦人感恩不淺矣！

肅此恭望

東華大醫院

列位大總理　善鑒

小婦人有名氏斂袵

壬戌年五月十五日

（一九二二年六月十日）

一九二二年，廣華醫院獲「小婦人」捐贈施中藥善款後，開始重視中醫門診贈醫施藥。

一九二一至二二年度董事局會議紀錄

（東華醫院董事局一九二二年六月十一日會議紀錄）

【資料說明】 善長「小婦人」的捐助在東華醫院董事局引起廣泛的支持，各總理決定發動募捐，促成施贈中藥之事，會議上推舉出一百零三名殷商擔任「廣華醫院施贈中藥勸捐值理」，為施贈中藥籌募善款。被推舉者均為當時社會名望最高者，從排名先後，可見各人的社會地位的重要性。

壬戌五月十六禮拜日會議事宜列左（一九二二年六月十一日）

主席　盧頌舉翁

在席　何華堂翁　梁弼予翁　陳少霞翁　黃秀生翁　黎海山翁　葉露韶翁　李杰初翁　曾富翁　唐子修翁　區紹初翁　李聘侯翁　林鳳巢翁　馮平山翁　李右泉翁　何世光翁　李亦梅翁　李順帆翁　龐偉建翁　黃活泉翁　朱嶧桐翁　高德輝翁　邵鑑泉翁　阮伯良翁　李葆葵翁

一、盧頌舉翁曰：今日請列翁到敘，為廣華醫院施贈中藥事宜。前月廣華醫院，有一婦人到該院參觀。查悉該院開辦十餘年之久，留醫者均已一律施贈醫藥。惟街外到院求診者，西醫則施贈西藥，中醫則未有中藥施贈，此舉甚為抱憾。且該院毗連新界，貧民眾多，滿目瘡痍，殊堪憫惻，遂慨然用「有名氏」字，捐出一萬元。次日，又加捐三萬元，共四萬元，為該院施贈街外中藥之用。查本院所施街外中藥，每日三百餘劑，若非籌得十餘萬元，恐難為繼。昨晤華民政務司夏大人，謂該婦人如此熱心，請設法再籌捐六萬元，共十萬元，為基本金便可行此善舉，若能籌得十二、三萬元則更妙也。今日之問題於施贈廣華街外中藥一事，未知應進行否，以一婦人而捐出四萬元為之倡始，有此熱心，是又不得不設法成此美舉。又未知籌款有何善法，請列翁各抒卓見也。公議即席開捐，並即席舉出周壽臣翁、伍漢墀翁、何澤生翁、何曉生翁、周少岐翁、李右泉翁、陳賡如翁、李葆葵翁、馮平山翁、盧頌舉翁、何華堂翁、梁弼予翁、陳少霞翁、黃秀生翁、黎海山翁、葉露韶翁、馮汝臣翁、李杰初翁、曾富翁、唐子修翁、區紹初翁、李聘侯翁、林鳳巢翁、李亦梅翁、黃廣田翁、李星衢翁、黃活泉翁、陳聘予翁、李礽藻翁、朱嶧桐翁、馬沃川翁、李佐臣翁、林德儔翁、李韶清翁、陳樹階翁、郭墨緣翁、唐兆麟翁、鍾曜臣翁、朱松軒翁、邵鑑泉翁、盧仲濂翁、高德輝翁、黃建文翁、阮伯良翁、林子垣翁、李帆順翁、余道生翁、何穎泉翁、黃伯臣翁、龐偉廷翁、莫文賜翁、李冠春翁、劉亦煒翁、陳創遠翁、李瑞琴翁、黃耀東翁、黃卓卿翁、杜四端翁、黃茂林翁、馮香泉翁、羅長肇翁、黃蘭生翁、何世光翁、何世榮翁、李榮光翁、黃幹生翁、陳雨泉翁、蔡少垣翁、劉季焯翁、劉漁訪翁、鄧志昂翁、唐溢川翁、高可寧翁、莫晴江翁、蔡功譜翁、利希慎翁、梁裕簡翁、簡玉階翁、簡孔昭翁、簡照南翁、王國璇翁、蕭瀛洲翁、陳殿臣翁、馬永燦翁、楊貞石翁、李子芳翁、簡東浦翁、簡英甫翁、周雨亭翁、余敬舒翁、余彬南翁、招畫三翁、林護翁、尹文楷翁、蔡昌翁、霍桃溪翁、蕭垣翁、梁仁甫翁、李玉堂翁、周東生翁、葉秀之翁、陳碧泉翁、余偉賓翁為為廣華醫院施贈中藥勸捐值理。

廣華醫院徵信錄

（一九二二年廣華醫院徵信錄）

【資料說明】 因為「小婦人」的捐助及總理的支持，社會上引起了廣泛響應，最後籌得施中藥捐款共十二多萬元。

一千九百二十二年施中藥經費項

進各善士捐助施中藥基本金銀一十弍萬四千六百伍十六元九毫

進施中藥款息項及各善士年捐銀三千一百元零零零四先

以上二柱共進銀一十二萬七千七百五十六元九毫四

一九二五至二六年度董事局會議紀錄

（東華醫院董事局一九二六年六月十二日會議紀錄）

【資料說明】 施中藥款為廣華創建以來籌得的最大筆捐款，然而這筆善款仍照以往的處理方法，存於東華醫院，由東華管理，後廣華多次要求取回，卻未獲東華應允。

丙寅五月初三日（一九二六年六月十二日）

（四）譚煥堂翁曰：廣華醫院來函，謂擬將施中藥基本金為置業生息，以垂永久。查該款係由前任總理代為放揭生息，現不能將款收回。各位有何討論。

伍于簪翁曰：廣華施中藥基本金，前由本院代理按出十二萬九千元。該息項俱入廣華進數。西歷二月收回十三萬元，已附入上海銀行，東華來往數項。現按出銀十一點六萬元。惟未到期，不能遽將該款收回也。公議照函復（覆）廣華醫院便是。

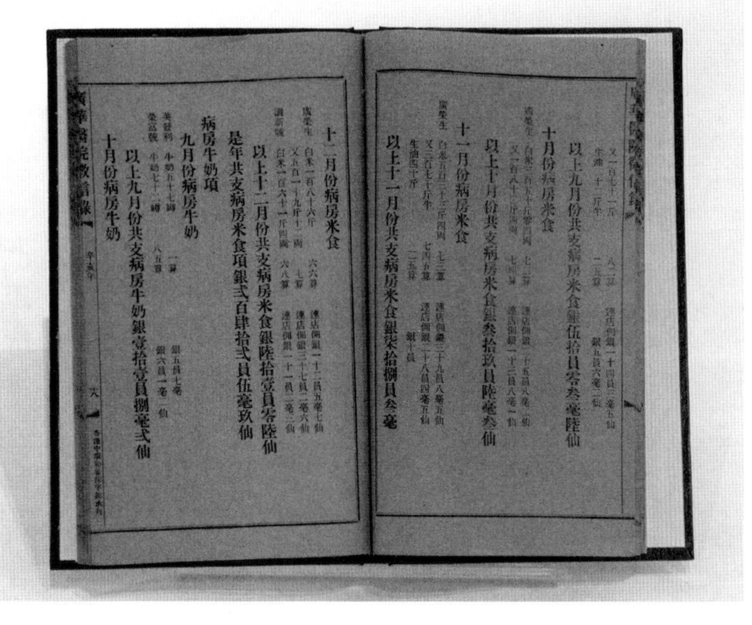
以上九月份共支病房米食銀伍拾員零叁毫陸仙

十月份病房米食

以上十月份共支病房米食銀叁拾玖員陸毫叁仙

十一月份病房米食

以上十一月份共支病房米食銀柒拾捌員叁毫

十二月份病房米食

以上十二月份共支病房米食銀陸拾壹員零陸仙

是年共支病房米食項銀弍百肆拾弍員伍毫玖仙

病房牛奶項

九月份病房牛奶

以上九月份共支病房牛奶銀壹拾壹員捌毫弍仙

十月份病房牛奶

一九一一年廣華醫院徵信錄

一九一六至一七年度廣華醫院會議紀錄（廣華醫院一九一六年六月十日會議紀錄）

［資料說明］　廣華的帳房由東華醫院任免，東華有時會將自己的帳房調往廣華。

丙辰五月初十禮拜六在廣華醫院聚會（一九一六年六月十日）

四、東華醫院來函：　列位善長先生台鑒敬啟者，昨禮拜聚會，公議用敝院帳房梁子承先生，充補貴院帳房之職。初年每月酬金叁十元，由五月廿一起至明年五月廿一止。第二年每月酧（酬）金叁十五元，第三年每月酬金肆十元，加至肆十元為止。特此奉聞，希為　荃察，祈將　貴院帳房何尹磯日前經數目□交李棪伯先生核妥□梁子承先生，定於本月廿一日到貴院接理。屆時便求李棪伯先生，指示一切為荷。專此并請　善安

東華醫院函件［東華致外界函件］一九二一年（東華致政府函件一九二一年十二月廿九日）

［資料說明］　廣華開幕之後的司理一直都是李棪伯，至他告老返鄉後，廣華司理出缺，由東華代為登報招考，並由東華總理評試。原選定周哲生，最後改選盧卓熊為廣華司理。

第二百十四號

夏大人鈞鑒敬稟者：廣華醫院總司理之職，經敝院登報招考。到考者二十二人，考以論說從信札算學等藝，將論說、信札兩藝分閱，取錄三名。計第一名餘字卷周哲生，順德人，年五十四歲，論說與信札均取第一，惟算學稍遜，相貌亦合格；律字卷潘世五，年四十八歲，順德人，論說題第二，信札題則列名第六，算學與相貌亦合；收字卷盧卓熊，新會人，年三十四歲，信札第二，論說則列名第九，算學與相貌亦合，共取錄三名，茲共試卷奉上請

大人卓奪

示覆並請

大人諭知廣華醫院照為錄用是荷。董等鄙意如係取定第一名周哲生，請照試用三月，然後定實，似為妥當也。耑

此奉達並請

勛安

東華醫院董事等頓□□十月廿九日

西十二月廿九日

一九一八至二一年度廣華醫院會議紀錄（廣華醫院一九二零年八月廿日會議紀錄）

〔資料說明〕　一九二零年代初，九龍經濟越趨繁盛，廣華值理財力日漸增加，遂仿效東華總理設立緣部，向坊眾募捐。

庚申七月初九日禮拜在廣華醫院敘會（一九二零年八月廿日）

三、黃墉階翁云：本院每年選舉值理，原為廣籌經費，扶助醫院起見。擬仿東華醫院辦法，當年值理，每位分派緣部一冊，擔任勸捐。至卸任時，將緣部交回本院，俾得刊報鳴謝。其沿門勸捐仍照舊舉行，請各位公決。石仕奇翁和議，眾贊成。

一九一八至二一年度廣華醫院會議紀錄（廣華醫院一九二零年十月十日會議紀錄）

〔資料說明〕　一九二零年代九龍地區人口增加，廣華規模也日漸擴大，故廣華領導層在董事局會議內要求將值理人數由原本的六人增至十二人，即原有代表的區域油蔴地、旺角、紅磡、香港多舉一名代表，另尖沙咀、九龍城、深水埗、長沙灣各舉一位值理，香港島代表只佔六分之一議席，可見九龍代表的地位，日益提升。另一方面，廣華的領導層，不再自稱為值理，而是總理。

庚申八月廿九日在廣華醫院敘會（一九二零年十月十日）

主席　黃墉階翁

二、黃袞臣翁代龐偉廷翁提議云：近年九龍內地，日臻繁庶，人煙稠密，至本院留醫日多。原定總理六位，誠恐顧察難週。擬本年選舉總理，加添六位，分區公舉。油蔴地、旺角、紅磡、香港各舉二位，尖沙咀、九龍城、深水埗、長沙灣各舉一位，共成十二位。庶得多數，助理院事，不至疏虞。眾位以為如何。

黃墉階翁云：近日如九龍內地，舖戶人民，日盛一日，本院留醫病人較開幕時多至數倍。擬添舉總理六位，則本院更淂人而助，實於院事有益。惟須與東華醫院總理及華民政務司，商酌定奪。石仕奇翁和議，眾贊成。

致政府書函一九二四至二六年

（東華醫院致政府書函一九二六年元月十五日）

【資料說明】 東華醫院上呈與政府的函件，顯示廣華早於一九二零年已要求增加值理人數，最終在一九二六年達成，自此廣華設有十二名總理。此函件稱廣華領導層為「廣華總理」，而不再是值理，可見廣華總理地位的提升，正式得到東華及政府的認同。

第二號

卓大人[33]鈞鑒敬稟者：現接廣華醫院來函，謂乙丑年總理五位期滿。茲舉定丙寅年

新任總理五位，連留任七位，共十二位。茲抄列奉呈，希為

荃照是荷。專此敬請

勛安

東華醫院董等頓乙十弍月初弍日

一九二六年元月十五日

計開

一九二五年*退任總理五位

梁硯田　陳景伊　陳奕光　李商彥　曾若顏

一九二六年留任總理七位

黃墉階　鍾茂豐　姚桂生　黃仲夔　陳若文　賴天福　梁獻臣

一九二六年新舉總理五位

顏成坤紅磡中華汽車公司　李生旺角生興建造號　羅森泉住深水涉廣長興船廠　李耀禮住尖沙咀李基號　招毓儔住油蔴地香港廣茂泰

[33] 即華民政務司 HALLIFAX, Edwin Richard，任期一九一三至三三年。

一九二一至二二年度董事局會議紀錄（東華醫院董事局一九二二年六月廿五日、八月五日會議紀錄）

【資料說明】 除了在稱謂及總理人數爭取與東華董事局看齊外，廣華值理亦要求在召開院務會議時，與東華總理平起平坐，可見廣華總理要求提升個人於院內的領導地位。

壬戌閏五月初一禮拜日會議事宜列左（一九二二年六月廿五日）

四、前晚整頓，東華廣華兩院董事敘會，議決嗣後，東華總理到廣華敘會，該主席位：東華總理在左，廣華值理在右。

壬戌六月十三日禮拜六晚會議事宜列左（一九二二年八月五日）

（七）盧頌舉[34]翁曰：是日，弟偕同何華堂君、黎海山君、曾富君、李杰初君到廣華醫院敘會……由弟倡議，將又五月初一日敘會所議，東華總理到廣華敘會，該主席位東華總理在左，廣華總理在右之議案取銷。由阮伯良翁和議，大眾均已贊成通過。茲將該日在廣華所議第一款議案列左：

一、盧頌舉翁云：前者鍾曜臣翁、盧仲濂翁、伍漢墀翁、李右泉翁、梁弼予翁在東華醫院，談及東華醫院總理，到廣華醫院敘會之主席位。議嗣後分左右兩座，東華在左，廣華在右。弟以為彼此所辦者，俱屬慈善之事，固無所謂權利。區區之座位，又何必多方討論，是以弟當日對於此議，亦並無反對。及後港中各紳，交相向弟質問，云廣華醫院乃由東華醫院而生，有東華然後有廣華，如木之有本，水之有源。是以歷年以來，東華總理到廣華醫院敘會，俱由東華主席，何以遽然變更前例，諸多責備。弟與各位，無猜無嫌，所辦各事，均互相協助，無畛域之見，彼此之分，今以座位小事，而致各方，議論紛紛，殊屬無為。弟倡議，不若將前議取銷，自後東華總理，到廣華醫院敘會，仍舊由東華主席。想各位定當贊同也。盧仲濂翁曰，此事理宜再請當日在場各位會議取銷，方為妥善。今兩院總理十餘位在座，彼此都謂，以取銷為合便可。即日，由兩位主席取銷前議，阮伯良翁和議，眾贊成。

[34] 盧頌舉為一九二一至二二年度東華首總理。

廣華致東華函件一九二五至二九年
（廣華醫院致東華醫院函件一九二七年二月十四日）

【資料說明】廣華存放於東華的最大資產為施中藥款，自一九二二年以來，一直由東華管理，廣華曾要求收回自行管理，但未能成功。到了一九二七年二月，廣華再次去信東華要求將施中藥款購置嘗舖徵租。

東華醫院：

……本院施中藥款，昨年同人等提議，將該款置業生息，以垂永久。經函商　貴院但因昨年尚未進行，現在物業價值尚相宜。茲特再函奉商，可否將該款從速置業，倘有合宜舖業，請通知敝院，會同磋商辦理。如何之處，尚祈　卓奪。

……

廣華醫院謹啟丁卯正月十三日

（一九二七年二月十四日）

一九二六至二七年度董事局會議紀錄
（東華醫院董事局一九二七年二月廿日、四月十七日會議紀錄）

【資料說明】 一九二七年東華聽取廣華意見，將施中藥餘款於油蔴地購買商舖。雖然物業的擁有權仍為東華，但廣華的意見得到東華尊重，足證廣華的地位有所提升。

丁卯元月十九禮拜日會議事宜列（一九二七年二月廿日）

三、廣華醫院來函，謂昨年提議，將施中藥款置業生息，以垂永久。倘有合宜鋪業，着通知廣華會同磋商辦理等語。如何請公定。公議函復廣華謂，經總理敘會議決，將施中藥存款或按揭，或置業，務必從速進行。並將買盆及按揭盆列去，請其定奪示復，然後再行商議也。

丁卯三月十六禮拜日會議事宜列（一九二七年四月十七日）

五、李海東翁曰：昨將廣華施中藥存款，經由分任全權總理五位，出價投得油蔴地新填地街二零二號至二二零號鋪拾間，價銀六萬元。該契決定聲明，由廣華施中藥存款所置，將來所收之利息，指定為廣華施中藥之用。至收租之辦法，是否批與人，抑或交託廣華代收，請公定。

公議押候磋商，俟下期敘會定奪。

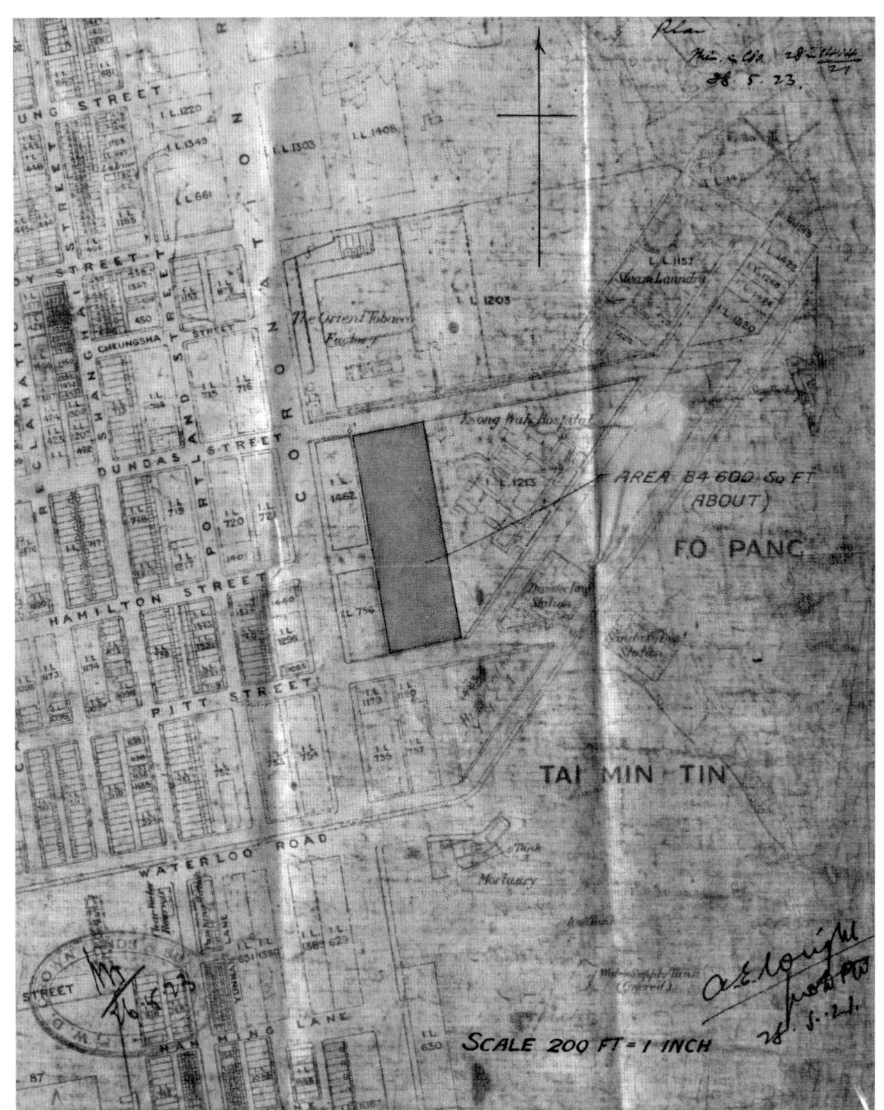

一九二三年位於窩打老道的廣華醫院進行擴建，獲政府增撥八萬四千六百平方呎土地。

一九二九年東華醫院及東華東院報告書——東華醫院新則例

【**資料說明**】對於廣華總理爭取平起平坐，東華總理備受壓力，在東華東院落成在即，東華趁機訂立新例，統一管理各院，故出現三院統一則例。

本院奉行之組織則例，現為一千八百七十年第一條則例。然此則例須行日久。無怪其現須改訂，以符本院目下之實在情形。且雖然一千九百一十一年第（三十）八條則例，有例伸明，而廣華醫院，實際上，已漸成不歸東華醫院管轄之醫院矣。前因東院開幕在望，深覺須立新例。以將此三間慈善機關管理之權，在法律上，及實際上交與一個中央之團體。此團體即東華醫院總理也。

一九二九至三零年度董事局會議紀錄（東華醫院董事局一九三零年十二月五日會議紀錄）

【**資料說明**】雖然沒有資料顯示廣華總理對三院統一的看法。然而，三院統一後，共有總理二十六名，其中九龍總理六名，九龍顧問總理一名，九龍勢力只佔百分之二十七，廣華總理的勢力並沒有在三院統一後被提升，而是被納入東華三院的體系內，故出任首總理，便成了各紳董競爭的目標。

庚午十月十六禮拜五會議事宜列（一九三零年十二月五日）

主席梁弼予[35]翁起言曰：在座列位諸君，今晚請各位到會，為接奉華民政務司來諭。本院新例，定由明年執行。承委選舉總理，照新例辦法，在九龍方面，推舉六位總理，以備將來分任廣華辦理院務。該六位仍由本院致正式公函敦請，俟本院大選舉時，合而為一，以符慈善機關統一辦法。

[35] 梁弼予在一九一八至一九年度為廣華總理。一九二一至二二年為東華醫院首總理，在一九二九至三零年再成為東華醫院首總理。

一九廿九至三零年度董事局會議紀錄（東華醫院董事局一九三一年一月十八日會議紀錄）

【資料說明】 三院統一後，首屆主席顏成坤是在九龍區的殷商，在一九二六年當過廣華醫院主席，他能在三院總理選舉中成為主席，代表了九龍勢力在統一後的東華三院內佔據了重要位置。

庚午十一月三十日禮拜日會議　請新總理自行推舉事（一九三一年一月十八日）

四、新任總理即席投筒，舉定顏成坤[36]翁為主席，譚雅士翁為第二首總理，陳廉伯翁第三首總理，在座一致鼓掌，共慶得人。

[36] 顏成坤（一九零三—二零零一），OBE，廣東潮陽人。一九二三年，在九龍半島創組「中華汽車公司」。一九三三年，獲得港島區專營權，改組為「香港中華汽車有限公司」。一九二六年，為廣華醫院主席。

東華醫院及東華東院徵信錄

（一九三零至一九三五年東華醫院徵信錄附錄）

〔資料說明〕 在東華東院歷年收入中，政府撥款佔百分之二十三點四，而經常性收入佔百分之二十五點七。政府撥款包括一般津貼、津貼西藥費用等；經常性收入包括一般醫院營運收費如藥費及病房收費、固定捐款、喪葬服務收費等；善士收入包括總理、協理、值事捐款及其緣部捐款、一般善士捐款、殷戶年捐等；籌款包括演戲籌款、沿門勸捐等；非經常性收入為一些特殊性的收入或捐款，如非固定的捐款、來自銀行及其他機構的非定期收入等。

表 I-3-5　東華東院歷年收入分佈（1930-1935）　　（單位：元）

年份	政府	善士	舖租項	息項	籌款	經常性收入	非經常性收入	東華捐助	總計
1930	25,000	36,636		6,582		36,512	55,114	0	159,844
1931	27,500	4,592	1,423	5,153	37,549	28,832	0	0	105,049
1932	27,500	532	2,062	4,486	31,603	28,836	0	16,500	111,519
1934	29,974	1,610	2,460	1,927	24,497	34,576	0	20,701	115,745
1935	29,572	526	1,975	1,463	20,677	24,951	0	25,200	104,364
總計	**139,546**	**43,896**	**7,920**	**19,611**	**114,326**	**153,707**	**55,114**	**62,401**	**596,521**
百分比	**23.40%**	**7.40%**	**1.30%**	**3.30%**	**19.20%**	**25.70%**	**9.20%**	**10.50%**	**100.00%**

一九二八至二九年度董事局會議紀錄
（東華醫院董事局一九二九年八月三十日會議紀錄）

【資料說明】東華東院的日常經費主要由政府撥助，早在東華東院開幕前，東華醫院已為東華東院籌足養院經費十萬元。

己巳七月廿六日禮拜五請顧問總務部圖工部籌款專員會議事列（一九二九年八月三十日）

四、……羅旭和翁曰：周爵坤已發表金督之意，弟以為主席先生，能允負担十萬元*，交落下屆總理為養院費，則可於今年開幕，至於政府津貼二萬五千元*，弟等當盡力向　政府要求。

羅文錦曰：若要弟等負担，恐難負責。

羅旭和翁請主席先生，與當年各位，磋商負担十萬元之責。隨由當年各位，表示允肯，若於年內開幕至交代時，除支應工程各項費用外，亦總有十萬元，交與下任總理。

一九二九至三零董事局會議紀錄
（東華醫院董事局一九三零年七月十八日會議紀錄）

【資料說明】為了籌措東華東院常年經費，由東華醫院總理設立養院經費緣部。

庚午六月廿三日禮拜五會議事宜列（一九三零年七月十八日）

十、趙贊虞翁曰：現東院常年經費不敷之數尚鉅，弟提議，由東華東院設立勸捐養院經費緣部，以備各總理担任勸募之用。至獎勵捐款者條例，如捐五百元*者用八寸*磁相紀念，及捐一百元者將芳名泐石，其餘各款俱根據東院原有之捐款，定章辦理。該緣部序文，請託黃棣珊先生擬稿。梁耀初翁和議，眾贊成通過。

一九二九至三零年度董事局會議紀錄
（東華醫院董事局一九三零年四月五日會議紀錄）

【資料說明】 東華東院經費不足時，也是由東華醫院負責，其中一種籌款方法，是舉行演戲籌款。

庚午三月廿七日禮拜五會議事宜列（一九三零年四月五日）

八、梁弼予曰：現東院是年經費，不敷尚鉅，弟倡議應演戲籌款，為東院經費之用，以資挹注。該地點指定在利舞台。黃潤棠翁和議，眾贊成通過。

一九三零至三一年度董事局會議紀錄（東華醫院董事局一九三零年一月二十四日會議紀錄）

【資料說明】 廣華醫院由廣華總理管理，而東華東院則是由東華醫院總理直接管轄，東華醫院總理每星期巡視東華東院一次。

庚午十二月廿五日禮拜五會議事宜列（一九三零年一月二十四日）

四、梁弼予翁倡議：當年總理分四班輪值巡視東華東院，分為甲乙丙丁四隊。茲將芳名計開：（甲隊）梁弼予翁、鄭心全翁、佘表逵翁、郭贊翁；（乙隊）湯棨耀翁、歐淮川翁、陳倚雲翁、黃棣珊翁；（丙隊）甄鐵如翁、趙贊虞翁、陳孔樑翁、王蘭錦翁；（丁隊）黃潤棠翁、梁耀初翁、朱伯煇翁、陳錫年翁、馮卓軒翁。每隊當值一星期，週而復始。如非當值，仍望隨時巡察，以盡厥職。甄鐵如翁和議，眾贊成通過。

一九二八至二九年度董事局會議紀錄（東華醫院董事局一九二九年十月十二日、十一月十四日、十一月十六日會議紀錄）

【資料說明】 東華東院大小事務都由東華醫院決定，包括職員聘任，一九二九年十月十二日董事局會議通過東院新聘司理、中西醫生及文書的聘用細節如試用期、薪酬、職責等。

己巳九月初十日禮拜六會議事宜列（一九二九年十月十二日）

四、本院周福來函：求調往東院，當西文書記，如何請公定。公議東院西文書記，用周福。試辦三月，然後定實，每月支酬金四十五元，眾贊成通過。

五、東華東院司理之職，公議用蔡俊臣先生。試辦三個月，然後定實每月酬金六十元，眾贊成通過。

六、東華東院副司理，兼管數之職，公議冼季明先生充當，每月酬金五十元，眾贊成通過。

己巳十月十四禮拜四會議 中醫生事宜（一九二九年十一月十四日）

一、何爾昌翁曰，昨日覆考東院中醫生，經蒙陳殿臣先生，及本院黎端宸中醫生兩位參考，取列劉雲帆先生、丘漢儀先生兩位，為東院內科中醫生，是否照為敦請，請公定。公議具關敦請。由一九二九年十一月十六號至一九三零年二月十五號止，以三個月為期，並先函請劉、丘兩君，於十五晚七點鐘，來院接洽。眾贊成通過。

己巳十月十六禮拜六會議事宜列（一九二九年十一月十六日）

二、羅文錦倡議：聘請區　景西醫生、王恩光西醫兩位，為東院駐院西醫生，每位每月酬金一百五十元*。如双方有不滿意者，須預先三個月通知，莫達煊翁和議，眾贊成通過。

Objects and Reasons.

1. The Tung Wah Hospital was incorporated on the 30th March, 1870, by Ordinance No. 1 of 1870. The incorporation thereby effected was of "such and so many persons (being of Chinese origin) as may become donors of any sum not under ten dollars to the funds of the said Hospital and whose names are entered upon the register of members hereinafter provided" (section 2). A Board of Direction was formed, and it was provided that the directors should be elected as occasion might require by a majority of votes of members who were within the Colony at the time of such election.

2. It appears that no register of members has ever been kept. Since the Hospital has all along been supported in the main by voluntary subscriptions by Chinese in the Colony and from overseas, it seems obvious that those who are entitled under Ordinance No. 1 of 1870 to become members must be too numerous for a register of them to be kept, and in point of fact there have never been any "members" within the meaning of the incorporation Ordinance.

3. The mode of electing directors has in practice never conformed to the provision above quoted in the incorporation Ordinance. The procedure, which has grown to be more or less a definite tradition, has been for certain guilds and other bodies to nominate directors to serve. This procedure or tradition has worked out extremely well in practice, any difficulty experienced having been due not to any guild or body claiming the right to send representatives, but, on the contrary, to the unwillingness of some guilds to nominate representatives.

4. The chief object of this Ordinance is to put that practice or tradition on a more regular footing.

5. The Hospital in Kowloon known as the Kwong Wah is governed by Ordinance No. 38 of 1911. Under that Ordinance the Tung Wah Hospital possesses, in relation to the Kwong Wah, the same powers and rights and is subject to the same liabilities and responsibilities as it possesses, and is subject to, with regard to the Tung Wah Hospital (section 3). The Board of Directors have the power to appoint a manager subject to the approval of the Governor (section 4), and the Board of Directors have the power, subject to the approval of the Governor in Council, to appoint a local committee consisting of subscribers to the Kwong Wah Hospital who are residents in Kowloon, of which the manager above mentioned should be *ex officio* chairman (section 6).

6. Whether the Kwong Wah was ever managed in accordance with the provisions of Ordinance No. 38 of 1911 seems doubtful. It is clear that as Kowloon grew and men were forthcoming to manage the Kwong Wah as a Chinese Hospital for Kowloon, the direct control of the Tung Wah grew less, with the result that now, and for some years past, the Kwong Wah Hospital has been entirely controlled by "directors of the Kwong Wah" elected according to their own constitution, subject to merely the question of finance, over which the Tung Wah, to whom the Kwong Wah used to look for assistance, retain some measure of control or direction.

7. Another object of this Ordinance therefore is to give effect to the reality of the present position of the Kwong Wah by repealing the whole of the Ordinance (clause 18), by providing for the maintenance of the Kwong Wah by the Tung Wah (clause 4 (*c*) and (*d*)), by vesting the Kwong Wah properties in the Tung Wah (clause 7 and first schedule), and by providing for the representatives on the board of direction of the Tung Wah of residents of Kowloon as Directors of the Tung Wah (clause 8 (2)).

8. This Ordinance also gives effect to the desire of the Government and of the Chinese residents that there shall be one central charitable institution in control, not only of the Tung Wah and its subsidiary institutions or organizations and the Kwong Wah, but also of the Tung Wah Eastern Hospital which is at Sookumpoo (clause 4 (*e*)).

9. To deal with the sections of the Ordinance seriatim :—

Section 1. This gives the short title and adopts the spelling of the name of the hospital as it appears on the corporation's seal and as it is known in preference to the spelling adopted in the Ordinance of 1870.

C.S.O. 4303/29.

[No. 13:—27.10.30.—5.]

A BILL

INTITULED

An Ordinance to make certain provisions relating to the corporation named The Tung Wa Hospital.

Be it enacted by the Governor of Hong Kong, with the advice and consent of the Legislative Council thereof, as follows:—

1. This Ordinance may be cited as The Tung Wah Hospital Ordinance, 1930. **Short title.**

2. In this Ordinance:— **Interpretation.**

"Constitution" means the constitution of the corporation created by virtue of the provisions of the Tung Wa Hospital Incorporation Ordinance, 1870, and continued by this Ordinance, as such constitution is approved from time to time by the Directors for the time being of the said corporation, subject to the provisions of this Ordinance relating to any matter expressly dealt with in this Ordinance. Ordinance No. 1 of 1870.

"Society" includes a company, institution firm, guild or other association of persons by whatever name called.

3.—(1) Notwithstanding the repeal of The Tung Wa Hospital Incorporation Ordinance, 1870, by section 18 of this Ordinance, the corporation created by virtue of the provisions of the first named Ordinance, hereinafter called "the corporation", shall continue to exist, under the name of "The Tung Wah Hospital", and in that name shall continue to have perpetual succession, and in that name may sue and be sued in all courts in the Colony, and may continue to have and use a common seal. **Continued existence of the corporation created by Ordinance No. 1 of 1870 and membership thereof.**

(2) Whereas difficulties have arisen with regard to the ascertainment of the members of the corporation, it is hereby enacted as follows:—

(*a*) Every person who has at any time acted or purported to act as a Director of the corporation shall be deemed to have been a member of the corporation during his term of office.

(*b*) Every such person still surviving at the commencement of this Ordinance shall continue during his lifetime to be a member of the corporation.

(*c*) Every person who shall hereafter be duly elected a Director of the corporation shall be deemed to be a member of the corporation during his lifetime.

(*d*) Every person or society who or which subscribes a sum of at least ten dollars to the funds of the corporation, or who or which satisfies the Directors for the time being that he or it has at any time subscribed a sum of at least ten dollars to the funds of the corporation, and whose name is entered in a register of members hereafter to be kept by the corporation shall be a member of the corporation during the lifetime of such person or during the existence of such society as the case may be.

一九二六至二七年度董事局會議紀錄（東華醫院董事局一九二七年九月廿五日會議紀錄）

［資料說明］　一九三一年三院正式統一。現存二手資料，鮮有提及其來龍去脈，從這份一九二七年的董事局會議紀錄可見，東華首總理不斷往見華民政務司商議統一規條，而三院統一與廣華爭取自立獨立有一定關係，而三院統一的最大推動者是政府。現存最詳盡的資料為三院統一規條內容。這一份資料顯示，當年總理建議合辦後，東華與廣華的管理應由該區代表負責。

丁卯八月卅日禮拜日敘會議事列（一九二七年九月廿五日）

六、李海東翁曰：昨禮拜五，弟與辛聖三君、伍于瀚君，在華民政務司署敘會，商議廣華與東華合辦，將來由本院在九龍方面，推舉總理若干位，為東華分任廣華值理，應否贊成，請為討論。區灌歟翁倡議贊成，東華、廣華合辦設分任值理，免致有所爭執。杜澤文翁和議。眾贊成。

一九二八至二九年度董事局會議紀錄（東華醫院董事局一九二九年三月十八日會議紀錄）

［資料說明］　三院統一規條與東華醫院以往所用規條最大分別之一，是將一八九六年設立的顧問總理一職制度化，設立永遠顧問。東華醫院創立早期並

無顧問總理之職，直至一八九六年瘟疫發生後兩年，才有顧問出現，顧問總理由政府委任。到了一九二零年代末，院內事務繁多，顧問地位日益重要，院內有大事未能決定時，即召開顧問會議商討。三院統一規條將其制度化，設立永遠顧問制，顧問一職成為終身職。一九零七年，政府委任的十七位顧問總理，包括了何啟、韋玉、周少岐、何福、劉鑄伯等華人議員，而顧問總理又以周壽臣、羅文錦、曹善允及周竣年對東華的院務影響最大。

己巳二月初八禮拜一會議事宜列（一九二九年三月十八日）

二、羅文錦翁倡議：東華醫院總例，第八條第一款：董事局內，以當年總理充之，及由協理中自行舉出五位加入永遠顧問內。但五位顧問，任期以一年為任期。至舉五位之中，須至少有一位，在九龍居住者。並將第八條第十一款刪去，改為所有權限一概歸董事局內執行。譚煥堂翁和議，眾贊成通過。

一九二九至三零年度董事局會議紀錄（東華醫院董事局一九三零年八月八日會議紀錄）

【資料說明】 很少二手資料提及當時社會各界對三院統一的看法。從一九三零年的董事局會議資料看到，當時街坊對三院統一存有疑慮，為免引起公眾疑慮，董事局強調以往機制均予以保留，而街坊之習慣亦加以保存，目的在說明大院地位不變。

庚午閏六月十四日禮拜五會議修改則列事宜（一九三零年八月八日）

二、梁弼予翁起言曰：在座列位先進先生，今日請各位到來敘會，為商議修改本院則例事。查此例非當年倡議修改，乃丁卯年李海東總理任時發生。至今將屆四載，弟接任後，偕同事等，初見華民政務司時，經承面諭，速成此事。曾經曆（歷）任總理，數次磋商，至前月接到，華民政務司交來修改草章，亦已分派各位。故今日請各位研究，查本院權利條例，經政府於一八七零年*訂立施行。現所討論草例內容，是將東華、廣華、東院三慈善機關合而為一，並增加總理數名，然後分任辦理事權，統一利便進行，並將其中數點修改，以符習慣。但聞街坊異常疑慮，謂此例一行，則對於本院權利，有些侵佔削奪。今細查各條，於本院權利，及街坊選舉權，並無一毫損失，且此草例，亦未經議政局通過。如各位有何高見，應增應改，請抒偉論，指教指教。

羅旭龢翁曰：兄弟今日僅將前次敘會之經過略為述之。前蒙各位推舉兄弟及曹善允、羅文錦兩君，與華民律政司磋商，將草案修改。已將同人名義保存，及街坊之習慣亦照保留。其大綱亦根據吾人之意見以更改之……

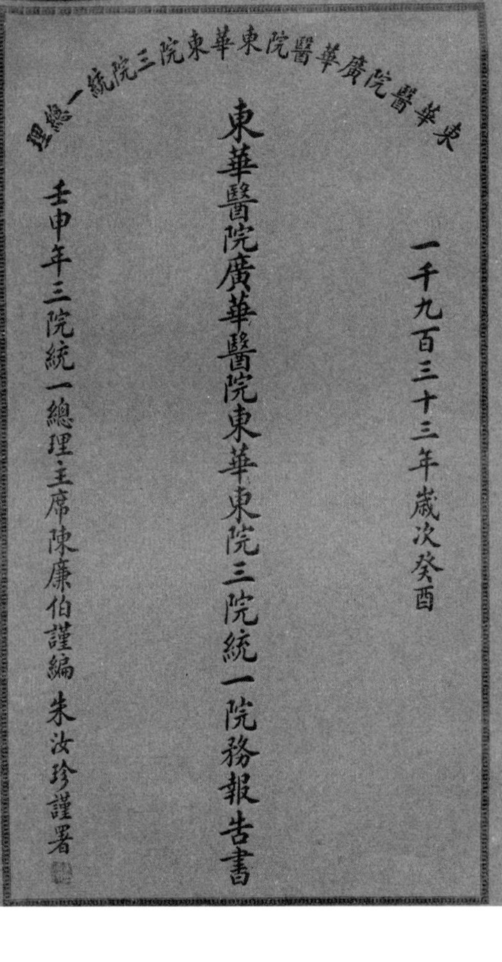

一九三二年東華醫院廣華醫院東華東院三院統一院務辦理經過之呈文

呈爲呈報事竊 康伯 於一九三二年黍荷坊衆推舉爲東華醫院三院統一第二屆總理主席於一九三二年元月廿七日由前任總理顏成坤君等以院務交付當即接受管理敬謹視事伏念 康伯 於一九三一年已嘗備位爲三院總理無多建樹方自疚心何曾蟬聯又增巇馱祗以當仁期於不讓固陋遂爾自忘深愧濫竽時虞覆餗所幸矩獲勉循步趨可學既得上承華民司憲夏理德活雅倫兩大人之訓示復蒙華人代表本院顧問歷任總理之提挈及諸仁人善士之慷慨濟施幷諸同事如林蔭泉君譚肇康君伍鴻南君陳雨田君鄺子明君夏從周君陳華文君陳宗悅君何秩雲君易耀庭君程逸亭君黃錫祺君陳蘭芳君陳大球君曾寶琦君馮伯樂君陳承寬君沈香林君潘覲南君謝惠庭君黃克兢君馬文輝君周協大君之合德同心黽勉勸助因得以徐圖整理稍事補苴不敢言功庶幾寡過其一年來辦理院務之過去情形有可據實列舉而分紀者謹編爲一册上塵

清視幸垂覽焉查是年爲三院院務統一辦理之第二年諸務紛集經費日繁經始者既不惜篳路藍縷之勞斯繼往者彌當利木屑竹頭之用庶幾財不妄費功有可程今總覈三院是年經濟情狀計收入五十四萬八千零叁拾八元六毫三仙支出五十二萬九千八百五十二元五毫二仙進支比對盈餘壹萬八千一百八十六元一毫一仙較之一九三一年之支出實超過四萬零一百零五元二毫六仙流既加節源更力開夫而後挹彼注茲虧缺可免然以今視昔已覺銷費爲增矣又是年三院醫務統計門診四十六萬六千八百九十九名留醫留產者三萬伍千一百二十八名歲中銷耗之貲十九即支用於醫藥之內夫物値日以貴則生活日以難戶籍之數既與年而俱增卽施濟之需亦同時而加鉅而又以年來世界金融之變動本港商市之蕭條蓋在在皆足以影响募捐形成困竭者猶幸

政府軫念民瘼優給歲帑仁德遐被枯瘠皆蘇俯仰

高深彌加感奮此則 康伯 等所忩願爲悉力以赴竭蹶而馳者也乃受事之初卽逢上海之變漫天烽火滿目瘡痍請賑則函電交馳呼援則聲淚俱盡 康伯 等對此惻然在念亟圖拯援乃蒙

鈞座准予由院發起籌賑雖事屬創舉諸感困難而賴各界人士之慷慨捐輸得以鉅欵迅籌施濟立辦計先後籌得欵項滙交上海廣肇公所妥代散賑者共四十餘萬元其難民過港由院遣送回籍者共壹萬六千餘衆既復親赴視察更撥餘款六萬餘元創立難

壹

圖為一九三三年三院統一院務報告書封面（右）及三院統一經過之呈文首頁（左）。

一九三零至三一年度董事局會議紀錄（東華醫院董事局一九三一年十月十六日會議紀錄——為東華東院籌款）

【資料說明】三院統一後，東華東院與統一前一樣，隸屬於東華醫院，東華醫院依舊為東華東院發出捐冊勸捐，籌募東院營運經費。

辛未九月初六日禮拜五會議事宜列（一九三一年十月十六日）

十四、顏成坤翁曰：日前發出，東院捐冊。現計收得捐款約二萬八千餘元，而尚有捐冊二、三千本未收，若收齊，預算有三萬餘元之數。惟連日各代表，到院出發者，寥寥無幾，對於結束日期，殊屬窒碍。深望各位總理，無論如何，每日必須派代表到院，會同前往催收捐冊，以期早日收妥。並倡議即致函，各位總理知照。眾贊成通過。

一九三一至三二年度董事局會議紀錄（東華醫院董事局一九三二年五月廿日會議紀錄）

壬申四月十五日禮拜五會議事宜列（一九三二年五月廿日）

十一、陳廉伯翁曰：東院勸捐經費緣部，經已印妥。應定何日出發，請公決。林蔭泉翁倡議，由當年各總理，每派代表一位到院，協同本院職員出發，分派捐冊。由六月一號起，每日總理派代表八位輪流到院，分為兩隊，每隊代表四位，院伴二名，更練一名。每日每人，定午膳伍毛，該費用由總理派數。鄺子明翁和議，眾贊成通過。

一九三二至三三年度董事局會議紀錄

（東華醫院董事局一九三三年十一月廿四日會議紀錄——為東華東院籌款）

癸酉十月初七日禮拜五會議事宜列（一九三三年十一月廿四日）

十一、羅玉堂翁曰：是年東院，發出捐冊，由各總理及院內職員，分隊出發勸捐。現已結束，合共收得三萬二千七百八十五點五九元。以地字隊，鄧海、何炎生、郭香生、潘教南、崔保之、龍卓然六位成績最優，共收得捐款一萬零六百六十二元三毫五仙。現倡議，每位獎給十八寸相一個，以價值七元為額，以示鼓勵，而留紀念。該費用，由總理派數。戴東培和議，眾贊成通過。

一九三三至三五年度董事局會議紀錄

（東華醫院董事局一九三四年七月廿日會議紀錄）

甲戌年六月初九日禮拜五會議事宜列（一九三四年七月廿日）

十、劉平齋翁宣佈：現東院之捐冊經已派妥，應否繼續開收捐款，請公定。蕭秉常翁倡議，凡總理派代表，須派負責人善於詞令者，以期實收勸捐之效。如不依期遣派代表，每次罰銀五元，撥充經費。並登報定期，廿三日星期一起，繼續出發，繳收捐冊，聲明有四環更練同往，俾眾週知。又照上任办法，每日每名發給，午晚膳費一元，由總理派數。謝耀湘翁和議，眾贊成通過。

一九三三至三五年度董事局會議紀錄

（東華醫院董事局一九三四年九月七日、十一月廿三日會議紀錄——為廣華籌款）

【資料說明】 三院統一前，廣華的日常經費由廣華總理在九龍各地勸捐。三院統一後，在廣華勸捐仍沿襲慣例，不過則由東華總理派代表在九龍一帶勸捐，其代理人乘坐渡海小輪費用由總理分擔。

甲戌年七月廿九日禮拜五會議事宜列（一九三四年九月七日）

十八、黃達榮翁提議，廣華每年在九龍一帶，派緣部沿門勸捐。本年擬仍照上年辦法，分派緣部。着收月捐人往派。該費用是否照東院派捐冊辦法，請公定。公議照東院派捐冊辦法，每日由十時半起出發，每人每日支午膳費五毛。該費用由總理派數。眾贊成通過。

甲戌十月十七日禮拜五會議事宜列（一九三四年十一月廿三日）

二、黃達榮翁宣佈，現廣華開收捐冊，各總理代表有向廣華支取過海船費，應否照支，請公定。公議嗣後各代表，過海船費，應由各該總理，自行支給，無容向廣華支取，可照函達各總理知照。眾以為合。

東華醫院函件［東華致外界函件］一九三二年（東華醫院致外界函件一九三二年二月廿二日、廿四日）

［資料說明］ 三院統一後，廣華及東華東院的資產皆存於東華醫院的來往戶口中。資料為一九三一年東華與廣華、東院來往戶口的結餘。

廣華醫院

司理先生台鑒：逕啟者茲將一九三一年*與　貴院來往各戶口，晚結存在敝院，銀數分別列後。

希為　察核是荷。耑此，並候

台安

東華醫院謹啟

計開　施中藥項存銀六萬四千七百六十一元八毫，內代揭出本艮五萬六千元

來往數存銀四萬六千零四十四元五毫

天后廟來往數存銀三萬餘元

（民國）廿一　二　廿二

東華東院

司理先生台鑒：逕啟者，茲將一九三一年與　貴院全年來往進支數詳細列後，希為察核是荷。此

候

台安

東華醫院謹啟

計開　共進九萬零二百七十四元九毫　共支九萬三千一百六十二元一毫

存現銀九萬二千四百七十元七毫九仙

存代揭本銀七萬元

（民國）廿一　二　廿四

東華三院

東華三院萬善緣勝會特刊

張鎮漢題

道場：香港加路連山南華體育會外圍廣場

日期：一九五八年九月六日起至九月十三日止

一九五八年東華三院萬善緣勝會特刊

東華醫院函件［東華致外界函件］一九三二至三五年（東華醫院致外界函件一九三四年九月三十日）

［資料說明］　原本三院職員體制各自獨立，並無互相交流。三院統一後，所有職員皆由董事局管理，故三院職員可以互調，此為三院接生長互調個案：東華接生長調往廣華，廣華接生長調往東院，東院接生長調往東華。

逕啟者：昨經總理例會，議決由十月一號起，本院接生周妙儀，調往廣華服務。該遺缺調東院接生鮑信真接充。相應錄案，函達希為查照辦理，轉達知照是荷。此致

潘錫華醫生

東華醫院謹啟

廿三　九　三十

逕啟者：昨經總理例會，議決由十月一號起，廣華接生梁蓮芬，調往東院服務。該遺缺，調老院接生周妙儀接充。相應錄案，函達希為查照辦理。轉達知照是荷。

此致

鮑志成醫生

東華醫院謹啟

廿三　九　三十

一九三六至三七年度董事局會議紀錄（東華醫院董事局一九三七年五月十六日會議紀錄）

【資料說明】三院西醫生亦可以互調，互調甚至被制度化，目的是避免三院醫生工作忙閒不一，調任一般以六個月為期。

丁丑年四月初七禮拜日會議事宜列（一九三七年五月十六日）

八、宣佈東院張順遠西醫生來函，求調東華，補充胡啟勳醫生之缺云。公議照准，仍交託盧主席與潘醫生磋商，然後執行。陳正民翁曰，查三院西醫，對于院內工作有過於辛苦，有過於清閒。可否將三院西醫互相調動，以六個月為期。施文蔚翁曰，查皇家醫院醫生，亦以六個月一調動，無有不妥之處。陳正民翁倡議交託盧主席與掌院醫生磋商，調動從權辦理。陳灼文翁和議，眾贊成通過。

三院統一前後大型工程支出簡表

【資料說明】 一九二零年代末至三零年代中，東華醫院皆有新建、改建或擴充工程。在七年內，東華東院創建、東華醫院大院進行了八項改建和擴充，共動用資金九十六萬多元。建築工程與行政管理改革同步進行，一九三一年三院統一，正是東華新舊交替的年代，也是東華醫院的擴張期。

表 I-3-6　東華三院建築工程支出（1929-1934）

日期	工程項目	工程支出	收入來源（元）
1929 年 10 月 27 日	建東華東院	406,261.00	勸捐 566,261
1930 年 10 月	東華東院兩翼開幕	51,367.00	勸捐 51,330
1931 年元月 6 日	東華仁恩房開幕	42,025.00	經費調撥 41,880
1931 年 12 月 30 日	廣華傳染病房開幕	32,319.00	1930-31 年總理合捐 32,319
1932 年 12 月 29 日	東華東院新兩翼開幕	61,946.00	勸捐 61934
1933 年 6 月	保良局舊址改建營舖完成	78,500.00	收回按揭支付
1934 年 5 月 25 日	東華老院改建完成、開幕	213,561.00	勸捐 191,075，不敷數 22,486
1935 年	東華新院改建為營舖	78,000	收回按揭支付
	總支出	**963,979.00**	

圖為一九三一年正月落成之東華醫院仁恩病房正門

一九二七至二八年度董事局會議紀錄（東華醫院董事局一九二八年二月十八日會議紀錄）

【資料說明】 在籌建東華東院時，董事局同時討論大院仁恩病房的改建。仁恩房即新街疫局，一九零八年由政府捐款五千元建成。因為其光線及空氣不足，一九二八年當年首總理鄧肇堅首先提出改建仁恩房，並將地下改建商舖租出，過往東華亦曾將多餘的存款購買物業收息，然而積極改建病房並興建商舖出租收息，這還是第一次。

戊辰元月廿七禮拜六會議事宜列（一九二八年二月十八日）

三、鄧肇堅[37]翁曰：弟昨與羅延年先生、伍華先生、劉星袒先生及郭西醫生等，同往自理房、仁恩房巡視，皆謂該處地方黑暗，空氣不足，於衛生極不合，且虛耗地方太多，殊為可惜。弟提議將仁恩房及自理房二所，拆去改建為三層樓，地下門口向保良新街，用以租賃與人，每月約有五六百元租項入息。又將二、三樓，為西醫贈診所及病房，並為女看護住宿舍。即將原有之看護室租賃與人，每月約有式百餘元租項。以一年計，約增收入有萬餘元。惟改建工程浩大，約需費數萬元。該款可由當年總理担任籌捐，不動用公款是否可行，請舒偉論。

劉星袒翁曰：查歷年總理必倡辦一事，以留紀念，今將仁恩病房二所改建，該費用由當年總理自行籌捐建築，亦一最大紀念也。

李耀祥翁曰：弟以為先請各位往察看，然後再商，眾以為然。

[37] 鄧肇堅為一九二三至二四年度東華總理，一九二七至二八年度出任東華首總理。

一九二七至二八年度董事局會議紀錄
（東華醫院董事局一九二八年三月十四日會議紀錄）

【資料說明】東華總理對改建仁恩房的建議存在很大分歧，故召開顧問會議，請顧問李右泉、李葆葵、曹善允出席討論。討論結果為通過改建仁恩房，但是對將地下建舖租出則莫衷一是，就算是顧問曹善允也不能接受興建地舖出租，認為不宜將醫院設施作為增加收入之用。可見鄧肇堅的新觀念未能為時人所接受。

戊辰二月廿三禮拜三會議改建病房事列（一九二八年三月十四日*）

主席　鄧肇堅翁

在座　李右泉翁　李葆葵翁　曹善允翁　黃廣田翁　羅長肇翁　李海東翁　郭守德醫生

李樹芬醫生　姚得中則師　羅延平翁　伍華翁　區灌歟翁　劉星衵翁

李致祥翁　馮鏡如翁　李澤民翁　李耀祥翁

主席鄧肇堅翁曰：今日敘會，為改建仁恩病房。此事經同人商議，有數位贊成，亦有幾位不甚贊成者，各具有理由，是以未有議決定辦法。茲事體大，故今提出，請各位公同討論。在座各位高明卓見，請發揮偉論，以定方針。

曹善允翁曰：請主席先生將改建計劃宣佈。

鄧肇堅翁曰：弟經與郭守德醫生，商酌改建三層樓，以二、三樓為診症室、西藥房、女看護室、中醫室及將病房各處調合，以地下租賃與人，每月約有五、六百元*租項入息……

曹善允翁曰：請問財政一項如何設法？

鄧肇堅翁曰：因同人中有不贊成者，未得通過，是以財政未有商定。以弟意，最好由當年同事，協力籌足，不動公款。

李右泉翁曰：改建工程費弟與姚則師談及約三萬元*左右。

鄧肇堅翁曰：如改建各位是否贊成？

李耀祥翁曰：改建本極好，但中環地點居民日增，若拆去病房，將來地方必少，萬難發展。弟聞老前輩謂，該病房前時由舖改建者。若改建，將地下租與人，恐有嘈吵於病人有碍，且上有煙筒，下有污糟水，於醫院衛生殊有不合。至於將病房，遷調別處，亦需裝修，費用若由同人籌捐，何不將所捐之款捐於東華東院，俾其早日成立，如何之處。請為討論。

李右泉翁曰：若拆去似覺少地下兩病房，但建三層樓仍未有少，反多出現時間格之地方。至於租與人，恐嘈吵，亦不然。現左右亦有居民，似不能免有嘈吵。今有高明則師在座，總可設法保護，或用石屎樓陣，及將煙通安置妥當，則無防碍。至云遷調病房，亦需款項，但主席言年中收入過萬，亦可得此款彌補。若不改建，則東院亦未必得多此捐款，惟冀當年總理，協力籌足，最好不動公款，否則墊支多少，亦無不可。

區灌歟翁曰：右泉伯所言甚善，弟亦以為應將該病房改建。今鄧主席先生勇於辦事，改良院務，且担任籌捐，殊深欽佩（鼓掌）。素仰鄧主席乃籌款之能手，此次須工程浩大，諒必不至有動用公款之虞。

李樹芬醫生曰：該仁恩病房，日光與空氣不足，作病房殊不合。凡收病人不外有三種：一、急症不能嘈吵；二、肺癆病須得空氣病房為合；三、腳氣症不能在樓下。以上三種病症，對於該病房極不適用，且非常黑暗，有碍衛生，弟關於醫學者畧為宣布。至於應拆否，請各位商定。

曹善允翁曰：弟以為該仁恩及自理房，不合居住病人，但不宜用院內地方籌款，不可以圖入息為言。總以將改良地方為宗旨，請先定應改與否？

黃廣田翁曰：請郭醫生宣佈該病房是否合衛生？

郭守德西醫生曰：得鄧主席擬將仁恩病房改建，弟甚為贊成，一、有地方診治街症；二、取銷不良之病房，俾遊客到院以壯觀瞻；三、東華乃中國第一最大之醫院似應設有驗眼室及婦科房方稱完善。至於樓下作商店與否，弟不敢言，若不租與人則現有之男看護乃擬添設之男看護得有住所。

曹善允翁曰：若拆去可否將地下作贈診所。

李海東翁曰：此事由郭醫生提議改拆，若將地下診街症其地勢不合，且地方黑暗，故定將二樓作贈醫所用；地下租賃，以增加入息。因醫院年中所入僅敷所出，又查租自理房病人甚少，皆因該樓空氣不足，弟以為應將仁恩房拆去改建。以地下租賃與人為合。

黃廣田翁曰：據各西醫生皆謂仁恩病房，不合衛生，以尋常人觀之，亦以為不合，而李海東先生言及，自理房收入日少，弟提議應將仁恩房全樓拆去，重新改建。

曹善允翁和議，眾舉手贊成通過。

鄧肇堅翁曰：改建後，應否將地下租賃，請公定。

曹善允翁曰：改建後地下作舖，以弟意極不願將醫院租賃，若為入息計，租賃須與則師磋商，是否有碍，方能定奪。

李右泉翁曰：改建後地下不租賃，將現有之女看護樓出租，月中總多數百元入息。

李海東翁曰：若將地下租賃，即選擇免有碍醫院便是。

劉星衵翁曰：本院支銷日繁，該樓下若可以租賃，則醫院年中增加入息七、八千元，苟在街外勸捐七八千元，極不易。弟為醫院籌款計，應將地下租賃與人，至於合例否，俟與則師磋商。

曹善允翁曰：總以於醫院合式為宜，以本港繁盛之區，於籌款一層亦非難事，若醫院改良妥善，自然經費有着。竊思本院前五十年毫無積蓄，可知款項一層，不必慮也。

李右泉翁曰：弟提議請則師將圖則劃定，以地下可以住人，至於合否租賃，屆時再行選擇。若租賃與人，於醫院確有碍處，可以隨時令其搬遷，亦非有合同訂立也。

李海東翁和議。眾贊成通過。

一九二七至二八年度董事局會議紀錄

（東華醫院董事局一九二八年三月廿四日會議紀錄）

【**資料說明**】顧問會議後，改建仁恩房的提議，在院內董事局會議再次被提出。因為有五名總理反對將仁恩房地下改建為商舖出租，故建議不獲通過。可見當時總理分成兩派，一派由鄧肇堅領導積極進行改建舊院，具新式的理念；另一派則對改革抱懷疑態度。同時，當總理存有重大分歧時，會呈請顧問會議參詳，然顧問會議的決定卻未必是最終決定。

戊辰閏二月初三禮拜六會議事宜列（一九二八年三月廿四日）

主席　鄧肇堅翁

在座　羅延年翁　伍　華翁　劉星衵翁　黃頌陶翁　李致祥翁　蕭叔廉翁　馮鏡如翁

　　伍耀庭翁　李耀祥翁

六、鄧肇堅翁曰：仁恩病房前經請顧問總理叙會通過改建。惟該款項應動公款或籌捐，請為討論。

伍耀庭翁曰：若改建最好動公款。惟是須租賃有入息，方免街坊有煩言。

鄧肇堅翁曰：住人與否，第二問題，請先商定款項。

劉衵星翁曰：若動公款改建，可以住人，則有租金，收入以為彌補息口。當然以從新改革為宜，否則，不如照舊免虛靡鉅款，貽外間以口實，問心仍有未妥。

羅延年翁曰：昨督憲到巡院時，弟向其說，擬將三樓改建。據督憲謂恐蓋黑大院。殆後再到新院時，謂保良局遷去，大可以有地方發展，總可商量云。弟以為應研究光線合否。

鄧肇堅翁曰：弟曾偕督憲到仁恩房察看，據督憲謂該樓空氣不足，而且黑暗。弟謂現擬拆去由當年籌建，他極贊成。當時郭醫生亦謂，該樓不合衛生，但督憲謂若建三樓未知對面有黑暗否。弟與郭醫生皆謂若建，所高有限，且有通天地位未為黑暗。

伍華翁曰：若改建有入息則可，否則不宜進行。

鄧肇堅翁曰：經顧問通過自應可以執行，惟所商者交則師定應住人與否而已。

李耀祥翁曰：若今年定可以住人，恐下任總理有更改。

鄧肇堅翁曰：只盡當年之力做去，不能慮及將來，今請定贊成住人與否。

有鄧肇堅翁、劉星衵翁、馮鏡如翁三位皆贊成住人者，此少數，不能通過。若贊成不能住人者，請舉手，得李耀祥翁一位，亦不能通過。

李耀祥翁曰：改建不能住人可以租作棧房。

蕭叔廉翁曰：此由當年發起改建，而內部不能通過，不必再行討論。

黃頌陶翁曰：須先由內部通過，不必假定於第三者。

鄧肇堅翁曰：當年總理不能決定者，當然領教於顧問。

羅延年翁曰：既不能執行，不宜以勢力押逼。雖然顧問通過，亦不能徇情辦理。但商酌妥善為合。

李耀祥翁曰：凡自己思想不逮未能決實，不能不請顧問商酌定奪。此非謂之徇情辦事也。

李致祥翁曰：有贊成拆，有不贊成拆者。各有各思想，但內部有多數通過不拆者，而少數贊成拆者。弟以為應用多的時候研究清楚，然後方可進行也。

蕭叔廉翁曰：當日擬將地下租賃，恐有不合，故請顧問商酌，是否有碍，然後再定，非請由顧問定奪應拆與否。若拆與否，須由當年總理定奪。

鄧肇堅翁曰：請表決，應將仁恩房拆去者，請舉手。有鄧肇堅翁、劉星昶翁、馮鏡如翁、李耀祥翁四位，不能通過。若贊成照舊不拆者，請舉手，有羅延年翁、伍華翁、黃頌陶翁、李致祥翁、蕭叔廉翁五位贊成。李耀祥翁曰既半數贊成不拆者，弟以為不若向東院盡力進行可也。

羅延年翁亦以為然，並和李耀祥翁之議遂眾贊成。

一九二九至三零年度董事局會議紀錄

（東華醫院董事局一九三零年二月廿一日會議紀錄）

【資料說明】 仁恩房改建擱置兩年後，至一九三零年，梁弼予出任首總理時再被提出。兩年後，新任的東華總理想法趨向改革，此次與會者皆贊成，於是改建仁恩房及將地下建嘗舖徵租順利獲得通過。

庚午元月廿三日禮拜五會議事宜列（一九三零年二月廿一日）

十、梁弼予翁曰：查本院仁恩病房地方黑暗，空氣不足。經前屆總理鄧肇堅先生任內提議拆去改建三層樓，已由顧問贊成通過在案。後因為東院籌款，未有進行。現弟提議將仁恩病房拆去，改建為三層樓，約需建築費三萬元。將地下分七間租賃與人，每月得租銀三百五十元*。將二樓作病房，將三樓作女看護宿舍。又將現時女看護樓六層出租，每月得租銀二百四十元*，共計手中增加入息七千元。若由本任總理籌款改建，即如為本院籌母金十萬元，所費約三萬元，而每年入息有七千元，亦為本屆留一大紀念，何樂而不為也。

黃潤棠翁和議。眾贊成通過。

一九二九至三零年度董事局會議紀錄
（東華醫院董事局一九三零年三月廿六日會議紀錄）

【資料說明】 改建仁恩房經費，原定由總理籌募，因總理黃潤棠提出增建東院兩翼，故決定增建東院兩翼的費用由總理籌募，而改建仁恩房經費則動用公款。

庚午二月廿七日會議改建仁恩病房、增建東院病房事列（一九三零年三月廿六日）

主席梁弼予翁曰：在座列位顧問及老前輩先生，今日請各位到會，為討論改建仁恩房及增建東院病房兩事，徵求列位卓見。…… 今歲董等受街坊重托，事無巨細，均應積極整理。若仁恩兩病房長此因陋就簡，（微）特無以慰。前賢未竟之功，亦不足以副街坊慇懃之望，此弟之所以耿耿於懷，認為改建之不容稍緩也。……　初時，董等擬由當年各位分別担任籌捐，以廿一份計算，醵資與築，不動公款。弟個人担任籌捐廿一份之三，同事湯、甄兩君担任籌捐兩份，其餘由十四位同事，各担任籌捐一份。經通過在案，事將進行　。忽同事黃潤棠先生，另有良好獻議，擬將東院增建兩翼作為病房之用。董等以棉（綿）力有限，若兩件俱由董等担任，則恐力有未逮。經由前星期五晚常會，董等議決由弟提議改建仁恩病房，欲用公款建築。因本院公款儘可應付，在經濟上言之，以三萬餘元之本金，每年可得七千五百元*進益。弟等覺得多一份之財，即多一分之事，救濟貧病，不無小補，不挾病人，有良好養病之所。即本院基金更為充裕，且東院亦可得來挹注。至增建東院兩翼建築費，仍由董等担任籌捐。擬假座某戲院演戲籌款萬餘元。其餘擬分廿一份。弟個人仍然担任三份，同事湯、黃兩君担任各籌捐兩份，其餘各位同事各担任一份，故不用公款，而病人得多一養病之所。但事關重大，董等不敢自決，至應否進行及如何辦法深望各位前輩先生指教指教。仁恩房情形已由弟詳細陳述，至東院增建兩翼一事，請同事黃潤棠先生對各位宣佈。

……

梁弼予翁曰：今商議兩事，請各位表決。羅文錦翁倡議將仁恩房現在相連之舖與女宿舍樓一同改建十三間為四層樓，全用東華醫院公款支結。譚煥堂翁和議，眾贊成通過。

東華醫院庚午年徵信錄

（東華醫院及東華東院一九三零年報告書第式章建設）

【資料說明】 此為重建仁恩房工程費用及房間分佈細則。是項工程共耗資三萬六千元。樓層分佈為：地下出租，二樓為贈診室、自理房，三樓為女看護宿舍及仁字房，四樓為肺癆病房及恩字房。其後肺癆病房不分中、西醫，凡肺癆者皆可入住。

（甲）重建仁恩房病

……與歷任總理，開大會討論。議決由本院歷年公積，撥支重建。弼予等乃延聘奇勒及姚得中則師繪圖。建生號承造訂價叁萬陸千元。經營數月，辛告落成。于一千九百叁十一年元月六日，由華民政務司憲　活雅倫君，主禮開幕。現將式樓作為西醫贈診街症室、西醫房、自理房。三樓作為女看護宿舍，及仁字房。四樓南便分作男女肺癆病房及恩字房。各層水厠浴房，一一俱備。地下十間出租。除差餉外，每月得租銀叁百伍拾柒元。另將原日女看護宿舍舊址六層出租。預算除差餉外，每月約可得租銀式百肆拾元。兩柱全年計，共得租銀伍千玖百柒拾元。

一九三二至三四年度董事局會議紀錄（東華醫院董事局一九三二年三月十八日改建老院會議紀錄）

【資料說明】　一九三二年政府提議改建東華醫院，董事局遂召開顧問總理會議商討。會議指出老院殘舊擁擠，極需改建。各總理及顧問總理均反對將醫院總部遷往東華東院，因東華醫院位於上環，交通便捷，加上該區人口稠密，對醫療服務需求甚殷。故支持將老院的建築羣加以改建擴充，使成為一間較寬敞的醫院，當時董事局的共識，使東華醫院改建的宏圖於此時出現。

壬申二月十二日禮拜五會議事宜列（一九三二年三月十八日）

一、主席陳廉伯翁起言曰：今日請各位到院敘會，為商議改建東華醫院計劃事宜。溯老院創建，至今已六十餘年矣。地方陳舊，而近年僑港居民日眾，留醫病人日增，院址狹窄，床位不敷。且去年港督巡院時，曾謂老院年代太久，地方黑暗，建築有不合時宜，應有改建擴充之必要。昨年羅、曹、周華人代表巡院時，亦曾有條陳，擬增拓改建之議。現又接華民政務司來函，稱自東華東院開辦，及保良局遷移後，至於東華舊院之正式整理，已顯然而緊逼云云。此問題既屬重大，則似宜有詳細與具體之設計，應為籌劃，以便施行，俾殝（臻）於完善。各位以為如何，請發揮偉論。……

四、……羅文錦翁曰：東華醫院乃全港適中地點，不應將院內病房減少，而應將院內各部重為改建佈置，俾殝完善。

李葆葵翁倡議：不應將老院內減少，而應擴大者。至華民政務司憲所建議，第一、第兩款絕不贊成。梁弼予翁和議，眾贊成通過。

羅旭和翁曰：回憶去年，兄弟與曹善允博士、周埈年先生巡院時，見院內有一部份病房非常黑暗，不適於醫院之用，且地方亦不敷用，其中有兩人同一床者，亦有在床下者。現人口日增，留醫者常有人滿之虞，可知本院病房不能減少。又查院內其中有兩所乃辦事人居住，亦非常暗濕，極不適宜，欲擴充，亦無餘地發展。惟有設一大計劃，將東華舊院重建，及重為佈置。先繪定圖則，逐部份改建，務祈達至建築完妥為目的。查羅文錦先生任主席時之報告書，亦曾有獻議。至栖流所亦不能減少，應重為佈置，將來皇家醫院遷移薄扶林道後，對於中區貧病者來院就醫，必有加無已。

周壽臣翁曰：羅博士所言各節，兄弟亦以為然，將來皇家醫院遷去後，東華醫院留醫者日增，是以不能不預為籌劃。

羅旭和翁倡議，東華醫院除保良局外，應將院內各部份完全□□重為改建，重為佈置，俾得完成偉大之醫院。

周壽臣翁和議。眾贊成通過。

一九三二至三四年度董事局會議紀錄

（東華醫院董事局一九三三年三月十五日改建老院會議紀錄）

【資料說明】 政府一直是想將老院病床減至二、三百張，改而擴張東院。然而顧問及總理都不同意將老院的規模縮小，欲保留既有的五、六百張床位，故決定派代表與華司商議。

癸酉二月廿日（一九三三年三月十五日）

三……　蕭浩明翁宣佈：現呈出之圖則，昨經分任值理研究，決定仁恩房及五十週紀念樓保留外，其餘改建之大計劃圖則繪妥，請各位察閱討論一切。……

主席潘曉初翁曰：現將本院可容病人五百五、六十名。若照大計劃圖則改建後，可容病人三百五十名，又保留五十週年紀念樓，可容百餘名。統計仍有五百床位。現董等擬先由大堂前部着手改建六層樓，約需建築費壹拾五萬元。後部兩座亦改建六層，又約需費壹拾五萬元，目下董等捐得建築費約七萬元。

羅旭龢博士起言曰：前數月督憲巡院時，曾謂老院必須改建。若改建後，應將病人床位減少為二百張至二百五十張，一面將在東院擴充，如老院病人過多則轉移東院。以此辦法，兄弟未敢同意。蓋中區人口眾多，有加無已，且國家醫院不日遷移薄扶林道，將來求醫者自當以本院為多。今若改建老院，由五、六百床位，而縮少至二、三百者，誠恐坊眾咸感不便。雖建築預算約需三十萬元，兄弟深信，將來必須增至五六十萬元。雖然現任總理等如此熱心，以一夕之光陰，而捐得七萬元，可謂好善不倦，惟改建而縮少床位，恐向外募捐必有影響。弟以為利便街坊計，亦不宜將病床減少，對于此問題，兄弟曾與夏理德司憲詳談，似有能轉圜之意，竊思改建老院減少床位之議，乃由夏司憲進行，在中區建有六層樓之醫院及左右有廣大之花園，已是港中之模範也。至將來東區居民日眾，東院確不敷用時，斯際政府亦應擴地，為增建東院之用。兄弟倡議：一、改建老院辦法，不能減少病床；二、依照今所繪之大計劃圖則，請當年總理急於進行。李葆葵翁和議，眾贊成通過。

周壽臣翁起言曰：兄弟忝居本院顧問，對于羅博士所言，甚表同情。今日吾人對改建老院計劃，與政府之獻議，未能一致。政府以為照吾人之計劃，則改建費愈重。兄弟等可向政府表示，總之吾人負籌款之責，務須依照吾人之計劃而行。

羅旭龢翁曰：今日既決定此計劃，應商諸政府，因港政府素來對于本院之助力非薄，且向以禮相待。吾人似宜先與政府磋商，得雙方同意，然後進行較為妥善。

羅文錦翁曰：今日所議決各項計劃，應請列位華人代表，與政府磋商一切。眾以為然。

東華醫院癸酉年徵信錄（一九三三年東華醫院、廣華醫院、東華東院院務報告 第一章 東華醫院院務 乙建設）

【資料說明】 老院改建的第一期工程，在一九三四年五月廿五日竣工，新樓病房有六層。原本預計工程費用十九萬多元，然而到一九三四年開幕時，實際費用為二十一萬多元，收得的捐款只有十九萬元，尚欠二萬元，此款後由醫院公款填補。

一、改建本院

本院之建歷時已久，院宇既感陳舊，地方又嫌迫仄，因有改建之議。先經上任總理陳廉伯君等，召集同人顧問大會，提出改建方案，并舉定分任值理，籌劃進行。經數度之研究，遂議決將老院區分二段：頭門及大堂為一段，後座兩翼為一段，分期改建而完成之。董等接事之始，即竭力籌捐，先圖建築前段為六層樓宇。統計共籌得捐欵二十一萬餘元，支建築工程及其他費用約十七萬餘元，如能將捐欵收足比對，當尚有三萬元盈餘也。

現工程已告完竣，即將地方妥為分配。地下正面為禮堂，右為賬房，右之前為董事室，左為冊房，左之後為男女收症房，閣仔為西醫住所，二樓為普通病房，三樓為割症房，四樓為普通病房，而華民政務司夏理德大人紀念房在焉五樓，亦為普通病房，而華民政務司活雅倫大人紀念房在焉。夏、活兩司憲對於本院，助力至多，厚德深仁，所當有以紀念之，以示不忘者也。六樓則為自理房，崇樓高峙，地方之應用，已稍覺舒適矣。

東華醫院甲戌年徵信錄（一九三四年東華醫院、廣華醫院、東華東院院務報告　第一章　東華醫院院務　乙建設）

一、改建老院落成

……董等接事伊始，對於未完工程，督匠加緊建築，間有未妥者，又着令改善之，至五月間工程全部告成，因涓吉於五月廿五日舉行開幕，叨蒙　督憲大人親臨主持典禮，董等殊深感謝。查老院改建捐項，由一九三三年至一九三四年，實收一十九萬一千零七十五元，至支出建築各費，共二十一萬三千五百六十元零九毫三仙，不敷二萬二千四百八十五元九毫三仙。經由本院存欵借支，從此僑梓患病入院者，得一良好舒適療養所，殊堪欣慰。董等對於慷慨捐輸之中西善士，與夫熱心贊助改建老院之華人代表、本院顧問、分任值理等感謝萬分，至昨歲總理之勇於任事尤為欽佩無既也。

一九三三年東華醫院改建前原貌，老院大堂、平安樓及福壽樓仍未拆建。

一九三二至三四年度董事局會議紀錄（東華醫院董事局一九三二年五月十三日改建老院會議紀錄）

［資料說明］　保良局舊址原定要改建為醫院，然港督為東華經濟着想，提議將保良局舊址改建為嘗舖，估計每年可獲租金收入二萬元，各總理亦同意將其改建為嘗舖。是次董事局會議討論議程包括改建老院、改建保良局舊址及擴建東院兩翼，其後更加入改建新院一項，當時總理稱此四項工程為「改建老院大計劃」，因其重點為改建大院舊建築。一九三二的改建工程，以增建東院兩翼為主。

壬申四月八日（一九三二年五月十三日）

二、……日前新舊總理在督轅年會時，貝督對于保良局舊址提議改為鋪戶，以增醫院收入，且謂老院地址人煙稠密，似不適宜。查將保良局舊址改為鋪戶，每年可增收租項約二萬元*。此計劃將來完成，吾人應感謝貝督及華民司憲，并感謝羅博士及各代表顧問勷助之力，昨又蒙活華民司憲，將督憲當日之演說詞譯來，謹已為宣讀。（另錄）

陳廉伯翁曰：據督憲之演詞中，有兩問題應討論者：一、老院地址問題。二、保良局舊址改建為鋪戶問題，首次大會議決將保良局舊址改建為醫院，今貝督之意乃與前議決案稍有不同，請眾討論。

羅旭和翁曰：請問主席先生，當年各總理對于貝督之意，即將保良局舊址改為鋪戶問題，是否贊同。

陳廉伯翁曰：前次同人例會，因未知貝督有此表示，今既得貝督之意，據此辦法而行，可增院中收入，兄弟與同事等極表贊成也。

羅旭和翁曰：據督憲演詞之意，謂東院無論如何，亦須擴充。弟意以為對于老院改建大計劃，亦應同時討論，此兩問題今日應有考慮。

羅文錦翁曰：以老院及東院觀察，查東院既有多餘病房，未住滿者，而老院病房則不敷用。兄弟對於大計劃認為，應當繼續磋商進行。惟當年總理任內，為醫院謀經濟，應首將保良局舊地改建為舖戶，是當務之急。

林蔭泉翁曰：貝督既擬將保良局舊地建舖戶，同事等極表同情，擬即進行。並擬增建東院兩翼病房，應否進行，請各抒偉論。

顏成坤翁曰：林君之言適合貝督之意，以貝督之意，首則為醫院經濟着想，其演詞謂東院職員眾多。若將來擴充可多容病人，而不須再僱用職員也。對於大計劃，當須繼續討論，旋由李海東翁、羅文錦翁、曹善允翁、李右泉翁、何棣生翁、馬文輝翁互相討論畢，隨由羅旭和翁詳為縷析，並提出下列三項：

（甲）將保良局舊址改建舖戶，以增廣收入，為彌補經費。曹善允翁和議，眾贊成通過。

（乙）增建東華東院兩翼病房，不動公款，由當年總理担任籌捐建築，陳廉伯翁和議，眾贊成通過。

（丙）改建東華老院大計劃事宜，仍交分任值理繼續研究。周埈年翁和議。眾贊成通過，遂散會。

一九三二至三三年度董事局會議紀錄

（東華醫院董事局一九三三年六月十六日會議紀錄）

【資料說明】 保良局舊址改建嘗舖在一九三三年六月竣工，一九三三年六月十六日的董事局會議紀錄指出由保良局改建成的嘗舖共有四層，合共三十二間，估計一年可徵收租金一萬五千多元。

癸酉五月廿四日禮拜五會議事宜（一九三三年六月十六日）

二、保良局舊地所建嘗舖，行將落成，該租價應如何規定。案公議保良局舊地建築之嘗舖，該租價規定如下：普仁街一號*收五十元*，二樓四十五元*，三樓四十四元*，四樓四十三元*。二號*地下四十六元*，二樓四十三元*，三樓四十二元*，四樓四十一元*。三號*地下四十八元*，二樓四十三元，三樓四十二元*，四樓四十一元*。四號*地下四十六元*，二樓四十三元*，三樓四十二元*，四樓四十二元*。五號*地下六十八元*，二樓五十五元*，三樓五十五元*，四樓五十二元*。太平山街六號*地下四十五元*，二樓四十四元*，三樓四十二元*，四樓四十元*。七號*地下四十三元*，二樓四十二元*，三樓四十元*，四樓三十九元*。八號*地下四十三元*，二樓四十二元*，三樓四十元*，四樓三十九元*。九號*地下四十五元*，二樓四十四元*，三樓四十二元*，四樓四十元*。所有水費及電泵費在內，若照價可以租出固好，否則為易於租受起見，最低限度以九折計算。眾贊成通過。

保良局部分辛酉年（一九二一至一九二二年）的總理。除東華醫院外，倡建於一八七八年的保良局亦是另一個重要的華人慈善團體。（高添強藏）

一九三二至三三年度董事局會議紀錄（東華醫院董事局一九三三年九月三十日會議紀錄）

【資料說明】改建老院大計劃的其中一部份是將新院改建為嘗鋪。新院始建於一八九六年，為改善醫院衛生情況而設立，在一九零二年落成。由於新院為政府撥地興建，倘若改變用途須徵得政府批准。一九三三年九月，理藩院正式批准東華改建新院為嘗鋪。

癸酉八月初十日禮拜五會議事宜列（一九三三年九月三十日）

三、宣佈華民政務司第三百四十四號*來函稱，日前本院請求將內地段一千四百四十號*，即現時東華新院地址改建鋪屋收租一事，頃接理藩院覆文，經已批准。將東華新院地址改建鋪屋，所收租項撥入東華醫院以作經費之用等。因公議，應修函華民司憲轉達政府，道謝一切，眾以為合。

東華醫院甲戌年徵信錄（一九三四年東華醫院、廣華醫院、東華東院院務報告　第一章　東華醫院院務　乙建設）

【資料說明】將新院舊址改建為廿間嘗鋪的工程在一九三五年竣工，是項工程所需建築費為七萬八千元，與保良局舊址改建三十二間嘗鋪比毗鄰而立，連同仁恩房地下十間嘗舖，東華醫院在附近共擁有五十多間物業，老院第一期工程亦於此時完成，改建老院大計劃遂暫告一段落。東華總理期望醫院可透過租金收入自給自足，可惜香港在一九三五年經濟不景氣，房地產價格下滑，租務市場大幅度調整，這都是董事局所始料不及的。

二、新院舊址改建嘗舖

老院改建既告成功，新院舊址已無需為留醫之用，昨歲經由華人代表會同當年總理請准政府將該址改建民房，藉增收入。董等於［於］老院開幕後，即實行招匠投承工程。由鴻泰號投得，計建築費七萬八千元。蒙該號捐回本院經費二千二百元。至該民房圖則，為蕭浩明則師所繪，計佣銀三千一百餘元。蒙蕭君報效本院經費一千元，其餘額外工程不另收費。董等無任感謝，該項工程不日便可全部告成，預算每年多收一宗租項，於養院經費不無裨補，此政府之厚澤深仁，彌足感荷者也。

一九二九至三零年度廣華醫院會議紀錄（廣華醫院一九三零年五月廿三日、十月十一日會議紀錄）

【資料說明】 一九三零年，廣華改建了傳染病房。其實早在三院未統一前，廣華總理已想改建傳染病房及割症房（手術室），然因籌得的捐款不多而作罷。

庚午四月廿五日星期五第十七次會議（一九三零年五月廿三日）

三、何星儔翁倡議：擬改建傳染症房及割症房。已托黃錦培翁畫一草圖，然後商議進行。現先將緣簿印就，經徵求東華總理同意，刻齊東華、廣華當年總理姓名，以便勸捐。朱森榮翁和議，眾贊成。

庚午八月廿日星期六第卅七次會議（一九三零年十月十一日）

四、劉平齋翁倡議：改建傳染症房及割症房，前發出緣簿，多未繳交，須通函催收捐欵，準九月初十以前繳交，俾知捐得若干，以便籌商進行也。黃達榮翁和議，眾贊成。

一九三零至三一年度董事局會議紀錄（東華醫院董事局一九三一年三月六日會議紀錄）

【**資料說明**】三院統一後，東華醫院總理中，黃錦培（一九二九年廣華總理）再次提出改建廣華傳染病房，董事局內部原廣華、東華總理對於院務意見分歧。黃的提議，獲得首總理顏成坤（九龍代表）支持，但譚雅士（港島區代表）、高亮清（港島區代表）卻不支持。

辛未元月十八日禮拜五會議事宜列（一九三一年三月六日）

十、黃錦培翁曰：廣華傳染症房，與職員厨房相隔最近，似此於衛生殊有不合。又割症房地方太狹，不敷所用。去年總理曾提議重建，並繪妥圖則。現計該工程約需二萬五千元*。另傢私預算約需五千元*，共三萬元*。除去年總理盡力勸捐，共籌得約七千元*外，尚欠二萬三千元*。至交代時，仍未籌足，又不欲動用公款，故延擱至今。茲提出請各位繼續進行，以成美舉。

顏成坤翁曰：此傳染症房，地方狹窄，且位置殊不適宜，凡巡院者皆不滿意。此事必須進行，可否每一總理，分發一捐冊，担任勸捐。各位以為如何？

高亮清翁曰：非不贊成，因來日方長，尚有許多事應捐款辦理者。可否暫行押候，俟有別事應捐款時，然後同時合力勸捐，較為容易。

譚雅士翁曰：現對於廣華，已建設數事，如購置紅十字車，添置器具等，而東華及東院尚未有何進行。弟倡議此事應押候，俟有款項時，然後再行討論。

區子韶翁和議。眾贊成通過。

一九三零至三一年度董事局會議紀錄
（東華醫院董事局一九三一年三月廿日會議紀錄）

［資料說明］ 前廣華總理劉平齋提議改建廣華傳染病房及割症房，並建議如遇勸捐不足，可挪用天后廟款，董事局表決通過改建廣華。

辛未二月初二日禮拜五會議事宜列（一九三一年三月廿日）

六、劉平齋翁曰：……據何星儔先生謂，曾與華民磋商，擬由天后廟款項[38]，撥助為建築費，但據華民稱俟三院統一時，然後可以撥助云。茲提出先請各位捐助，如捐款不足，則請求華民由廟款撥助，以成前人之美舉。

顏成坤翁曰：此事想各位已明白，至應否進行，請付表決。

劉平齋翁倡議：進行改建廣華傳染症房及割症房。

陳鑑坡翁和議，眾贊成通過。

[38] 一九一四年十二月四日華民政務司夏理德（HALLIFAX, Edwin Richard）鑑於廣華醫院經費不敷，召開坊眾會議，建議以天后廟的廟產收入彌補醫院經費，天后廟仍由原有值理繼續營運。

東華醫院辛未年徵信錄（一九三一年東華醫院、廣華醫院、東華東院院務報告 第二章 廣華醫院院務報告書 乙 建設）

【資料說明】 廣華醫院的新肺癆病療養室及割症室於一九三一年十二月落成，建築費全部由總理捐助，並沒有動用天后廟款，工程費用總共為三萬二千多元，與改建老院的投資，相去甚遠。

一、建築肺癆病療養室及割症室

本院舊肺癆病室褊小不堪，且與職員厨房相距至近，實碍衛生之道。壹玖弍柒年成坤忝任該院總理時，嘗提議另建。適接生院亦同時籌建，未遑兼顧，遂不果行。又割症室亦容量太狹，不敷應用。去年總理再提前議，即繪定圖則，盡力捐募，計籌集約柒仟餘金。俟以交代時，屆欵亦未充，故此項建設未能實現。董等視事之始，即決議繼續完成，預算建築費約叁萬餘元，除上任總理捐存柒仟餘元外，尚欠弍萬餘元。即由董等廿六人担任籌捐，計先後兩任總理，一共捐集叁萬弍仟叁佰壹拾元零叁毫叁仙。即鳩工它材，積極建築，經於是年十二月三十日落成。荷蒙督憲大人惠臨開幕。此又董等所實與榮施者也。

一九二九至三零年度董事局會議紀錄（東華醫院董事局一九三零年二月廿一日會議紀錄）

【資料說明】 一九三零年梁弼予出任首總理任內，改建了東華醫院的仁恩房。一九二九年底東華東院落成，然因東院服務人員與病人數目相等，為提高醫院經濟效益，總理黃潤棠建議東院增建兩翼，容納更多病人，以符合經營成本。

庚午元月廿三日禮拜五會議事宜列（一九三零年二月廿一日）

九、黃潤棠翁曰：查東院服務人員，與病人相等，年中費用浩繁，而病人受益無多。弟倡議在東院後便之地，增建病房四間，能收容病人一百二十名*。該建築費約五萬元*之譜。如即行興工，於十月內可能完竣。若由本屆總理負担，共同協力籌款，亦無難籌集，於東院堪稱完備，且歷任總理必倡辦一事，以留紀念，若本任能辦到，亦留一紀念也。湯榮耀翁和議，眾贊成通過。

一九二九至三零年度董事局會議紀錄（東華醫院董事局一九三零年三月廿一日會議紀錄）

【資料說明】 一九三零年仁恩房改建期間，如同時展開擴建東院工程，經費負擔甚重，故有總理反對，然而支持者並不擔心財政問題，認為每年有每年需辦之事，費用可透過籌款活動籌足。可見部份總理已改變過去穩健理財的想法，重視當年的建樹，對於前景亦甚為樂觀。

庚午二月廿二日禮拜五會議事宜列（一九三零年三月廿一日）

六、梁弼予翁曰：前議決改建仁恩房。茲擬定期二月廿七日，請顧問及歷任首總理三位，及當年總協理等叙會。現聞街坊及同事有謂改建仁恩房可由公款支理，將總理籌捐之款增建東院病房云。

……

黃潤棠翁曰：弟以為改建仁恩房及增建東院病房此兩事應進行辦理。因東院需建築費三萬餘元，僅得百餘床位。前據鐵如先生謂，若建兩間約需銀三萬餘元，而得床位數十張。至於東院各項費用已定，所多者病人伙食藥品等，及增多工人費用而已。即如商業生意大必須增加貨倉，又前據弼予先生謂，改建仁恩房如演戲籌款可得一萬五千元，餘由十七位總理擔任籌捐，共湊三萬餘元。可否將此款撥作增建東院即為當年謀成一大機會也。至改建仁恩房費用，可由公款支給，各位以為如何？

陳倚雲翁曰：現潤棠先生所言弟極贊成，該仁恩房改建經已定，今增建東院費用比仁恩房不過多數千元，而可辦兩事。

甄鐵如翁曰：增建東院病房，弟始終反對者，獨經費一款而已。因東院經費現年預算已經不敷支約四萬元，若增建病房加多數十床位，則每月增加經費四千元之譜，試問此款從何而來。若云沿門勸捐而近年港地商務凋零，極難籌款。

黃潤棠翁曰：鐵如先生所言每月經費多四千元，弟不甚明白，現費用已定，如做生意之建多一貨倉而已。至於款項不敷乃一年辦一年事。或者下年亦可籌足經費也。

梁弼予翁曰：今各位既贊成增建東院病房，弟自動提議，將前決議改建仁恩房費用由總理籌建一節取銷，將改建仁恩房費用改由東華醫院公款支理。將當年總理担任籌得之款為增建東院病房兩間之用，除演戲籌款外，不敷之數分作廿一份。弟担認三份，湯榮耀翁担認兩份，黃潤棠翁担認兩份，其餘十四份，每位總理担認一份。黃潤棠翁和議，但仍俟請顧問大叙會，如何定奪，然後進行，眾以為合。

一九二九至三零年度董事局會議紀錄
（東華醫院董事局一九三零年三月廿六日會議紀錄）

【**資料說明**】 董事局對籌措東院增建兩翼的建築經費來源存在分歧，遂召開顧問會議。對籌款之事大感樂觀者不但見於總理，當日四位顧問總理李右泉、馮平山、羅旭龢及李葆葵，對東華醫院未來要面對的財政問題亦甚為樂觀，認為籌款對東華醫院亦非難事，如東院經費再不敷，更可向政府請求資助。

庚午二月廿七日會議改建仁恩病房、增建東院病房事列（一九三零年三月廿六日）

…… 甄鐵如翁曰：增建東院病房弟個人反對，因恐經費不敷。查是年預算約不敷四萬元*，若增多病房，每年約加經費弍萬四千元*，共不敷六萬四千元*。現商務冷淡極難籌款，而現時建築費尚未有着落，若籌經費同時並進，更難籌集也。……

李右泉翁曰：改建仁恩房，若由公款開支，亦有裨益，一舉兩善，應速進行。至東院如病房確不敷用，若由當年各位籌捐增建，亦非難事。至經費不敷，亦須籌捐或請政府由廟宇存款撥助以為彌補。

……

馮平山翁曰：經費不足不必過慮，凡辦慈善事以量出而入。若以東華出而籌款殊非難事。現改仁恩房與東院增建病房兩事，應進行辦理。……

羅旭和翁曰：頃聞蒙主席先生將接任後經過情形宣佈，以接任三數月之短少時間而能為醫院節省經費五千餘元，可見主席先生及各總理關懷院務辦事勤能。弟代表街坊極為感謝，想各總理辦至滿任後，定必收有良好效果也。至改建仁恩房，聽各位偉論弟亦以改建為宜照文錦先生獻議，建至十三間，該建築費亦約五萬二千元*，將來不狹病人有益，而女看護宿舍亦有裨益，此應由公款支理。至東院增建病房。弟非反對，如病人有額滿見遺仍不增建，則於建東院宗旨不符，但經費亦應預算。至平山先生謂，量出而入一節，弟以為亦應量之。若照增建則多經費二萬四千元*，如得各位盡力或可籌足，但現時不敷尚有四萬元*，此事應有研究，今日未可表決。

甄鐵如翁曰：現羅博士之言論與弟相同，但望各位顧問先生指教。

李葆葵翁曰：弟回憶上年議例局敘會，聞說政府謂，若東院經費不敷，則由政府收辦，又去年東院敘會，恐開辦經費不敷，決議請上任總理籌備有十萬元的款交代，方可開幕，今增建東院一事須細為考慮方可進行。至仁恩房建改，弟極端贊成。……

羅旭和翁提議：增建東院病房一事，暫為押候，俟定期與各位同往東院考察如何，然後再行敘會商議定奪。

李葆葵翁和議，眾贊成通過。

一九二九至三零年度董事局會議紀錄

（東華醫院董事局一九三零年五月十六日會議紀錄）

【資料說明】 顧問總理視察東華東院後，認為有必要擴建，贊成由各總理籌捐，正式通過擴建東華東院兩翼。

庚午四月十八日禮拜五會議改建仁恩房圖則、增建東院兩翼、創建東區義學事（一九三零年五月十六日）

二、梁弼予翁曰：東院增建病房兩翼一案，經二月廿七敘會，列位議決先往東院巡視審察情形再行酌奪，前月已蒙列位到東院巡視審查，今將該案提出，應否增建，尤望列位先進指示執行。

李右泉翁曰：此次增建東院病房建築費用，若由當年各位總理籌捐，弟與各位極端贊成。

梁弼予翁曰：增建東院病房建築費用，前經董等敘會議決，由當年各位担任。籌捐廿一份，弟個人担任三份，同事湯黃兩君担任兩份，其餘各位同事各担任一份，不用公款。

馮平山翁倡議。譚煥堂翁和議。眾贊成通過。

東華醫院庚午年徵信錄

（東華醫院及東華東院一九三零年報告書——工程總費用）

【資料說明】 最終東華東院增建兩翼工程在一九三零年十二月十六日順利落成，工程費總共五萬一千多元，新增兩翼設有男女病房四層及生產房一層，增加病床七十張，幾近原本的一半。

（乙）增建東華東院兩翼病房

灣仔東區新填海地，新宇環築，居民增加。東院中座，遂致留醫日眾，院內床位求逾於供。弼予等戚然憂之。籌劃建兩翼。召集大會，如議辦理，於是由弼予等十七人自解行囊。并向親友捐募，共銀伍萬壹仟叁佰陸拾元零七毫二仙。交華益號承造。經營五月。于一千九百叁十年十二月十六日落成。蒙　督憲夫人及輔政司憲夏理德君代表鈞座主禮開幕。現計有男女病房四層，內備床位五十六張。生產房一層，內備床位十四張。女護士寢室一層，內分小房壹拾壹間。共用去建築費肆萬元，繪圖傢私裝修等費，壹萬壹仟叁佰陸拾元零七毫二仙，合共伍萬壹仟叁百陸拾元零七毫二仙。今各種佈置，均已完成，準備接收病人矣。

一九三一至三二年度董事局會議紀錄（東華醫院董事局一九三二年五月十三日會議紀錄）

【資料說明】 一九三一年，陳廉伯出任首總理，東華進行了多項改建，其中一項為再擴建東院。東院在一九二九年年底開幕，一九三零年年底增建了兩翼。短短兩年後，一九三二年東院再多建新兩翼，共有六翼。原因是老院病房光線不足，需將病人遷入東院，東院遂有必要再擴充。

壬申四月初八日禮拜五會議事宜列（一九三二年五月十三日）

十、林蔭泉翁倡議：增建東華東院兩翼病房，不動公款，由當年總理担任籌捐建築，以便將老院黑暗病房之病人，遷往留醫。

馬文輝翁和議。眾贊成通過。

一九三一至三二年度董事局會議紀錄（東華醫院董事局一九三二年五月廿十日會議紀錄）

【資料說明】 徵得政府同意，東院再增建兩翼，而其建築費則由東華總理自行籌措。

壬申四月十五日禮拜五會議事宜列（一九三二年五月廿十日）

四、陳廉伯翁曰：前議決增建東院兩翼病房，及改建保良局舊址為嘗鋪事。昨據夏輔政司及活華民司憲謂，照此辦法，適合貝督之意。至保良局舊址，據活華民司憲謂，已由督憲咨詢理藩院，一俟電复，便可興工云云。現增建東院兩翼，可從速進行。倡議推舉林蔭泉翁、譚肇康翁兩位，專任辦理進行建築事。鄺子明翁和議。眾贊成通過。

五、陳廉伯翁曰：增建東院兩翼病房，該建築費，前經大會議決，由當年總理担任籌捐。至每位應担任籌捐，以若干為限，請公定。

林蔭泉翁倡議：當年總理，担任籌捐東院兩翼病房建築費，每位至少以籌捐一千五百元*為限，每位名下至少以捐助五百元為限，多多益善。

鄺子明翁和議。眾贊成通過。

一九三一至三二年度董事局會議紀錄（東華醫院董事局一九三二年十一月一日、十一月十七日、十二月廿三日會議紀錄）

【資料說明】 東華東院為了鼓勵捐款，凡捐款達五千元者，新增建病房將按照捐款人名字冠名，其中捐助最多者有陳廉伯、鄧肇堅兄弟、潘曉初及伍鴻南夫婦。

壬申十月初四日禮拜二正午十二時在東院臨時會議事宜列（一九三二年十一月一日）

林蔭泉翁倡議：增建兩翼病房名稱取普、濟、廣、益、衛、保、安、僑、民意義[39]，地下兩房定名曰：廣濟、普益；二樓兩病房定名曰：僑安、保安。三樓兩病房定名曰：益民、衛民，並議定地下普濟房，為南洋兄弟煙草公司[40]捐欵紀念房。又議定廣濟房為陳廉伯主席捐款紀念房。

鄺子明翁和議，眾贊成通過。

壬申十月二十日禮拜四會議事宜列（一九三二年十一月十七日）

七、林蔭泉翁曰：增建東院兩翼病房。現蒙鄧肇堅先生四昆季，慨捐五千元*，應以兩翼留醫房一層，留其芳名，以表紀念。昨經偕同肇堅先生，及其令弟次乾先生前往東院參觀，現已擇定廣濟房，為其令先翁志昂公紀念房，故與日前所定，略有變更。茲定普濟房為主席廉伯先生紀念房，廣濟房則為志昂公紀念房，保安房則為南洋兄弟煙草有限公司紀念房，僑安房則為伍鴻南翁紀念房。眾以為合。

壬申十一月廿六日禮拜五會議事宜列（一九三二年十二月廿三日）

十九、林蔭泉翁宣佈：籌建東院兩翼病房捐款，共計收得五萬七千八百元。若照前定每位担任一千五百元，尚有四千五百元未收。昨蒙潘曉初先生捐助五千元，伍鴻南先生夫人捐助五千元。提議將三樓接生房為潘曉初翁紀念房，定名曰「益民」，又將二樓留醫房一所為伍鴻南翁夫人紀念房，定名曰「僑安」。

陳廉伯翁和議。眾贊成通過。

[39] 查增建兩翼病房共有六間，以九個單字互相配合命名，各房名稱全為兩字。

東華醫院壬申年徵信錄（一九三二年東華醫院、廣華醫院、東華東院院務報告
第三章東華東院院務報告　乙　建設）

【資料說明】東華東院新增兩翼病房順利建成，共用建築費六萬多元。

建築兩翼病房

本院留醫者日見增多，地方將日形迫仄。董等遂倡議增建兩翼病房，以完成本院建築。該建築費共銀肆萬陸千五佰員，又打石工程圖則、磁相石碑、傢私雜項及開幕等費共用銀壹萬五仟肆佰三拾四元零弍仙。除由董等量力捐助外，并得各界人士之捐輸，共得銀陸萬一千九佰四拾伍元七毫，除支用外，僅餘壹拾壹元陸毫八仙，由是而得成為一完備之醫院焉。

[40]「南洋兄弟煙草公司」，於一九零五年由簡照南和簡玉階兄弟創立，一九零九年改名為「廣東南洋兄弟煙草公司」。一九三一年，陳廉伯（一八八四—一九四五）出任該公司監理。同時，陳廉伯亦為一九三一至三二年度東華醫院首總理。

東華、廣華、東華東院歷年徵信錄（一八七三年至一九三五年 東華三院中西醫贈診人數統計）

【資料說明】 從統計數字可看到，自一八七三年至一九三四年的三十六年間，三院的中西醫門診在香港醫療服務領域內，擔當重要角色。自一九三零年起，三院的服務個案年達四十萬宗以上，一九三零年代初，全港人口約有八十多萬；而接受診治者，採用中醫治療者仍佔大多數。三院中以東華醫院最重視中醫。自創院至一九二九年以前，東華只有中醫贈診；而廣華則不同，西醫贈診在醫院開幕後第二年開始設立，到一九一五年西醫診治人數已超越中醫贈診，佔全部六成，其後一直佔有重要比例。東華東院接管了以中醫為主的集善醫所，將其改為東院贈診分所，繼續為灣仔居民服務，故中醫贈診數字一直都較西醫贈診多。

東華東院					三院總計
中醫贈診	%	西醫贈診	%	小計	
					215,436
45,436	84	8,764	16	**54,200**	**424,959**
45,931	79	12,471	21	**58,402**	**458,246**
45,931	76	14,298	24	**58,402**	**417,532**
54,004	75	17,809	25	**71,813**	**434,082**
58,954	71	23,711	29	**82,665**	**482,430**
未詳	未詳	未詳	未詳	**未詳**	**未詳**

表 I-3-7　東華三院歷年中西醫贈診人數統計（1873-1935）

年份	東華醫院					廣華醫院				
	中醫贈診	%	西醫贈診	%	小計	中醫贈診	%	西醫贈診	%	小計
1873	43,074	100	0	0	**43,074**					
1874	41,881	100	0	0	**41,881**					
1886	116,737	100	0	0	**116,737**					
1887	138,461	100	0	0	**138,461**					
1901	76,358	100	0	0	**76,358**					
1902	87,871	100	0	0	**87,871**					
1903/4	81,374	100	0	0	**81,374**					
1904/5	60,792	100	0	0	**60,792**					
1907/8	70,270	100	0	0	**70,270**					
1908/9	93,266	100	0	0	**93,266**					
1910	102,540	100	0	0	**102,540**					
1911	101,724	100	0	0	**101,724**	2,243	100	0	0	**2,243**
1912	91,581	100	0	0	**91,581**	5,874	88	783	12	**6,657**
1913	96,888	100	0	0	**96,888**	8,334	90	890	10	**9,224**
1914	96,603	100	0	0	**96,603**	6,061	64	3,401	36	**9,462**
1915	101,536	100	0	0	**101,536**	8,090	35	14,994	65	**23,084**
1916	118,560	100	0	0	**118,560**	10,201	33	20,613	67	**30,814**
1917	未詳	未詳	0	未詳	**未詳**	11,091	34	21,839	66	**32,930**
1918	100,429	100		0	**100,429**	11,260	34	21,533	66	**32,793**
1919	140,467	100	0	0	**140,467**	9,742	30	23,024	70	**32,766**
1920	125,843	100	0	0	**125,843**	7,832	22	28,518	78	**36,350**
1921	133,313	100	0	0	**133,313**	7,869	22	28,291	78	**36,160**
1922	136,280	100	0	0	**136,280**	18,080	40	26,801	60	**44,881**
1923	124,120	100	0	0	**124,120**	43,796	64	24,383	36	**68,179**
1924	未詳	未詳	0	未詳	**未詳**	48,319	60	31,572	40	**79,891**
1925	未詳	未詳	0	未詳	**未詳**	46,568	63	27,689	37	**74,257**
1926	130,504	100	0	0	**130,504**	67,083	67	32,646	33	**99,729**
1927	146,975	100	0	0	**146,975**	84,921	67	41,279	33	**126,200**
1928	未詳	未詳	未詳	未詳	**未詳**	83,685	65	45,257	35	**128,942**
1929	186,178	86	29,258	14	**215,436**	94,067	70	41,191	30	**135,258**
1930	190,220	83	40,248	17	**230,468**	94,755	68	45,536	32	**140,291**
1931	184,997	72	72,826	28	**257,823**	90,571	64	51,450	36	**142,021**
1932	185,273	84	34,095	16	**219,368**	97,398	71	40,537	29	**137,935**
1933	179,821	87	27,448	13	**207,269**	114,627	74	40,373	26	**155,000**
1934	159,511	74	55,575	26	**215,086**	138,745	75	45,934	25	**184,679**
1935	未詳	未詳	未詳	未詳	**未詳**	162,779	77	47,700	23	**210,479**

資料來源：東華三院歷年徵信錄

東華、廣華、東華東院歷年徵信錄（東華三院一九二零至一九三零年代中西醫門診［贈診］、留醫人數）

［資料說明］ 從統計表可看出，在一九二五至三四年十年間，東華三院的留醫服務情形。在東華醫院，中西醫留醫人數的比例在一九二零年代為四比六，而以西醫診治的留院病人到了一九三零年代有所增加，但在廣華醫院及東華東院，西醫和中醫的比例約為七比三之間。可見兩所新院重視西醫診治。

東華東院					三院總計
中醫	%	西醫	%	小計	
					9,419
					7,518
					9,293
					11,006
					12,326
838	27	2,241	73	3,079	**21,858**
1,345	32	2,852	68	4,197	**22,501**
1,872	41	2,697	59	4,569	**28,429**
1,956	37	3,266	63	5,222	**26,089**
2,528	39	4,004	61	6,532	**27,633**

表 I-3-8　東華三院中西醫留醫人數（1925-1934）

年份	東華醫院					廣華醫院				
	中醫	%	西醫	%	小計	中醫	%	西醫	%	小計
1925	4,548	48	4,871	52	9,419					
1926	3,543	47	3,975	53	7,518					
1927	4,333	47	4,960	53	9,293					
1928	4,587	42	6,419	58	11,006					
1929	5,219	42	7,107	58	12,326					
1930	5,548	45	6,675	55	12,223	1,990	30	4,566	70	6,556
1931	5,246	48	5,704	52	10,950	2,338	32	5,016	68	7,354
1932	5,086	46	5,918	54	11,004	3,167	25	9,689	75	12,856
1933	4,491	38	7,182	62	11,673	3,195	35	5,999	65	9,194
1934	4,484	37	7,532	63	12,016	2,995	33	6,090	67	9,085

註：留醫人數包括免費留醫與自理房留醫者。

文獻目錄

第一章　創立

第二章　營運

第三章　擴張

策劃編輯　李安
責任編輯　許麗卡
書籍設計　嚴惠珊

書名　源與流——東華醫院的創立與演進
編著　何佩然
策劃　東華三院
出版　三聯書店（香港）有限公司
香港鰂魚涌英皇道一零六五號一三零四室
Joint Publishing (Hong Kong) Co., Ltd.
Rm. 1304, 1065 King's Road, Quarry Bay, Hong Kong
發行　香港聯合書刊物流有限公司
香港新界大埔汀麗路三十六號三字樓
印刷　中華商務彩色印刷有限公司
香港新界大埔汀麗路三十六號十四字樓
版次　二零零九年二月香港第一版第一次印刷
規格　大十六開（216mm × 280mm）四百零六頁
國際書號　ISBN 978.962.04.2097.9

Published in Hong Kong